HTML5

Hier eine Auswahl:

PHP 5.3

Christian Wenz, Tobias Hauser
1296 Seiten
€ 59,95 [D] € 61,70 [A]
ISBN 978-3-8273-2702-4

Dieses Entwicklerhandbuch von Christian Wenz und Tobias Hauser ist voll mit erprobtem Profi-Wissen und wertvollen Praxistipps zur neuen PHP-Version 5.3: von Basistechniken über Objektorientierung, Namespaces, Late Static Binding und goto bis hin zur Entwicklung eigener PHP-Erweiterungen. Ein großer Administrationsteil hilft, fehlerfreie und sichere Skripte zu programmieren, ein Kapitel zum Zend Framework gibt Einblick in die MVC-basierte Entwicklung.

Das JavaScript-Handbuch

Ralph Steyer
960 Seiten
€ 39,80 [D] € 40,90 [A]
ISBN 978-3-8273-2940-0

JavaScript ist sowohl die einzige relevante Programmiersprache für das Web, um auf Seiten des Clients (also in einem Browser) die Funktionalität von Webseiten zu erweitern als auch Basis von AJAX und dem neuen Web 2.0. Mit JavaScript lassen sich schnell und einfach Features in Webseiten einbauen, die mit anderen Technologien nur schwer oder überhaupt nicht realisierbar wären. Lernen Sie in diesem Buch die Möglichkeiten der universellen Sprachen kennen und effektiv im Rahmen Ihrer Web-Applikationen einsetzen. Beginnend mit einfachen Erweiterungen der Webseite und Grundlagen der Sprache über Formularplausibilisierungen, dynamische Effekte und Animationen (DHTML), Umgang mit Objekten (DOM) inklusive Protoyping, Ereignisbehandlung bis hin zur asynchronen Datennachforderung von Teilen der Webseite (Ajax) und Optimierungs- und Sicherheitsmaßnahmen. Dabei werden Sie sowohl Lösungen kennen lernen, die von Grund auf mit purem JavaScript erstellt werden, als auch den Nutzen von leistungsfähigen Frameworks wie dem Dojo Toolkit, jQuery oder Prototype sehen.

Klaus Förster, Bernd Öggl

HTML5

 Leitfaden für Webentwickler

ADDISON-WESLEY

An imprint of Pearson Education

München • Boston • San Francisco • Harlow, England
Don Mills, Ontario • Sydney • Mexico City
Madrid • Amsterdam

Bibliografische Information der deutschen Nationalbibliothek

Die Deutsche Nationalbibliothek verzeichnet diese Publikation in der Deutschen Nationalbibliografie;
detaillierte bibliografische Daten sind im Internet über <http://dnb.d-nb.de> abrufbar.

10 9 8 7 6 5 4 3 2 1

13 12 11

ISBN 978-3-8273-2891-5

© 2011 by Addison-Wesley Verlag,
ein Imprint der Pearson Education Deutschland GmbH,
Martin-Kollar-Straße 10–12, D-81829 München/Germany
Alle Rechte vorbehalten
Lektorat: Boris Karnikowski, bkarnikowski@pearson.de
Korrektorat: Friederike Daenecke, Zülpich
Herstellung: Martha Kürzl-Harrison, mkuerzl@pearson.de
Coverkonzeption und -gestaltung: Marco Lindenbeck, webwo GmbH, mlindenbeck@webwo.de
Satz: Reemers Publishing Services GmbH, Krefeld, www.reemers.de
Druck und Verarbeitung: Bercker, Kevelaer
Printed in Germany

Übersicht

Inhalt

Vorwort

Im Jahr 2010 wurde HTML5 zu *dem Buzzword* in der Webentwickler-Szene. Große Firmen wie Google, Apple oder Microsoft schrieben sich die neue Technologie auf ihre Fahnen, und nicht zuletzt die heftig geführte Debatte zwischen Apple und Adobe, ob HTML5 das Ende von Flash bedeuten würde oder nicht, trug wesentlich dazu bei, dass HTML5 auch in unseren Breiten zum viel zitierten Schlagwort wurde.

Wir wollen Ihnen in diesem Buch einen ausführlichen Einblick in die neuen Möglichkeiten von HTML5 geben, einen Einblick, der neben den klassischen Bestandteilen der Spezifikation wie Video, Audio, Canvas, intelligenten Formularen, Offline-Applikationen oder Microdata (um nur einige zu nennen) auch Themen im unmittelbaren Umfeld von HTML5 beinhaltet, z. B. Geolocation, Web Storage, Websockets oder Web Workers.

Vorwort

In zahlreichen kompakten, übersichtlichen und praxisnahen Beispielen werden die neuen HTML5-Elemente und Techniken anschaulich erklärt. Ob Sie sich der Konstruktion eines Weblogs widmen, Ihren eigenen Video- und Audio-Player programmieren, den Browser als Grafikprogramm verwenden, mit geografischen Daten arbeiten, die Leistungsfähigkeit Ihres Browsers ausreizen oder lieber Ihren Spieltrieb beim Städte-Quiz mit Drag&Drop oder bei *Schiffe versenken* mit Websockets stillen – für jeden sollte etwas dabei sein. Auch Tipps und Tricks rund um JavaScript und das DOM kommen nicht zu kurz.

In Erwartung, dass sich über kurz oder lang alle Browser, die konkurrenzfähig bleiben wollen, an HTML5 orientieren werden, haben wir auf die Erklärung von Workarounds und Kompatibilitätsbibliotheken in den meisten Fällen verzichtet. Sie finden in diesem Buch das *pure* HTML5, das in den Beispielen zumindest *ein* Browser, in den meisten Fällen aber bereits mehrere Hersteller unterstützen. Für eine immer aktuelle und vollständige Referenz der neuen HTML-Elemente verweisen wir Sie auf das Internet. Die Links dazu finden Sie an den entsprechenden Stellen im Text.

Wie Sie dieses Buch erkunden, bleibt ganz Ihnen überlassen. Die einzelnen Kapitel bauen nicht zwingend aufeinander auf und sind so konzipiert, dass sie auch dann verständlich sind, wenn Sie die anderen Kapitel noch nicht gelesen haben. Sie können das Buch demnach klassisch von vorne nach hinten, alternativ von hinten nach vorne oder aber auch – von Ihrer Neugierde geleitet – in beliebiger Reihenfolge lesen.

Was Sie in jedem Fall mitbringen sollten, sind Grundkenntnisse in HTML, JavaScript und CSS, die Bereitschaft, auch einmal mit einem anderen Browser als dem gewohnten zu arbeiten, und vor allem die Lust, Neues zu entdecken. Neues wie die nun folgenden 343 Seiten oder aber auch die Webseite zum Buch, auf der Sie alle Beispiele – in Farbe! – finden. Treffen Sie Ihre Wahl, und egal wie Sie sich entscheiden – wir wünschen Ihnen viel Spaß dabei!

http://html5.komplett.cc/welcome

Klaus Förster und Bernd Öggl

1

Intro

1.1 Wie alles begann ...

Die Geschichte von HTML5 beginnt, wie es sich für einen Webstandard gehört, beim W3C, genauer gesagt beim W3C Workshop on Web Applications and Compound Documents im Juni 2004. Doch anders als sonst üblich sollte die Entwicklung von HTML5 zu Beginn außerhalb des W3C vonstatten gehen, denn das World Wide Web Consortium war von der Idee HTML5 anfangs gar nicht begeistert. Was war geschehen?

In einem gemeinsamen Positionspapier forderten Mozilla und Opera die Weiterentwicklung von HTML, DOM und CSS beim W3C als Basis für Webapplikationen der Zukunft. Angesichts der Tatsache, dass das W3C schon sechs Jahre zuvor HTML4 auf das Abstellgleis geschoben hatte und von da an auf XHTML, XForms, SVG und SMIL setzte, kam die Ablehnung dieses Vorschlags nicht überraschend. Mit 8 Ja- zu 11 Nein-Stimmen fiel das Ergebnis zwar denkbar knapp aus, änderte aber nichts an den weitreichenden Konsequenzen – die Entwicklung von HTML5 sollte die nächsten Jahre in direkter Konkurrenz zum W3C stattfinden.

Ian Hickson, der damals neben Håkon Wium Lie als zweiter Vertreter von Opera gemeinsam mit David Baron von Mozilla das Grundsatzpapier vertreten hatte, lässt die Geschehnisse in seinem Weblog Revue passieren und kommt zum Schluss:

> *Die Punkte sind diskutiert, die Positionen bezogen, jeder weiß, wo der andere steht, jetzt ist es Zeit, sich zu beruhigen und mit der eigentlichen Arbeit zu beginnen.*

In Anspielung auf Geschehnisse, die sich kurz zuvor ereigneten, endet er mit:

> *What working group is going to work on extending HTML...*

Am 4. Juni 2004, also nur zwei Tage nach Ende des Workshops war nämlich die Web Hypertext Applications Technology Working Group, kurz *WHATWG*, gegründet worden. Als (wie sie sich selbst bezeichnet) *loses, inoffizielles und offenes Gemeinschaftsprojekt* der Browserhersteller Safari, Opera und Mozilla sowie interessierter Beteiligter hatte sie sich zum Ziel gesetzt, den HTML-Standard weiterzuentwickeln und die Ergebnisse dieses Prozesses wieder bei einem Standardisierungsgremium zur Standardisierung einzureichen.

Gründungsmitglieder der WHATWG waren Anne van Kesteren, Brendan Eich, David Baron, David Hyatt, Dean Edwards, Håkon Wium Lie, Ian Hickson, Johnny Stenbäck und Maciej Stachowiak – ein erlesener Kreis an Entwicklern im Browser- und HTML-Umfeld, der sich fortan gemeinsam mit der aktiven WHATWG-Community um die Geschicke von HTML5 kümmern sollte.

Insgesamt drei Spezifikationen standen zu Beginn auf der Agenda von Ian Hickson, der als Editor von nun an eine zentrale Rolle einnehmen sollte: *Web Forms 2.0* als Weiterentwicklung von HTML-Formularen, *Web Apps 1.0* mit einem Fokus auf der Applikationsentwicklung innerhalb von HTML sowie *Web Controls 1.0*, eine Spezifikation bei der interaktive Widgets im Mittelpunkt standen. Letzteres Projekt wurde bald eingestellt, und *Web Forms* wurde zu einem späteren Zeitpunkt in *Wep Apps* integriert. Die Arbeitsweise der WHATWG war von Anfang an auf Zusammenarbeit mit der Community ausgerichtet – ein Blick auf die Homepage zeigt dies deutlich.

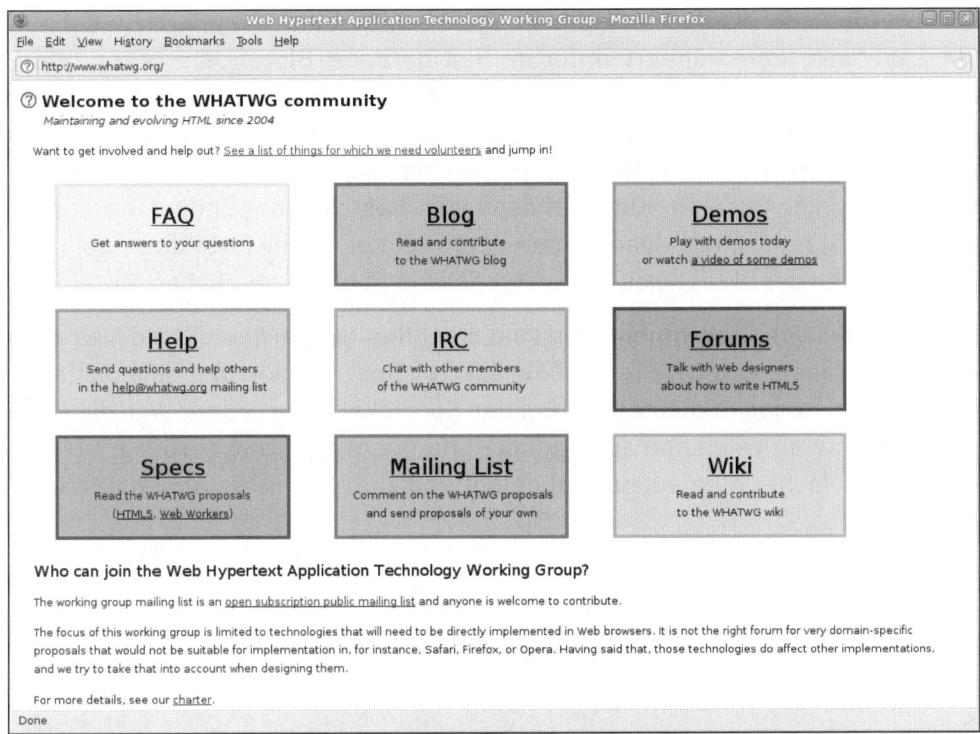

Abbildung 1.1: Homepage der WHATWG unter »http://www.whatwg.org«

Wer Hilfe beim Lernen oder Verwenden von HTML5 sucht, der wird in den Rubriken FAQ, HELP und FORUMS fündig. Das Wiki eignet sich dafür noch nicht so gut, denn es ist eher für Entwicklungszwecke gedacht und enthält wenig bis keine Dokumentation zur Sprache HTML5 selbst. Etwas verwaist ist derzeit auch das Blog, was vielleicht daran liegt, dass der Hauptautor Mark Pilgrim von Google selbst mit dem Schreiben eines Online-Buches beschäftigt ist, das unter *http:// diveintohtml5.org/* frei verfügbar ist.

Im Bereich DEMOS findet sich nicht wirklich viel Material – am interessantesten ist ein eineinhalbstündiges Video mit Ian Hickson, in dem er einige Features von HTML5 im Rahmen eines Google Tech-Talks demonstriert. Wer Zeit hat, sollte sich dieses Video nicht entgehen lassen, es gibt gute Einblicke in die Arbeits- und Denkweise von Ian Hickson.

Einer der aktivsten Bereiche ist der Chat unter *irc://irc.freenode.org/whatwg*, in dem sich die WHATWG-Community mit Browser-Entwicklern trifft und gemeinsam an der Umsetzung der Spezifikation arbeitet. Hier ist auch Platz, um alle Belange rund um HTML5 emotional zu diskutieren, politische Statements loszuwerden oder Kritikern die Meinung zu sagen. Eine imaginäre Kunstfigur, Mr. LastWeek, kommentiert mit zum Teil deftigen Blog-Posts unter *http://lastweekinhtml5.blogspot.com/* das Geschehen. Als Quelle dienen ihm die unter *http://krijnhoetmer.nl/irc-logs/* öffentlich zugänglich IRC-Protokolle, die von jedermann/jederfrau nicht nur gelesen, sondern auch aktiv quasi mitkommentiert werden können – ein Klick auf das gelbe Kästchen am Ende der aus subjektiver Sicht relevanten, spannenden oder wichtigen Zeile färbt diese gelb ein. Zum Scannen der aktuellen Themen ist das ein überaus taugliches Mittel.

Das Herzstück der Kommunikation sind drei öffentliche Mailinglisten – eine für Anwenderfragen, eine zweite für Beiträge zur Spezifikation und eine dritte für all jene, die an der Implementierung der Spezifikation arbeiten. Wer die Liste nicht abonnieren will, kann auch auf die öffentlichen Archive zurückgreifen, in denen alle Nachrichten suchbar abgelegt und zum Download angeboten werden.

» *help@whatwg.org*
  http://lists.whatwg.org/listinfo.cgi/help-whatwg.org

» *whatwg@whatwg.org*
  http://lists.whatwg.org/htdig.cgi/whatwg-whatwg.org/

» *implementors@whatwg.org*
  http://lists.whatwg.org/listinfo.cgi/implementors-whatwg.org

Die Spezifikation selbst wird auch transparent und öffentlich entwickelt – mehr dazu folgt aber später noch, denn das ist nicht so einfach, wie es klingt. In Wirklichkeit gibt es nämlich nicht nur eine Spezifikation, sondern gleich mehrere Versionen davon. Kehren wir also zur Geschichte von HTML5 zurück.

Während die WHATWG an der Erneuerung von HTML arbeitete, kümmerte sich parallel dazu die XHTML2 Working Group des W3C um ein völlig neues Web. Im Gegensatz zur WHATWG, deren Credo Rückwärtskompatibilität war, versuchte die XHTML2-Arbeitsgruppe unter der Leitung von Steven Pemberton, HTML auf andere Art weiterzuentwickeln.

Statt FORMS sollte es XFORMS geben, FRAMES sollte durch XFRAMES ersetzt werden, und an die Stelle von DOM Events sollten die neuen XML Events treten. Jedes Element darf ab sofort sowohl ein src als auch ein href-Attribut besitzen, und die Überschriften h1, h2, h3, h4, h5, h6 haben ausgedient und werden von h in Verbindung mit einem neuen section-Element abgelöst. Manuelle Zeilenumbrüche mit br realisiert man nun über l-Elemente; hr heißt ab sofort separator;

das neue n1-Element ermöglicht Navigationslisten; und zur Verbesserung der semantischen Möglichkeiten kann jedem Element ein role-Attribut mit vordefinierten oder frei über Namespaces erweiterbaren Keywords zugewiesen werden.

Ein Wermutstropfen und zugleich der Sargnagel des Unternehmens XHTML2 war die fehlende Unterstützung durch die Browserhersteller. Zu radikal waren die angestrebten Änderungen, die ohne Rücksicht auf bestehenden Content im Web konzipiert worden waren. Es dauerte nicht lange, bis auch das W3C erkannte, dass diese Entwicklung nicht zielführend war. Im Oktober 2006 lenkte Tim Berners Lee, Direktor des W3C und Erfinder des World Wide Web, schließlich ein und schrieb in seinem Blog:

> *Some things are clearer with hindsight of several years. It is necessary to evolve HTML incrementally. The attempt to get the world to switch to XML, including quotes around attribute values and slashes in empty tags and namespaces all at once didn't work.*

Gleichzeitig mit dem Eingeständnis, dass XHTML2 als neue Sprache des Web gescheitert war, kündigte er die Schaffung einer neuen HTML Working Group an – diesmal auf breiterer Basis und unter Einbeziehung der Browserhersteller, mit dem Ziel, sowohl HTML als auch XHTML Schritt für Schritt weiterzuentwickeln. Seine Überzeugung, dass dies der richtige Weg ist, unterstrich er im letzten Absatz des Blogeintrags:

> *This is going to be a very major collaboration on a very important spec, one of the crown jewels of web technology. Even though hundreds of people will be involved, we are evolving the technology which millions going on billions will use in the future. There won't seem like enough thankyous to go around some days. But we will be maintaining something very important and creating something even better.*

Im März 2007 war es dann so weit: Die neue HTML Working Group konstituierte sich, und kurz nach der Ankündigung beim W3C erging die Einladung an alle Mitglieder der WHATWG, sich an der HTML WG zu beteiligen – ein Angebot, das von der WHATWG dankend angenommen wurde.

Ein paar Monate später wurde dann darüber abgestimmt, ob die bis dahin von der WHATWG ausgearbeitete Spezifikation als Basis für die neue, gemeinsame HTML5-Spezifikation dienen sollte. Im Gegensatz zur Abstimmung beim Workshop 2004 war das Resultat diesmal positiv – 43 Ja- und 5 Nein-Stimmen bei 4 Enthaltungen und einer expliziten Ablehnung. Mit drei Jahren Verspätung hatte sich die ursprüngliche Idee, HTML weiterzuentwickeln durchgesetzt.

Trotzdem war dies erst der Anfang, denn nun mussten Wege gefunden werden, um gemeinsam zu arbeiten – eine Aufgabe, die sich als gar nicht so leicht herausstellen sollte, denn die Philosophien von WHATWG und W3C waren nur bedingt kompatibel. Dass sich die beiden Lager nicht immer einig sind, zeigen nicht nur ausgedehnte Diskussion-Threads in der W3C-eigenen, archivierten und öffentlich zugänglichen *public-html*-Mailingliste (*http://lists.w3.org/ Archives/Public/public-html/*), sondern auch die Einschätzung der Roadmap des Unternehmens HTML5.

Ging das W3C in puncto HTML5 als Recommendation in ihrer Charta von der Deadline Q3 2010 aus, sah Ian Hickson von der WHATWG ein deutlich längeres Zeitfenster. Die viel zitierte Jahreszahl 2022 steht im Raum – für Kritiker ein indiskutables Datum. Unter Berücksichtigung des ambitionierten Ziels von HTML5, die drei Spezifikationen HTML4, DOM2 HTML und XHTML1 zu ersetzen und entscheidend auszubauen, eine Testsuite mit Tausenden von Tests zu schaffen und dann noch zwei fehlerfreie Implementationen des Standards als *proof of concept* vorzuschreiben, relativiert sich dieser lange Zeitraum allerdings.

Ein Blick auf die Regeln zur Beschlussfassung der HTML WG lässt erahnen, wie kompliziert die Entscheidungsfindung der beiden Gruppen beim Weiterentwickeln der Spezifikation ist (*http://dev.w3.org/html5/decision-policy/decision-policy.html*), und mit Auflösung der XHTML2 Working Group Ende 2009 erhöhte sich die Menge der Kritiker, die auch gewillt waren, diese Decision-Policy zur Gänze auszuschöpfen.

Das Resultat ist eine stetig wachsende Liste bei der HTML WG des W3C mit sogenannten *Issues* (*http://www.w3.org/html/wg/tracker/issues/*), die vor Erreichen des Last Calls unter Moderation der Vorsitzenden Sam Ruby, Paul Cotton und Maciej Stachowiak gelöst werden müssen. Aufseiten der WHATWG nutzte Ian Hickson eine ruhigere Phase, in der er seine Issues-Liste (*http://www .whatwg.org/issues/data.html*) kurzzeitig auf *null* herunterfahren konnte, um im Oktober 2009 *HTML5 in Last Call* bei der WHATWG auszurufen.

Sichtbares Zeichen für die Komplexität des Geschehens ist auch der Status der Spezifikation. Liegt bei der WHATWG die Hauptspezifikation als kompaktes Dokument vor, sind es beim W3C mit Stand Sommer 2010 mittlerweile acht Teile, die zum HTML5-Package zählen. Zwei davon werden direkt aus der WHATWG-Version generiert und sind nachfolgend mit einem Stern gekennzeichnet, die übrigen stellen Ergänzungen dar und sind ihrerseits nicht in der WHATWG-Version enthalten.

Spezifikation der WHATWG:

» *HTML5 (including next generation additions still in development): http://whatwg. org/html5*

Spezifikationen der W3C HTML WG:

» *HTML5 specification *: http://www.w3.org/TR/html5/*

» *HTML5 differences from HTML4: http://www.w3.org/TR/html5-diff/*

» *HTML: The Markup Language: http://www.w3.org/TR/html-markup/*

» HTML+RDFa 1.1: *http://www.w3.org/TR/rdfa-in-html/*

» *HTML Microdata: http://www.w3.org/TR/microdata/*

» HTML Canvas 2D Context *: *http://www.w3.org/TR/2dcontext/*

» HTML5: Techniques for providing useful text alternatives: *http://www.w3.org/ TR/html-alt-techniques/*

» Polyglot Markup: HTML-Compatible XHTML Documents: *http://www.w3.org/ TR/html-polyglot/*

Zusätzlich existiert bei der WHATWG ein weiteres Dokument, in dem alle WHATWG-Teile mit zusätzlichen Spezifikationen für *Web Workers*, *Web Storage* und die *Web Sockets API* vereint sind. Dieses Dokument ist durchaus geeignet, um als Härtetest für das Rendering von HTML herangezogen zu werden: Über 5 Mbyte Quellcode und dazu noch JavaScript zur Anzeige des Status der Implementierung jedes Abschnitts und die Möglichkeit, an den jeweiligen Sektionen direkt Kommentare abzusetzen, bringen jeden Browser an die Grenzen seiner Belastbarkeit.

http://www.whatwg.org/specs/web-apps/current-work/complete.html

> **TIPP**
>
> Sollten Sie Ihren Browser schonen wollen, empfiehlt es sich, am Ende der URL `?slow-browser` hinzuzufügen. Damit werden dynamische Komponenten übersprungen, und es wird eine statische, schneller ladende Version ohne interaktive Elemente ausgeliefert.

Wollen Sie die Änderungen bei der Spezifikation nachverfolgen, bieten sich mehrere Möglichkeiten. Zum einen stellt die WHATWG ein *Subversion repository* der kompletten Spezifikation zur Verfügung, von dem Sie eine lokale Kopie erstellen können:

svn co http://svn.whatwg.org/webapps webapps

Zum anderen sind Commit-Nachrichten der einzelnen Revisionen auch über Twitter, eine Mailingliste oder das *web-apps-tracker* genannte Webinterface zugänglich:

» *http://twitter.com/WHATWG*

» *http://lists.whatwg.org/listinfo.cgi/commit-watchers-whatwg.org*

» *http://html5.org/tools/web-apps-tracker*

Während sich die WHATWG-Spezifikation kontinuierlich mit jeder Revision ändert, unterliegen die Drafts beim W3C dem sogenannten *Heartbeat requirement* – einer Vorgabe des W3C, die verlangt, dass in regelmäßigen Abständen von drei bis vier Monaten neue Versionen der W3C-Spezifikationen als Working Drafts zu publizieren sind. Mit Erscheinen dieses Buches wird der nächste Herzschlag sicher schon erfolgt sein, und wer weiß, vielleicht ist sogar schon ein *Last Call Working Draft* beim W3C ausgerufen worden.

Wenn Sie die Geschichte von HTML5 selbst erkunden wollen, finden Sie in der Zeitreise ein paar Links als Einstiegspunkte zu den Meilensteinen. Eine sehr gute Zusammenfassung der ganzen HTML-Geschichte bietet der Artikel *Why Apple is betting on HTML 5: a web history*. Er ist bei *AppleInsider* unter der verkürzten URL *http://bit.ly/2qvA7s* verfügbar.

1.2   Zeitreise zu Originalschauplätzen

Meilensteine bei der Entwicklung von HTML5 in einigen, wenigen Links:

» W3C *Workshop on Web Applications and Compound Documents* (Juni 2004): *http://www.w3.org/2004/04/webapps-cdf-ws/index*

» Positionspapier von Opera und Mozilla zur Weiterentwicklung von HTML: *http://www.w3.org/2004/04/webapps-cdf-ws/papers/opera.html*

» Ian Hicksons Einschätzung des Workshops in drei Blog-Posts: *http://ln.hixie .ch/?start=1086387609&order=1&count=3*

» Announcement der WHATWG-Gründung zwei Tage nach dem Workshop: *http://www.whatwg.org/news/start*

» Blogeintrag *Reinventing HTML* von Tim Berners Lee (Oktober 2006): *http:// dig.csail.mit.edu/breadcrumbs/node/166*

» Neustart der W3C HTML Working Group (März 2007): *http://www .w3.org/2007/03/html-pressrelease*

» Ian Hickson informiert die WHATWG-Community über den Neustart: *http:// lists.whatwg.org/htdig.cgi/whatwg-whatwg.org/2007-March/009887.html*

» Offizielle Einladung an die WHATWG, sich bei der HTML WG anzumelden: *http://lists.whatwg.org/htdig.cgi/whatwg-whatwg.org/2007-March/009908. html*

» Ian Hickson gratuliert dem W3C im Namen der WHATWG für die Initiative: *http://lists.whatwg.org/htdig.cgi/whatwg-whatwg.org/2007-March/009909.html*

» HTML Design Principles als Basis für HTML5 (November 2007): *http://www .w3.org/TR/html-design-principles/*

» Erster öffentlicher HTML5 Working Draft beim W3C (Jänner 2008): *http:// www.w3.org/2008/02/html5-pressrelease*

» Ankündigung der Auflösung der XHTML2 Working Group (Juli 2009): *http:// www.w3.org/News/2009#entry-6601*

» Die WHATWG verkündet *HTML5 at Last Call* (Oktober 2009): *http://blog.whatwg. org/html5-at-last-call*

» Das W3C publiziert acht Working Drafts, zwei davon neu (Juni 2010): *http:// www.w3.org/News/2010#entry-8843*

1.3 In medias res

Nach diesem kurzen Ausflug in die Geschichte von HTML5 wird es Zeit, sich endlich direkt mit den Elementen und Attributen von HTML5 auseinanderzusetzen. Was liegt näher, als das klassische *Hello world!*-Beispiel? So sieht es in HTML5 aus:

```
<!DOCTYPE html>
<html>
  <head>
    <meta charset="UTF-8">
    <title>Hello world! in HTML5</title>
  </head>
  <body>
    <p>Hello world!</p>
  </body>
</html>
```

Jedes HTML5-Dokument beginnt mit der Dokumenttyp-Deklaration `<!DOCTYPE html>`, wobei es unerheblich ist, ob diese groß- oder kleingeschrieben wird. Als zweite Neuerung sticht die verkürzte Schreibweise bei der Angabe des Encodings ins Auge – `<meta charset="UTF-8">`. Der Rest wie `html`, `head`, `title` oder `body` ist schon von HTML4 hinreichend bekannt, womit sich die Frage stellt: *Was ist eigentlich neu in HTML5?*

1.3.1   Was gibt es Neues?

Beim W3C finden wir in der von Anne van Kesteren betreuten Spezifikation *HTML5 differences from HTML4* die Antwort. Neben Listen mit neuen und nicht mehr zu verwendenden Elementen oder Attributen entdecken wir dort auch Hinweise auf neue oder geänderte APIs, ausgelagerte Spezifikationsteile und schließlich das *HTML5 Changelog*, in dem chronologisch festgehalten ist, wann und wie einzelne Features ihren Weg in oder aus der Spezifikation gefunden haben:

http://www.w3.org/TR/html5-diff/

Die tabellarischen Übersichten bieten zwar viel Detail, aber wenig Übersicht, weshalb uns vier *Wordles* in diesem Abschnitt begleiten werden. Erstellt wurden alle mit Jonathan Feinbergs Wordle Applet, das unter *http://www.wordle .net/* frei verfügbar ist. Die Häufigkeit der einzelnen Begriffe und damit die Größe der Schrift bestimmt bei neuen Elementen und Attributen die Zahl der Querverweise, die innerhalb der HTML5-Spezifikation auf das jeweilige Feature gesetzt wurden. Bei nicht mehr zu verwendenden Elementen und Attributen entsprechen die Font-Größen der Nutzung im Web, wie sie von Opera im Rahmen des *MAMA*-Projektes *What is the Web made of?* untersucht wurde (*http:// dev.opera.com/articles/view/mama/*).

Sehen wir uns zuerst die neuen Elemente im Wordle der Abbildung 1.2 an. Highlights sind mit Sicherheit die Medien-Typen `video`, `audio` und `canvas` – bei Letzterem handelt es sich vereinfacht gesagt um ein mit JavaScript programmierbares Bild. Viele Neuerungen betreffen strukturgebende Elemente wir `article`, `section`, `header`, `hgroup`, `footer`, `nav` oder `aside`. Für Abbildungen stehen `figure` mit `figcaption` bereit, und ein- beziehungsweise ausblendbare Zusatzinformationen lassen sich über `details` in Kombination mit `summary` realisieren. Für Fortschrittsanzeigen stehen `progress`, für Maßangaben aller Art `meter` und für Zeit- und Datumsangaben `time` zur Verfügung.

Die Elemente ruby, rt und rp werden uns im deutschen Sprachraum eher weniger begegnen, handelt es sich dabei doch um ein typografisches Annotationssystem, das vor allem im Chinesischen und Japanischen zur Aussprache-anleitung dient. Häufiger anwendbar sind da schon mark zum Hervorheben von Begriffen oder wbr zur Anzeige, dass an dieser Stelle wenn nötig ein Zeilenumbruch erfolgen könnte.

Mehr in Richtung Webapplikationen gehen die Elemente keygen zur Erzeugung von Schlüsselpaaren für Verschlüsselung oder digitale Signaturen, command zum Ausführen von Kommandos oder output als Resultat von Berechnungen in Formularen oder anderen Teilen eines Dokuments. Als Container für option-Elemente stellt datalist nicht sichtbare Auswahllisten für Formular-felder bereit. Zur Auflistung alternativer Ressourcen bei video- und audio-Elementen dient source – der Browser pickt sich dann das erste ihm bekannte Format zum Abspielen aus dieser Liste; und *last but not least* wurde auch das von Netscape eingeführte und häufig verwendete embed-Element in bereinigter Form mit aufgenommen.

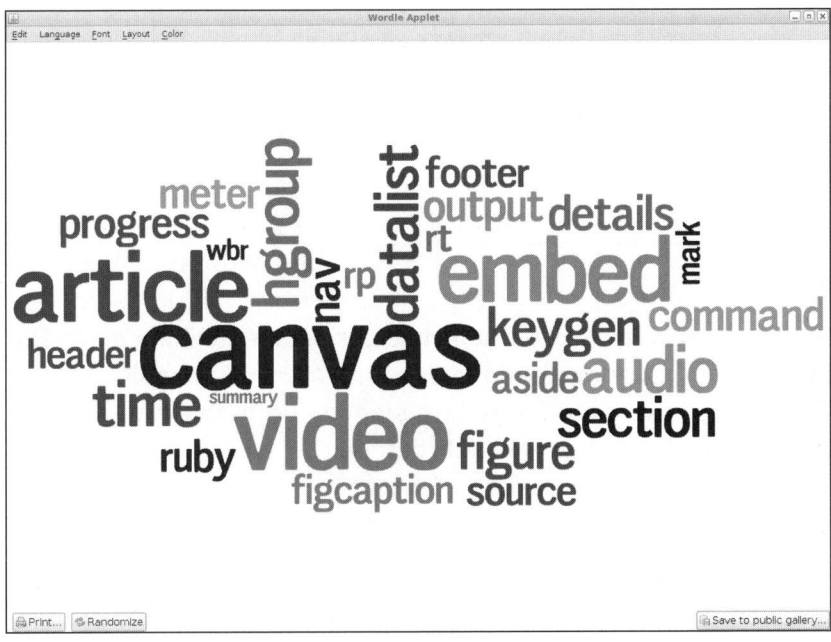

Abbildung 1.2: Neue HTML5-Elemente

Viele Neuerungen bringt auch das input-Element mit sich – hier die zusammengefasste Liste neuer Typen in Kurzform: Es gibt mehrere neue input-Typen für Datumsangaben mit datetime, date, month, week, time sowie datetime-local. Dazu kommen Typen für Suchfelder (search) und zur Eingabe von URLs (url), E-Mail-Adressen (email), Telefonnummern (tel), Zahlen (number) oder Zahlenbereichen (range) sowie Farben (color).

Abbildung 1.3: Neue HTML5-Attribute

Wie in Abbildung 1.3 deutlich wird, weisen viele der neuen Attribute einen Bezug zu Formularen auf. So können mithilfe des form-Attributs Eingabeelemente auch außerhalb des jeweiligen Formulars stehen und mit dem gewünschten Formular quasi verknüpft werden. Attribute wie min, max, step, required, pattern, multiple oder autocomplete legen Einschränkungen beziehungsweise Bedingungen für Input-Elemente fest, beeinflussen mit formnovalidate und novalidate die Validierung der Eingaben und stellen mit placeholder oder autofocus praktische Ausfüllhilfen bereit. Das Verhalten beim Abschicken des Formulars darf bei input- und button- Elementen durch formmethod, formenctype, formtarget sowie formaction überschrieben werden. Zur Zuweisung von mit datalist erstellten Auswahllisten zur jeweiligen Eingabekomponente dient das list-Attribut.

Als Sicherheitsfeature für iframes stehen sandbox, srcdoc und seamless zur Verfügung – sie kapseln den eingebetteten Inhalt vom Rest des Dokuments ab. Wer Scripts asynchron laden will, der kann async verwenden, und mit ping wird bei jedem Klick auf einen Hyperlink die im ping-Attribut angegebene Liste an URLs im Hintergrund angesteuert.

Unscheinbar, aber mit weitreichenden Konsequenzen ist das manifest-Attribut des html-Elements, ebnet es doch den Weg für Offline-Webapplikationen, indem es auf jenes Konfigurationsfile verweist, das festlegt, welche Teile der Seite offline verfügbar gemacht werden sollen. Hilfreich können auch style-Elemente mit dem Attribut scoped sein – damit wird die Gültigkeit der angegebenen Stile auf den Bereich des übergeordneten DOM-Knotens mit all seinen Kindelementen eingeschränkt. Bei Menüs des menu-Elements legen type und label schließlich die Art des Menüs (z. B. Kontextmenü oder Toolbar) sowie dessen Titel fest.

Kleine, aber feine Neuerungen sind das charset-Attribut beim meta-Tag zur einfachen Angabe des Encodings sowie die Erlaubnis, li-Elementen über value explizite Aufzählungswerte zuzuweisen, bei ol auch einen Startpunkt mit start zu spezifizieren und endlich Listen über reversed absteigend zu sortieren.

Zum Teil wesentliche Änderungen gibt es bei den globalen, für alle Elemente gültigen Attributen. Das trifft vielleicht nicht so sehr auf class, dir, id, lang, style, tabindex und title zu, die im Gegensatz zu HTML4 jetzt global sind, sondern vor allem auf die neu hinzugekommenen. Über contenteditable dürfen Elemente direkt geändert werden; contextmenu ermöglicht das Zuweisen eigener, als menu definierter Menüs; draggable weist das entsprechende Element als potenziellen Kandidaten für Drag&Drop-Aktionen aus; und spellcheck bereitet die Überprüfung des jeweiligen Bereiches auf korrekte Rechtschreibung vor.

Zum Zeitpunkt der Anzeige nicht oder nicht mehr relevante Inhalte kann man mit hidden verbergen; über das Attribut role beziehungsweise aria-* können Sie zusätzliche Hilfen für assistive Technologien wie zum Beispiel Screenreader zur Verfügung stellen; und über das reservierte Präfix data-* können Sie beliebig viele, eigene Attribute definieren.

Ein weiterer wesentlicher Bestandteil von HTML5 sind neue Programmier-APIs, wie die Zeichen-API des canvas-Elements, eine API zum Abspielen von Audio- und Video-Inhalten sowie eine Schnittstelle zur Programmierung von Offline-Webanwendungen. Weitere APIs widmen sich den Themen Drag&Drop, dem Editieren von Dokumenten oder dem Steuern der Browser-History. Auch auf den ersten Blick exotisch anmutende APIs zur Registrierung und Anwendung eigener Protokolle oder MIME-Typen sind in der Spezifikation zu finden.

Bleibt noch zu erwähnen, dass mit HTML5 alle Eventhandler als globale Attribute ausgewiesen sind und auch einige Änderungen bei den Objekten `HTMLDocument` und `HTMLElement` zu verzeichnen sind. Mit `getElementsByClassName()` werden alle Elemente mit einem bestimmten `class`-Attribut gefunden; zur Manipulation von `class`-Attributen steht die `classList`-API bereit; und die Methode `innerHTML` funktioniert nun auch bei XML-Dokumenten. Um zu ermitteln, welches Element im Dokument gerade den Fokus besitzt, dienen `activeElement` und `hasFocus` – beide als Attribute des `HTMLDocument`-Objekts, genauso wie die Methode `getSelection()`, über die man auf den aktuell vom Benutzer selektierten Text zugreifen kann.

1.3.2   Was ist veraltet?

Wenn wir von Neuerungen in HTML5 sprechen, müssen wir uns natürlich auch fragen, welche Features wir ab jetzt nicht mehr verwenden sollen. In anderen Spezifikationen des W3C ist in diesem Zusammenhang oft von *deprecated* die Rede, einem Begriff, der bei HTML5 jedoch keine Gültigkeit besitzt. Da HTML5 rückwärtskompatibel ist, müssen auch solche Features vom Browser korrekt angezeigt werden. Für den Autor einer Seite allerdings hält die Änderungsspezifikation eine Liste an Elementen und Attributen bereit, die er nicht mehr verwenden sollte beziehungsweise darf. An die Stelle von *deprecated* tritt nun der Ausdruck *absent*.

Ein Blick auf das Wordle in Abbildung 1.4 zeigt, was endgültig *out* ist: `font` und `center`. An ihre Stelle treten, wie bei den Elementen `u`, `big`, `strike`, `basefont`, `s` oder `tt` auch, zeitgemäßere Lösungen mit CSS. An die Stelle von `frame`, `frameset` und `noframes` treten nun `iframes`; statt `acronym` soll man `abbr`, statt `dir` besser `ul` verwenden, und `isindex` geht in den neuen Möglichkeiten von Formularen auf. Sollten Sie einige der angesprochenen Elemente im Wordle vermissen, so liegt das daran, dass sie sehr selten verwendet wurden und eben auch aus diesem Grund nicht mehr Teil von HTML5 sind.

Genauso eindeutig ist das Bild bei veralteten Attributen. Breite (`width`), Höhe (`height`), Ausrichtung (`align`, `valign`), Abstände (`cellpadding`, `cellspacing`) und Farbgebung (`bgcolor`) dominieren im Wordle aus Abbildung 1.5. Sie erscheinen meist in Kombination mit `table`, `td` oder `body` und sind, wie viele der veralteten Elemente auch, ab jetzt durch CSS zu ersetzen.

Abbildung 1.4: Elemente, die nicht mehr in HTML5 verwendet werden sollen

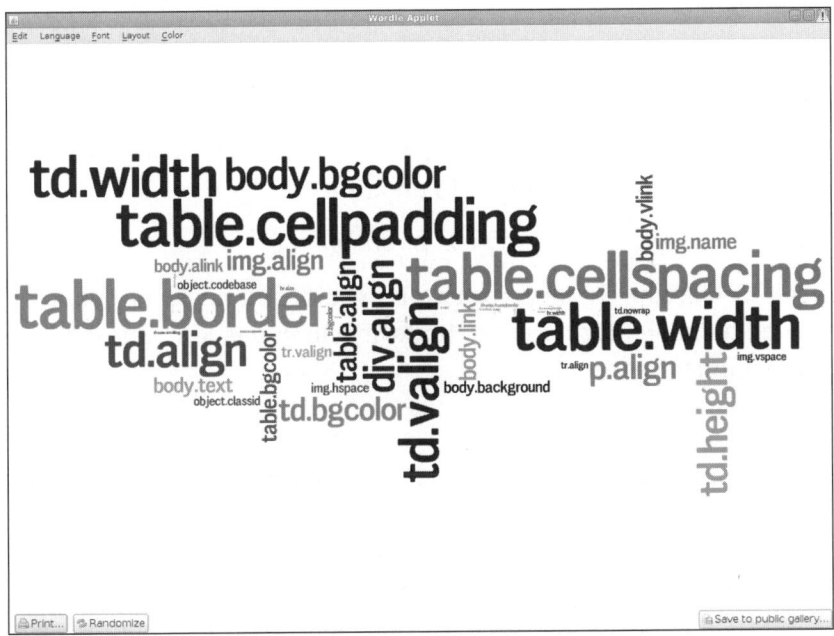

Abbildung 1.5: Attribute, die nicht mehr in HTML5 verwendet werden sollen

Woher weiß man nun im Detail, welche Elemente und Attribute nicht mehr zu verwenden sind? Ein ständiges Abgleichen mit der Änderungsspezifikation ist sehr mühsam und wohl nicht zielführend. Auf der Suche nach einer Lösung dieses Problems werden wir beim HTML5-Validator unter *http://html5.validator. nu/* fündig: Er weiß genau, was richtig und falsch ist. Probieren wir es aus: Wählen wir dazu *Text Field* als Eingabemodus, und ersetzen wir im vorausge-füllten HTML-Grundgerüst die Zeile <p></p> durch folgendes, falsches Markup:

```
<center>
  <acronym>WHATWG</acronym>
</center>
```

Als Antwort bekommen wir zwei Fehlermeldungen, die – zumindest zum Zeit-punkt der Manuskripterstellung im Sommer 2010 – folgendermaßen lauten:

1. *Error: The center element is obsolete. Use CSS instead.*

2. *Error: The acronym element is obsolete. Use the abbr element instead.*

Der Link bei *Use CSS instead* führt uns übrigens direkt ins WHATWG-Wiki zur Seite *Presentational elements and attributes*, auf der wir Details zur richtigen Verwendung nachlesen können. Auch Syntaxfehler werden vom Validator direkt angezeigt, wie der nächste Test demonstriert. Versuchen wir es mit folgendem Quellcode:

```
<!DOCTYPE html><title>
```

Die Antwort ist wieder eine Fehlermeldung, diesmal mit dem Hinweis, dass das Dokument noch nicht komplett und deshalb ungültig ist:

1. *Error: End of file seen when expecting text or an end tag.*

Wenn wir diesen Fehler durch Hinzufügen des </title>-End-Tags beheben, verschwindet auch diese Fehlermeldung, und wir haben das kürzestmögliche gültige HTML5-Dokument erzeugt:

```
<!DOCTYPE html><title></title>
```

Die Basis der Fehlererkennung im Validator ist eines der Key-Features von HTML5, der HTML-Parser. Er wurde im Gegensatz zu allen bisherigen Spe-zifikationen bis ins letzte Detail ausformuliert und liest sich auf 90 Seiten an-nähernd so spannend wie das Telefonbuch von München oder Wien. Aus tech-nischer Sicht allerdings ist dieses Kapitel essenziell, denn es definiert, wie HTML5-Markup zu parsen und der DOM-Baum des Dokuments aufzubauen ist.

Unser Minimalbeispiel von vorhin generiert also in Wirklichkeit einen kompletten HTML5-DOM-Baum inklusive html-, head- und body-Elementen. Den Beweis dafür liefert uns ein weiteres Tool, der *HTML5 DOM Live Viewer* unter *http://livedom.validator.nu/* – probieren Sie es aus!

1.3.3 ... und was ist mit XHTML?

Die HTML5-Spezifikation definiert im Grunde genommen eine abstrakte Sprache zur Beschreibung von Dokumenten und Web-Applikationen mit APIs zur Interaktion, die in einem *In-memory*-DOM-Baum repräsentierbar sind. Welche Syntax als Basis für die Erzeugung dieses DOM-Baumes verwendet wird, ist dabei egal – HTML ist eine davon, XHTML eine zweite. Entscheidend ist immer das Resultat nach dem Parsen, und das ist in beiden Fällen ein gültiger DOM-HTML-Baum.

Es bleibt also dem Autor überlassen, ob er HTML oder XHTML beim Erstellen seiner Dokumente verwendet. Ersteres ist weiter verbreitet, einfacher zu schreiben, verzeiht kleine Syntaxfehler und benötigt bei der Ausgabe den MIME-Typ text/html. Zweiteres folgt den strikten XML-Regeln (Stichwort *Wohlgeformtheit*) und muss im Gegensatz zur bisherigen Praxis bei XHTML 1.1 immer mit einem XML-MIME-Typ wie zum Beispiel text/xml oder application/xhtml+xml ausgeliefert werden.

Das *Hello world!*-Beispiel in XHTML5 kommt ohne DOCTYPE aus, benötigt dafür aber eine gültige XML-Deklaration, in die gleich das Encoding verpackt werden kann, und muss natürlich *wohlgeformt* sein:

```
<?xml version="1.0" encoding="UTF-8"?>
<html xmlns="http://www.w3.org/1999/xhtml">
  <head>
    <title>Hello world! in HTML5</title>
  </head>
  <body>
    <p>Hello world!</p>
  </body>
</html>
```

Viel Unterschied zur HTML-Version erkennen wir nicht. Das liegt wahrscheinlich daran, dass wir beim ersten *Hello world!* nicht die ganze Palette erlaubter Vereinfachung bei der HTML-Schreibweise ausgeschöpft haben. In *lazy* HTML5 hätte auch dieses Markup gereicht:

```
<!DOCTYPE html>
<meta charset=utf-8>
<title>Hello World! in HTML5</title>
<P>Hello world!
```

Anführungszeichen bei Attributen können dann entfallen, wenn deren Attributwert kein Leerzeichen oder keines der Zeichen " ' > / = enthält. Tags dürfen groß- oder kleingeschrieben, ja manchmal wie im obigen Beispiel sogar weggelassen werden; und wenn man sich nicht sicher ist, leistet der Validator wieder gute Dienste. In puncto Implementierung des neuen HTML5-Parsers hat Mozilla die Führung übernommen und liefert mit Firefox 4 Henri Sivonens Parser, der auch die Basis für *http://validator.nu* ist, standardmäßig aus.

1.4   Kann ich HTML5 jetzt schon verwenden?

Ja. Und nein. HTML5 ist noch lange nicht fertig, aber im Gegensatz zur bisherigen Praxis, erfolgt die Entwicklung des HTML5-Standards Hand in Hand mit dessen Implementierung. Wer hätte gedacht, dass IE9 SVG und Canvas bietet oder dass Google innerhalb kürzester Zeit auch HTML5-Video auf YouTube anbieten würde? Viele der neuen Features sind schon jetzt nutzbar, vorausgesetzt, man kann sich seinen Browser auswählen. Im firmeneigenen Intranet kann HTML5 ebenso Einzug halten wie auf der privaten Homepage, die nur vom ausgewählten Freundeskreis angesteuert wird.

Mit Firefox, Chrome, Opera und Safari unterstützen jetzt schon vier großartige Browser ein breites Spektrum von HTML5, und IE9 wird, wie es scheint, Microsofts langes Zögern bei der Unterstützung von Webstandards noch 2011 beenden. Browserhersteller nehmen heute mit ihren Entwicklern rege an der Gestaltung des Standards teil. Sie implementieren neue Drafts der Spezifikation zuerst testweise als *proof-of-concept* und posten dann ihr Feedback mit Verbesserungsvorschlägen bei der WHATWG oder dem W3C. Damit werden sie wichtiger Bestandteil des Entwicklungszyklus – was nicht implementierbar ist, wird aus der Spezifikation entfernt, anderes wird adaptiert und endgültig implementiert.

Early adopters von HTML5 tun gut daran, sich mit den Release Notes der einzelnen Browser anzufreunden, denn hier lassen sich die allgemeinen Trends nach der Frage *Was wird kommen?* am ehesten ablesen.

» *https://developer.mozilla.org/en/HTML/HTML5*

» *http://www.opera.com/docs/changelogs/*

» *http://webkit.org/blog/*

» *http://googlechromereleases.blogspot.com/*

» *http://ie.microsoft.com/testdrive/info/ReleaseNotes/*

Die Timeline der Entwicklung HTML5-relevanter Spezifikationen in Kombination mit den Meilensteinen der Browser-Releases deutet mit immer kürzer werdenden Release-Intervallen auf die Verflechtungen von Standardisierung und deren Implementierung hin. Eine *tagesaktuelle* Version finden Sie online unter:

http://html5.komplett.cc/code/chap_intro/timeline.html

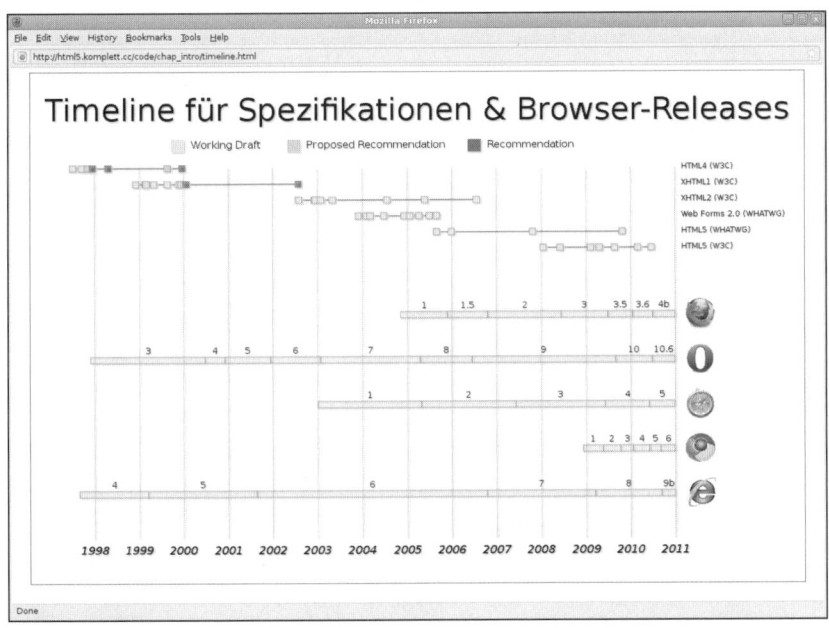

Abbildung 1.6: Timeline der Spezifikationen und Browser-Releases

Es bleibt spannend, wie sich die beiden Bereiche weiterentwickeln werden, und spannend sollte es auch jetzt werden, denn nach dieser kurzen Einstimmung ins Thema geht es nun zur konkreten Anwendung von HTML5 – beginnen wir mit einem ersten großen Block an Neuerungen: *mehr Struktur und Semantik für Dokumente!*

2
Struktur & Semantik
für Dokumente

Sowohl die bereits zitierte *MAMA*-Studie von Opera als auch Googles *Web Authoring Statistics*-Untersuchung aus dem Jahre 2005 (*http://code.google.com/ webstats/*) kommen zu dem Schluss, dass in der damaligen Praxis viele Webseiten das class- oder id-Attribut zur Festlegung von Seitenstrukturen verwendeten. Häufig vorkommende Attribut-Werte waren dabei footer, content, menu, title, header, top, main oder nav, und was lag da näher, als in der neuen HTML5-Spezifikation auf die gängige Praxis Rücksicht zu nehmen und neue Elemente zur Strukturierung von Seiten zu schaffen?

Das Resultat ist ein kompaktes Set strukturgebender, neuer Elemente wie header, hgroup, article, section, aside, footer oder nav, die einen übersichtlichen Seitenaufbau ohne Umwege über class oder id ermöglichen. Anhand des fiktiven, nicht ganz ernst zu nehmenden HTML5-Blogs wagen wir einen Blick in das Jahr 2022 und konzentrieren uns dabei nicht so sehr auf den Inhalt des Postings, sondern vielmehr auf die Struktur des Dokuments.

Abbildung 2.1: Das fiktive HTML5-Blog

Bevor wir uns im Detail mit dem Quellcode des HTML5-Blogs beschäftigen, noch ein paar wichtige Links wie zum Beispiel zur *HTML: The Markup Language*-Spezifikation – ab jetzt kurz *Markup-Spezifikation* genannt:

» *http://www.w3.org/TR/html-markup/*

Hier listet Mike Smith, Editor und Team-Kontakt der W3C HTML WG, für jedes Element dessen Definition, eventuell bestehende Einschränkungen, gültige Attribute oder DOM-Interfaces sowie Formatierungsvorschriften in CSS-Notation auf, sofern diese anzuwenden sind – eine wertvolle Hilfestellung, auf die wir noch öfter zurückgreifen werden. In der HTML5-Spezifikation finden sich die neuen Strukturelemente auch im folgenden Kapitel:

» *http://www.whatwg.org/specs/web-apps/current-work/multipage/sections.*
   html

Die .html- und .css-Files zum HTML5-Blog sind natürlich auch online verfügbar:

» *http://html5.komplett.cc/code/chap_structure/blog.html*

» *http://html5.komplett.cc/code/chap_structure/blog.css*

Auf den ersten Blick erkennen wir in Abbildung 2.1 vier voneinander abgesetzte Bereiche – eine Kopfzeile, den Artikel, die Fußzeile sowie eine Randspalte. In diesen vier Abschnitten kommen alle neuen, strukturgebenden Elemente zum Einsatz, und sie bilden, in Verbindung mit knappen CSS-Anweisungen im Stylesheet blog.css, die Struktur sowie das Layout der Seite.

2.1 Kopfzeile mit »header« und »hgroup«

In der Kopfzeile begegnen uns die beiden ersten neuen Elemente: header und hgroup.

Abbildung 2.2: Das Grundgerüst der HTML5-Blog-Kopfzeile

Unter header versteht die Markup-Spezifikation einen Container, der Überschriften sowie zusätzliche, einleitende Inhalte oder Navigationshilfen umfassen kann. Header sind dabei nicht nur auf Kopfzeilen beschränkt, sondern können auch an anderen Stellen im Dokument Verwendung finden. Nicht erlaubt sind ineinander verschachtelte header sowie header innerhalb eines address- oder footer-Elements.

In unserem Fall definiert header in Kombination mit dem Logo als img-Element sowie zwei Headings (h1 und h2), die von einem hgroup-Element umschlossen werden und den Blogtitel sowie einen Untertitel enthalten, die Kopfzeile des HTML5-Blogs.

War es in der bisherigen Praxis durchaus gebräuchlich, h1- und h2-Elemente direkt untereinander zu schreiben und damit Titel und Untertitel anzudeuten, so ist dies in HTML5 nicht mehr erlaubt. Zur Gruppierung solcher Headings muss jetzt hgroup verwendet werden. Der Gesamtrang des hgroup-Elements ergibt sich dabei aus dem höchsten vorkommenden Heading. Zwar dürfen auch andere Elemente innerhalb von hgroup vorkommen, der Regelfall wird aber wohl das Kombinieren von h1- bis h6-Tags bleiben.

Ein kleines, aber bedeutsames Detail können wir der Markup-Spezifikation entnehmen: header sind, wie alle anderen strukturgebenden Elemente per Vorgabe als display: block in CSS zu formatieren. Damit können auch Browser, die mit den neuen Tags nichts anfangen können, dazu *überredet* werden, das jeweilige Element richtig darzustellen. Ein paar Zeilen Code reichen aus, um dem Internet Explorer 8 zum Beispiel unser neues header-Element beizubringen:

```
<!--[if lt IE 9]>
  <script>
    document.createElement("<header");
  </script>
  <style>
    header { display: block; }
  </style>
<![endif]-->
```

Selbstverständlich gibt es für diesen Workaround auch eine ausgefeilte JavaScript-Bibliothek, die nicht nur header, sondern auch viele andere neue HTML5-Elemente abdeckt. Remy Sharp stellt sie unter *http://code.google.com/ p/*html5shim/ für den Internet Explorer *zur Verfügung.*

HINWEIS

Der Ausdruck shim *bezeichnet in der Computersprache einen Kompatibilitäts-Workaround für eine Applikation. Vielfach wird fälschlicherweise auch* shiv *verwendet – ein Begriff, den John Resig, der Erfinder von jQuery, in einem gleichnamigen Posting geprägt hatte (http://code.google.com/p/html5shim/). Ob er in Wirklichkeit* shim *damit meinte, bleibt unklar...*

In puncto CSS weist die Kopfzeile keine großen Besonderheiten auf. Das Logo ist mit float:left eingebunden, die vertikalen Abstände zwischen den beiden Headings h1 und h2 sind leicht verkürzt, und der Untertitel ist kursiv formatiert.

2.2 Inhalt mit »article«

Das article-Element repräsentiert einen eigenständigen Bereich innerhalb einer Webseite wie zum Beispiel Nachrichten, Blogeinträge oder Ähnliches. In unserem Fall besteht der Inhalt des Blogeintrags aus so einem article-Element in Kombination mit einem img-Element zur Auflockerung, einem h2-Heading für die Überschrift, einem time- und einem address-Element für das Erstellungsdatum und die Urheberschaft sowie drei Absätzen, in denen sich auch q- und cite-Elemente für Zitate der Protagonisten verstecken.

In Ermangelung eines eigenen content-Elements, das – obwohl es bei den Webseiten-Analysen von Opera und Google einen Top-Rang belegte – interessanterweise nicht den Weg in HTML5 gefunden hat, ist unser Blogeintrag in ein umgebendes div eingebettet. Der Aufnahme weiterer Artikel steht damit nichts im Wege.

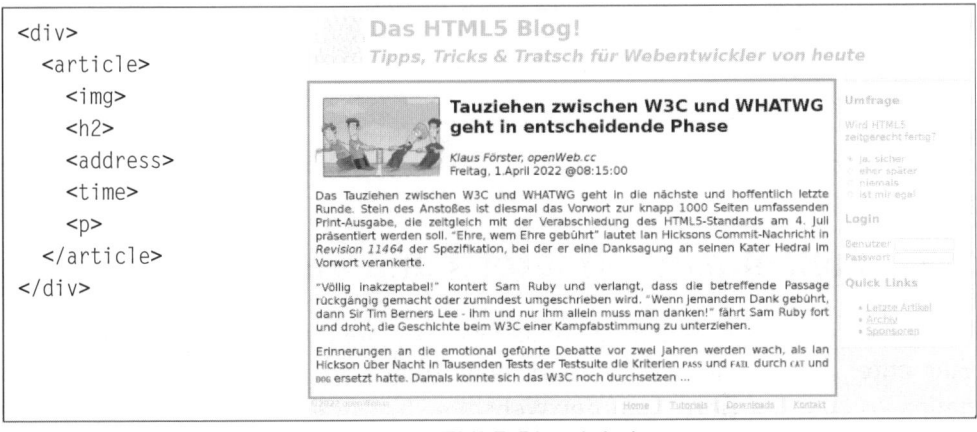

Abbildung 2.3: Das Grundgerüst des HTML5-Blog-Inhalts

Das address-Element enthält per Definition Kontaktinformationen, und damit sind nicht, wie fälschlicherweise oft angenommen wird, Postadressen gemeint, sondern lediglich Informationen zur Kontaktperson wie zum Beispiel Name, Firma und Position. Für Adressangaben empfiehlt die Spezifikation die Verwendung von p. Das address-Element gilt dabei für das ihm am nächsten liegende article-Element; ist keines vorhanden, gilt es für das gesamte Dokument. Ähnlich verhält es sich beim `time`-Element in Verbindung mit dessen Attributen `pubdate` und `datetime`, die den Zeitstempel unseres Artikels formen. Details dazu werden Sie in Abschnitt 2.7.2, Das Element »time«, noch näher kennenlernen.

Werden `article`-Elemente ineinander verschachtelt, soll der innere Artikel prinzipiell thematisch zum äußeren Artikel passen. Ein Beispiel für so ein *Nesting* wäre in unserem Fall die Erweiterung des Blog-Posts um einen Unterartikel für Kommentare zum jeweiligen Posting.

Bezüglich des Stylings über CSS bleibt zu erwähnen, dass `article` wieder `display: block` benötigt, dass die Breite des Inhalts mithilfe des umgebenden `div` auf 79 % reduziert wird und dass bei diesem `div` auch mit `clear: left` das `float: left` des Logos neutralisiert wird. Die kursive Autoreninformation ist das Resultat des Standardformats für `address` und entsteht nicht über `em`. Das Schmuckbild wird mit `float: left` links verankert; der Text wurde über `align: justify` im Blocksatz gesetzt, und Zitate wurden mithilfe des `q`-Elements eingebaut. Ein interessantes Detail dabei ist, dass die Anführungszeichen nicht Teil des Markups sind, sondern gemäß der Stylingvorschrift für das `q`-Element über die CSS-Pseudoelemente `:before` und `:after` vom Browser automatisch hinzugefügt werden. Die Syntax in CSS-Notation dafür zeigt wieder die Markup-Spezifikation:

```
/* Stylingvorschrift für das q-Element: */
q { display: inline; }
q:before { content: '"'; }
q:after { content: '"'; }
```

2.3 Fußzeile mit »footer« und »nav«

In der Fußzeile des HTML-Blogs finden wir zwei weitere neue strukturgebende Elemente: `footer` und `nav`. Ersteres bildet den Rahmen, Zweiteres die Navigation zu anderen Bereichen der Webseite. `footer` enthalten dabei Zusatzinformationen zum jeweiligen Abschnitt, wie: Wer hat es geschrieben (natürlich als `address`); gibt es weitere, verwandte Seiten; was ist zu beachten (Copyright, Disclaimer) oder Ähnliches.

Im Gegensatz zum menschlichen Körper, bei dem `head` oben und `foot` unten ist, müssen `footer` nicht immer am Ende eines Dokuments stehen, sondern dürfen zum Beispiel auch Teil eines `article`-Elements sein. Nicht erlaubt sind verschachtelte `footer` sowie `footer` innerhalb eines `header`- oder `address`-Elements.

Wenn Sie Navigationsblöcke zur Seitennavigation über Sprungmarken innerhalb eines Dokuments oder nach außen zu verwandten Seiten aufbauen wollen,
steht nav zur Verfügung. So wie bei footer darf nav, wie Sie bei der Randspalte
noch sehen werden, auch an anderen Stellen eines Dokuments vorkommen –
einzige Ausnahme: Innerhalb des address-Elements ist nav nicht erlaubt.

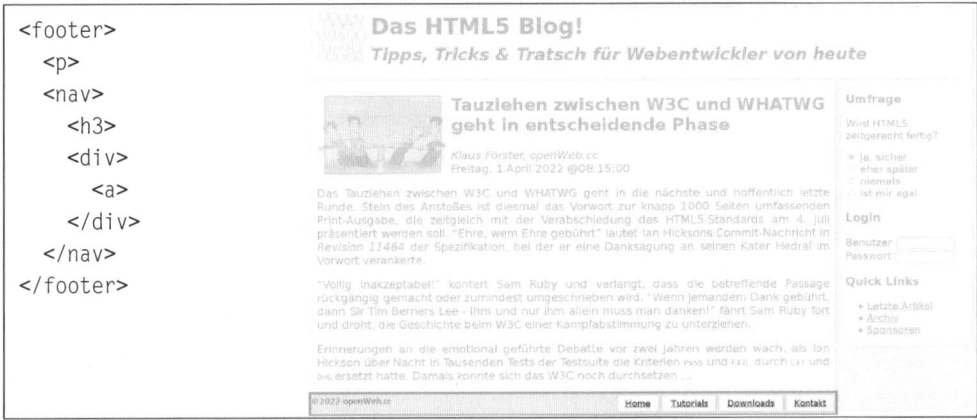

Abbildung 2.4: Das Grundgerüst der HTML5-Blog-Fußzeile

Die Fußzeile unseres HTML5-Blogs weist CSS-technisch ein paar kleine Besonderheiten auf. So ist der gesamte footer im Hellgrau des Seitenhintergrunds
eingefärbt, und nur die Links sind mit background-color: white formatiert.
Das Copyright im ersten p benötigt float: left, und die Navigation text-align:
right sowie das h3-Heading im nav-Block werden über display: none ausgeblendet. Warum an dieser Stelle überhaupt ein h3-Element steht, werden Sie in
Abschnitt 2.5, Der Outline-Algorithmus, noch sehen. Zum besseren Styling der
Links sind diese noch in ein umgebendes div eingebettet. display: block für
header und nav sind schließlich ebenso selbstverständlich wie die Reduzierung
der Breite im footer-Element auf 79 %.

2.4   Randspalte mit »aside« und »section«

Für Bereiche einer Seite, die mit dem Hauptinhalt nur peripher zu tun haben
und aus diesem Grund eher als *von ihr abgetrennt* angesehen werden können,
steht aside zur Verfügung. In unserem Beispiel ist dies die klassische Randspalte rechts mit drei Blöcken für Umfrage, Login und Links. Ist die Liste mit
weiterführenden Links wie zu erwarten als nav realisiert, sind die beiden ersten
Blöcke in ein weiteres neues Element eingebettet – section.

Das `section`-Element enthält thematisch zusammenhängende Abschnitte eines Dokuments wie zum Beispiel Kapitel eines Aufsatzes oder einzelne Tabs einer mit Registerkarten aufgebauten Seite, typischerweise mit einer Überschrift. Wird `section` innerhalb von `footer` verwendet, handelt es sich meist um Anhänge, Indizes, Lizenzvereinbarungen oder Ähnliches. Generell ist `section` dann sinnvoll eingesetzt, wenn es auch Platz in einer Inhaltsangabe finden würde. In unserem Fall sind die Umfrage und das Login als `section` ausgewiesen, die Links wie bereits erwähnt als `nav`.

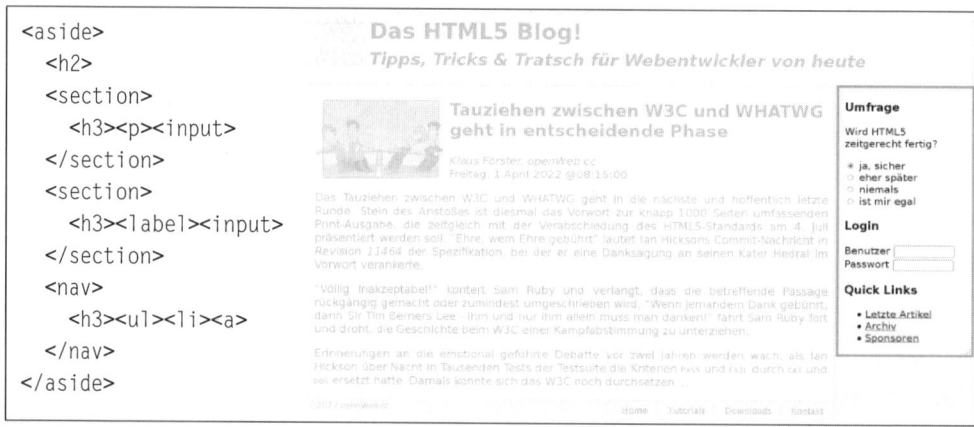

Abbildung 2.5: Das Grundgerüst der HTML5-Blog-Randspalte

Aus demselben Grund wie beim `nav`-Block der Fußzeile (siehe nächstes Kapitel) ist in der Randspalte ein Heading `h2` direkt vor dem ersten Umfrageblock über CSS mit `display: none` verborgen. Das Format der Spalte ist `float: right` mit `width: 20%` und `font-size: 0.9em`. Auffällig bei der Randspalte ist die abgerundete Ecke rechts unten, womit es an der Zeit ist, zuzugeben, dass beim HTML5-Blog auch CSS3 zum Einsatz kommt: Die abgerundete Ecke ist nur eines von zwei Features, die zum Einsatz kommen. Die CSS-Syntax für die Klasse `rounded-bottom-right` sieht so aus:

```
.rounded-bottom-right {
  -moz-border-radius: 0px 0px 20px 0px;
  -webkit-border-radius: 0px 0px 20px 0px;
  border-radius: 0px 0px 20px 0px;
}
```

Das zweite Feature ist für die dezenten Schatten der vier Bereiche verantwortlich und wird als Klasse shadow im CSS-File folgendermaßen definiert:

```
.shadow {
  -moz-box-shadow: 4px 0px 10px -3px silver;
  -webkit-box-shadow: 4px 0px 10px -3px silver;
  box-shadow: 4px 0px 10px -3px silver;
}
```

Unübersehbar ist die jeweilige Verdreifachung der CSS-Anweisung über die Präfixe -moz-* und -webkit-*, die dadurch zustande kommt, dass CSS3 noch nicht in der Phase *Candidate Recommendation* ist. Erst ab diesem Stadium des Standardisierungsprozesses ist sichergestellt, dass sich an border-radius und box-shadow nichts mehr ändern wird. Bis dahin bleiben die Präfixe als Zeichen dafür bestehen, dass die jeweilige Implementierung durchaus noch kleine Abweichungen vom Standard enthalten könnte.

> **HINWEIS**
>
> Wenn Sie sich näher mit diesen beiden, von vielen sehnsüchtig erwarteten Features der CSS3-Spezifikation beschäftigen wollen, werden Sie unter den beiden folgenden Links fündig:
>
> » *http://www.w3.org/TR/css3-background/#the-border-radius*
>
> » *http://www.w3.org/TR/css3-background/#box-shadow*

2.5   Der Outline-Algorithmus

Auch wenn die Details zum *Outlinen* eines Dokuments in der Spezifikation recht kompliziert anmuten, versteckt sich dahinter doch eine einfache Idee – eine maschinenlesbare Inhaltsangabe der zugrunde liegenden Dokumentenstruktur. Festgelegt wird diese durch die Kombination von sogenanntem *sectioning content*, zu dem body, article, aside, nav sowie section zählen, mit *heading content* wie h1 bis h6 oder hgroup, der die eigentlichen Einträge des Inhaltsverzeichnisses liefert.

Wenn wir unser HTML5-Blog mit Geoffrey Sneddons Online-*HTML5 Outliner* (*http://gsnedders.html5.org/outliner/*) überprüfen, ergibt sich folgende Struktur:

```
1. Das HTML5 Blog!
    1. Link Block
        1. Umfrage
        2. Login
```

```
    3. Quick Links
 2. Tauziehen zwischen W3C und WHATWG geht ...
 3. Navigation
```

Mit den kursiv geschriebenen Einträgen *Link Block* und *Navigation* begegnen uns genau jene zwei Headings wieder, die wir über display: none im Layout versteckt hatten. Hätten wir sie ganz weggelassen, wäre an ihrer Stelle zweimal der Text *Untitled Section* erschienen. So aber vervollständigen sie die Struktur und tragen damit zur besseren Lesbarkeit der Outline bei.

Zur Wahl der Heading-Ränge h1 bis h6 muss Folgendes festgehalten werden: Prinzipiell kann jeder *sectioning content* mit h1 beginnen, er muss es aber nicht. In unserem Fall spiegeln die Ränge die jeweilige Hierarchie in der Outline wider: h1 gilt für die Blogüberschrift, h2 für den Artikeltitel, den Link-Block und die footer-Navigation sowie h3 für die restlichen Überschriften. Alles mit h1 auszuweisen hätte die gleiche Outline als Resultat, nur das Layout würde etwas darunter leiden und Handarbeit im CSS-File erfordern.

Bei der Verwendung von hgroup ist zu beachten, dass die Outline immer nur das höchste Ranking der hgroup berücksichtigt. Aus diesem Grund erscheint auch nicht der Untertitel *Tipps, Tricks & Tratsch für Webentwickler von heute.*

Auch wenn derzeit noch kein Browser den Outline-Algorithmus in irgendeiner Form direkt verwendet, heißt das nicht, dass er in Zukunft keine größere Rolle spielen könnte. Automatisch generierte Navigationsleisten bieten sich ebenso an wie kurze, prägnante Inhaltsangaben oder Verbesserungen für Crawler beim Extrahieren wesentlicher Inhalte für Suchmaschinen. Bis dahin gilt: Es schadet nie, sich ausführlich Gedanken über die Struktur seines Dokuments zu machen. Und wenn diese so leicht zu überprüfen ist – warum sollte man es dann nicht auch tun?

2.6   Abbildungen mit »figure« und »figcaption«

Die Elemente figure und figcaption zählen zwar nicht zu den Strukturelementen, sind aber dennoch eine willkommene Erweiterung der Möglichkeiten, um mehr Struktur beim Einbau von eigenständigen Bildern, Grafiken, Diagrammen oder Codelistings zu erzielen. Jedes figure-Element darf dabei nur ein figcaption-Element beinhalten. Ob dieses vor oder nach der jeweiligen Abbildung steht, bleibt dem Autor überlassen. Ein kurzes Beispiel mit Markup und seiner Umsetzung im Browser könnte so aussehen:

```
<figure>
<img src="images/tarot_0980.jpg" alt="XXI: Die Welt">
<img src="images/tarot_0963.jpg" alt="VI: Die Wahl">
<img src="images/tarot_0996.jpg" alt="XVIII: Der Mond">
<figcaption>Drei märchenhafte Skulpturen in Niki de Saint
 Phalles <em>Giardino dei Tarocchi</em> bei Capalbio in der
 Toskana. Die Tarotkarten von links nach rechts: Die Welt
 (XXI), Die Wahl(VI) und Der Mond (XVIII)</figcaption>
</figure>
```

Abbildung 2.6: Beispiel für »figure« mit »figcaption«

2.7 Semantik auf Textebene – weitere neue Tags

Neben einem Fokus auf klare Strukturen legt die HTML5-Spezifikation auch Wert auf Semantik und versucht, auf der Textebene jedem Element eine bestimmte Bedeutung zuzuweisen. Die HTML5-Spezifikation legt gleichzeitig fest, in welchem Kontext das jeweilige Tag verwendet werden darf und in welchem nicht. Einige Elemente sind dabei neu hinzugekommen, manche (wie font, center, u oder big) sind ganz verschwunden, und andere wiederum sind in ihrer Definition leicht verändert worden. Im folgenden Abschnitt werden Sie neue und veränderte Elemente kennenlernen. In der abschließenden Tabelle 2.2 zeigen wir die klassischen Anwendungsfälle für alle Elemente, die im Kapitel *Text-level semantics* der Spezifikation vorkommen. Beginnen wir mit dem *exotischsten* der neuen Elemente – ruby.

2.7.1   Die Elemente »ruby«, »rt« und »rp«

Bei ruby handelt es sich um *ein typografisches Annotationssystem, bei dem der Text zusammen mit seiner Anmerkung in einer Zeile erscheint* (Wikipedia), das vor allem im asiatischen Sprachraum Verwendung findet. Sowohl Chinesisch als auch Japanisch bedienen sich der Ruby-Annotation für Ausspracheanleitungen von Schriftzeichen, wie das linke Beispiel in Abbildung 2.7 zeigt.

Abbildung 2.7: Zwei Beispiele für die Ruby-Annotation

Das Markup für Ruby-Annotationen besteht aus den drei Elementen ruby, rt und rp. Zuerst muss der zu beschreibende Ausdruck innerhalb eines ruby-Elements angegeben werden. Seine Erklärung liefert das unmittelbar anschließende rt-Element, dessen Inhalt von Browsern mit ruby-Unterstützung oberhalb des zu beschreibenden Ausdrucks positioniert wird. Wie das Peking-Beispiel zeigt, können so auch mehrere Wörter hintereinander annotiert werden.

Browser ohne ruby-Unterstützung (zum Beispiel Firefox oder Opera) zeigen die einzelnen Bestandteile nacheinander an und können dabei leicht die Lesbarkeit beeinträchtigen. Da nicht von vornherein klar sein kann, dass das zweite Wort die Erläuterung zum ersten ist, ist eine visuelle Trennung der beiden Komponenten erforderlich. Genau dazu ist das rp-Element da: Es erlaubt das optionale Hinzufügen von Klammern, die nur dann angezeigt werden, wenn ein Browser ruby nicht kennt. Wie in Abbildung 2.7 zu sehen ist, kann Google Chrome ruby interpretieren und visuell trennen. In einem Browser, der ruby nicht kennt, würden die beiden Beispiele als 北 *(běi)* 京 *(jing)* ūnd *HTML N°5 (Webstandard)* angezeigt werden.

2.7.2 Das Element »time«

Das time-Element repräsentiert entweder eine Uhrzeit im 24-Stunden-Format oder ein Datum im *gregorianischen Kalender* mit optionaler Zeit- und Zeitzonen-Komponente. Es ist dazu gedacht, moderne Datums- und Zeitangaben in maschinenlesbarer Form in einem HTML-Dokumente anzugeben – vage Zeitangaben wie *im Sommer 2010* oder *fünf Minuten vor der Jahrtausendwende* sind aus diesem Grund nicht gültig.

Um für die Maschinenlesbarkeit zu sorgen, steht das Attribut datetime zur Verfügung, dessen Attributwert entweder als Zeit, Datum oder aber auch kombiniert angegeben werden kann. Die Syntax für die Angabe der Zeitkomponenten ist in der Spezifikation genau definiert und sieht folgendermaßen aus:

Komponente	Syntax	Beispiel
Datum	JJJJ-MM-TT	2010-07-13
Uhrzeit mit Stunden	hh:mm	18:28
Uhrzeit mit Sekunden	hh:mm:ss	18:28:05
Uhrzeit mit Millisekunden	hh.mm.ss.f	18:28:05.2318
Datum und Uhrzeit	T als Verbinder	2010-07-13T06:28
Mit Zeitzone GMT	Z am Ende	2010-07-13T18:28:05Z
Mit Zeitzone als Offset	+mm.hh / -mm.hh	2010-07-13T18:28:05+02:00

Tabelle 2.1: Die Regeln für Zeitangaben beim »datetime«-Attribut des »time«-Elements

Das pubdate-Attribut ist ein *boolean*-Attribut und zeigt an, dass das angegebene Datum für den nächsten übergeordneten article gilt und – falls dieser fehlt – als Datum der Publikation des Dokuments anzusehen ist. Sobald man pubdate verwendet, muss auch datetime belegt sein. Ist dies nicht der Fall, muss der Bereich zwischen dem Start- und End-Tag des time-Elements ein gültiges Datum beinhalten.

ACHTUNG

Bei der Schreibweise von *boolean*-Attributen in HTML5 ist Vorsicht geboten, denn `true` oder `false` sind keine gültigen Attributwerte! Sobald der Parser bei *boolean*-Attributen den Attributnamen entdeckt, wird auf `true` umgeschaltet. Daraus ergeben sich drei gültige Schreibweisen, um ein *boolean*-Attribut auf `true` zu setzen:

```
<time pubdate>
<time pubdate="">
<time pubdate="pubdate"> (auch ohne " natürlich)
```

Um auf `false` zu stellen, bleibt nur eine Möglichkeit: Sie müssen das Attribut komplett weglassen!

2.7.3   Das Element »mark«

Das `mark`-Element repräsentiert eine hervorgehobene Textpassage, die aus einem anderen Kontext heraus als wichtig einzustufen ist. Das klingt etwas sperrig, versuchen wir es also mit kurzen Beispielen: Möchte man bei einem Zitat eine bestimmte Stelle extra hervorheben, verändert man damit das Originalzitat und *stülpt* ihm quasi eine neue Bedeutung über. Wörter in einem Dokument oder Codelisting können erst als Ergebnis eines Suchvorgangs oder im Zuge der Erklärung des Codes Bedeutung erlangen – und genau dafür kann man `mark` verwenden.

2.7.4   Das Element »wbr«

Völlig unspektakulär erlaubt `wbr` das Vorbereiten von Zeilenumbrüchen bei Wörtern, die eigentlich keinen Zeilenumbruch erlauben würden. Beispiel gefällig? Das klassische *Donaudampschifffahrtsgesellschaftskapitänskajüte* könnte über zwei `wbr`-Elemente bei Bedarf an sinnvoller Stelle umbrochen werden:

```
Donaudampschiff<wbr>fahrtsgesellschafts<wbr>kapitänskajüte
```

Ob und wo der Zeilenumbruch tatsächlich erfolgt, hängt vom Layout ab. `wbr` bereitet diesen nur vor, erzwingt ihn aber nicht. Weitere Anwendungsfälle wären lange URLs oder Codelistings. Ähnlich wie `br` ist `wbr` ein sogenanntes *void-Element*, das heißt, es darf kein End-Tag haben – eine Eigenschaft, die es mit 14 weiteren Elementen von HTML5 teilt. Hier sind sie:

```
area, base, br, col, command,
embed, hr, img, input, keygen,
link, meta, param, source, wbr
```

Nicht verboten ist bei *void*-Elementen natürlich ein *Slash* im Start-Tag selbst (z. B. `<br />`), was sich schon allein aufgrund der Anforderungen an gültige XHTML5-Dokumente als sinnvoll erweist.

2.7.5   Elemente mit marginalen Änderungen

Die Liste der Elemente mit marginalen Änderungen beginnt mit `b` und `i`, zwei Tags, die schon vom Namen her nicht mehr in das Konzept von HTML5 passen. `b` für *bold* und `i` für *italic* bezeichnen eindeutig Formatierungsvorschriften, und diese sind in HTML5 nicht gern gesehen. Die *Bedeutung* soll im Mittelpunkt stehen, und deshalb heißt es ab jetzt `strong` (wichtig) und `em` wie *emphasis* (betont). Leider zählen gerade `b` und `i` zu den meistverwendeten Tags, weshalb es auch unmöglich war, ihre Verwendung gänzlich zu unterbinden. Die Kompromisslösung erlaubt weiterhin beide, ändert aber deren Bedeutung: `b` bezeichnet nun abgesetzten fett gedruckten Text und `i` abgesetzten Text in kursiv – *no na ned* würde der Österreicher sagen. Fazit: Wer sauberes HTML5 schreiben will, der sollte in Zukunft auf `b` und `i` verzichten und dafür `strong` und `em` verwenden.

Kleine Veränderungen gibt es auch bei `cite`, das nun den Titel eines Werks bezeichnet und explizit nicht zum Zitieren von Namen eingesetzt werden darf. `small` bedeutet nicht nur »kleine Schriftgröße«, sondern steht auch für Randbemerkungen oder rechtliche Hinweise, ohne allerdings Aussagen über deren Wichtigkeit zu tätigen. `hr` signalisiert neuerdings einen thematischen Bruch und nicht nur eine horizontale Linie zur Auflockerung des Layouts.

Eine übersichtliche Aufstellung der Bedeutung einzelner Tags anhand von konkreten Anwendungsbeispielen liefert die Spezifikation am Ende des Kapitels *Text-level semantics* – ihr Pendant auf Deutsch folgt in der abschließenden Tabelle 2.2.

Element	Bedeutung	Beispiel
a	Hyperlink	Besuchen Sie die `<a href="drinks.html">Sommerdrinks</a>`- Seite.
em	Betonung	Ich muss sagen, ich `<em>liebe</em>` Limonade.
strong	Wichtigkeit	Dieser Tee ist `<strong>sehr heiß</strong>`.
small	Randbemerkung	Diese Trauben werden zu Wein verarbeitet. `<small>Alkohol macht süchtig.</small>`
cite	Titel eines Werks	Das Urteil `<cite>Müller gegen Maier</cite>` ist hier relevant.

Element	Bedeutung	Beispiel
q	Zitat	Der Richter sagte `<q>`Sie können gerne Wasser aus dem Aquarium trinken`</q>`, wollte dies aber nicht empfehlen.
dfn	Definition	Der Begriff `<dfn>`Bio-Lebensmittel`</dfn>` bezeichnet Lebensmittel aus ökologischer Landwirtschaft.
abbr	Abkürzung	Die Verordnung knüpft an die Basisricht-linien der `<abbr title="Internationale Vereinigung der ökologischen Landbaubewegungen">`IFOAM`</abbr>` an.
time	Datum/Uhrzeit	Veröffentlicht `<time>`2010-07-16`</time>`.
code	Computer-Code	Das `<code>`fruchtdb`</code>`-Programm dient zur besseren Lagerhaltung.
var	Variable	Wenn `<var>`n`</var>` Früchte in einer Schüssel sind, sind mindestens `<var>`n`</var>`÷2 reif.
samp	Computer-Ausgabe	Der Computer meinte `<samp>`Unbekannter Fehler 9`</samp>`.
kbd	Benutzereingabe	Drücken Sie `<kbd>`F1`</kbd>` für Hilfe.
sub	Tiefstellung	Wasser ist H`<sub>`2`</sub>`O.
sup	Hochstellung	Quadratmeter werden üblicherweise mit m`<sup>`2`</sup>` abgekürzt.
i	Heraushebung kursiv	Limonade besteht hauptsächlich aus `<i>`Citrus × limon`</i>`.
b	Heraushebung fett	Nimm eine `<b>`Zitrone`</b>`, und presse sie mit einem `<b>`Entsafter`</b>` aus.
mark	Markierung	Holundersaft, mit einem `<mark>`Teil`</mark>` Holunder und zehn `<mark>`Teil`</mark>`en Was-ser, genießt meine unge`<mark>`teil`</mark>`te Aufmerksamkeit.
ruby, rt, rp	Ruby-Annotation	`<ruby>` OSaft `<rp>`(`<rt>`Orangensaft`<rp>`)`</ruby>`
bdo	Textrichtung	"Orangesaft", von hinten nach vorne gelesen, wird zu "`<bdo dir=rtl>`Orangesaft`</bdo>`"
span	Ohne Bedeutung	Auf Französich nennen wir es `<span lang="fr">`sirop de sureau`</span>`.

Element	Bedeutung	Beispiel
br	Zeilenumbruch	Einfach Orangensaft GesmbH
A-6416 Obsteig
Austria
wbr	Möglicher Zeilenumbruch	www.einfach<wbr>orangen<wbr>saft.at

Tabelle 2.2: Verwendung der semantischen Elemente für Text

3

Intelligente Formulare

Egal ob Sie einen Flug buchen, Ihre Bankgeschäfte online abwickeln oder einen Suchbegriff bei Google eingeben – ohne Formularfelder wären diese Dienste nicht nutzbar. Seit der Version 2.0 von HTML aus dem Jahr 1995 sind die meisten Elemente für interaktive Formulare unverändert, was einerseits für ein sehr vorausschauendes Design von Tim Berners Lee spricht; andererseits hat sich dadurch aber auch ein großer Nachholbedarf entwickelt. Die HTML5-Spezifikation widmet dem Thema Formulare einen großen Abschnitt und wird die Arbeit von Webentwicklern drastisch erleichtern.

Auch wenn zu dem Zeitpunkt, als dieses Buch geschrieben wurde, die Unterstützung der Browser noch nicht besonders weit gediehen war (einzig Opera und die Entwicklerversion von Google Chrome sind hier zu erwähnen), ist es durch die rückwärtskompatible Syntax möglich, die neuen Formular-Elemente schon heute unbedenklich einzusetzen.

3.1   Neue Input-Typen

Die HTML5-Spezifikation wertet das `input`-Element deutlich auf, indem es für das `type`-Attribut mehrere neue Werte vorsieht. Die neuen Typen wie `date`, `color` oder `range` machen es einerseits für Browserhersteller möglich, bedienerfreundliche Eingabeelemente zur Verfügung zu stellen, andererseits kann der Browser sicherstellen, dass die Eingaben vom gewünschten Typ sind. Erkennt ein Browser den `type` des `input`-Elements nicht, so fällt er auf `type=text` zurück und zeigt ein Textfeld an, was in jedem Fall hilfreich ist. Dieses Verhalten zeigen auch ältere Browser, wodurch dem Einsatz der neuen Typen nichts im Wege steht.

Den größten Nutzen werden wohl die Typen für Datum und Uhrzeit mit sich bringen. Aktuell kursieren unzählige verschiedene Versionen von mehr oder weniger gelungenen JavaScript-Kalendern im Internet. Egal ob Sie einen Flug buchen, ein Hotel reservieren oder sich bei einer Tagung anmelden, die komfortable Eingabe eines Datums ist ein Problem, das bisher immer Handarbeit verlangte. Natürlich bieten JavaScript-Bibliotheken wie *jQuery* fertige Kalender an, aber eigentlich sollte diese Funktion vom Browser direkt unterstützt werden.

Im Sommer 2010 gab es nur einen Desktop-Browser, der ein grafisches Bedienungselement für die Datumseingabe mitlieferte, nämlich Opera. Abbildung 3.1 zeigt den aufgeklappten Kalender, der beim Anklicken eines `input`-Elements vom Typ `date` erscheint. Aber der Reihe nach – zuerst verschaffen wir Ihnen in Tabelle 3.1 einen Überblick über die neuen Typen und zeigen Ihnen dann in Abbildung 3.1 deren Umsetzung im Opera-Browser.

Typ	Beschreibung	Beispiel
`tel`	Text ohne Zeilenumbrüche	+49 6473 3993443
`search`	Text ohne Zeilenumbrüche	`suchbegriff`
`url`	eine absolute URL	*http://www.example.com*

Typ	Beschreibung	Beispiel
email	eine gültige E-Mail-Adresse	*user@host.com*
datetime	Datum und Uhrzeit (immer in der UTC- Zeitzone)	2010-08-11T11:58Z
date	Datumsangabe ohne Zeitzone	2010-08-11
month	Monatsangabe ohne Zeitzone	2010-08
week	Jahr und Woche im Jahr ohne Zeitzone	2010-W32
time	Uhrzeit ohne Zeitzone	11:58
datetime-local	Datum und Uhrzeit ohne Angabe einer Zeitzone	2010-08-11T11:58:22.5
number	Zahl	9999 oder 99.2
range	Numerischer Wert eines Wertebereichs	33 oder 2.99792458E8
color	Hexadezimale Darstellung von RGB-Werten im sRGB-Farbraum	#eeeeee

Tabelle 3.1: Neue Input-Typen in HTML5

3.1.1 Die Input-Typen »tel« und »search«

tel und search unterscheiden sich nicht wesentlich von normalen Textfeldern. In beiden sind Zeichenketten ohne Zeilenumbrüche zulässig. Auch Telefonnummern sind nicht auf Zahlen beschränkt, da hier oft Klammern oder das Pluszeichen verwendet wird. Bei tel könnte der Browser Vorschläge aus dem lokalen Adressbuch anbieten, eine Situation, die vor allem auf Mobiltelefonen sehr nützlich sein kann. Der search-Typ wurde eingeführt, damit der Browser die Sucheingabe in einem konsistenten Layout zur jeweiligen Plattform gestalten kann. Zum Beispiel sind Benutzer des Mac OS X-Betriebssystems an abgerundete Ecken bei Suchfeldern gewohnt.

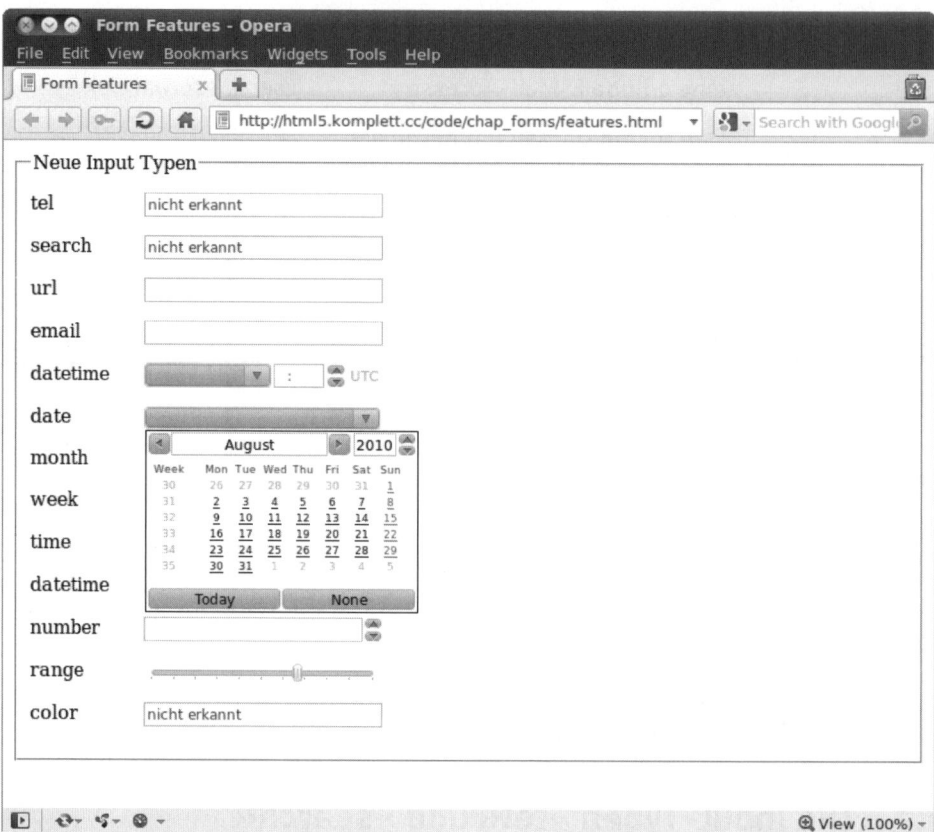

Abbildung 3.1: Opera ist bei der Implementierung von neuen Formular-Input-Typen bereits sehr weit.

3.1.2   Die Input-Typen »url« und »email«

Bei url und email ist außer möglichen Vorschlägen auch eine Prüfung der Syntax möglich. Da es sowohl für E-Mail-Adressen als auch für Internet-Adressen in Form von URLs konkrete Vorschriften gibt, kann der Browser bereits während der Eingabe eine Rückmeldung über mögliche Fehler geben (mehr dazu in Abschnitt 3.4, Clientseitige Formular-Überprüfung).

3.1.3   Datum und Uhrzeit mit »datetime«, »date«, »month«, »week«, »time« und »datetime-local«

Die Datums- und Uhrzeitformate bedürfen einer genaueren Betrachtung. datetime enthält Datumsangabe und Uhrzeit, wobei als Zeitzone immer UTC verwendet wird. Laut Spezifikation kann der Browser den Anwender auch eine andere Zeitzone auswählen lassen, der Wert des input-Elements muss aber in UTC umgerechnet sein. Die Regeln für Zeitangaben beim datetime-Attribut des time-Elements, die wir in Abschnitt 2.7.2, Das Element »time«, erklären, treffen auch hier zu – mit der einzigen Ausnahme, dass die Zeichenkette immer mit Z, dem Bezeichner für UTC, abgeschlossen werden muss.

Bei date und month fällt die Angabe der Uhrzeit und der Zeitzone weg. Für date wird in der Spezifikation außerdem erwähnt, dass es sich um eine gültige Tagesangabe innerhalb des ausgewählten Monats handeln muss, wobei Schaltjahre mit einzubeziehen sind. Jahr, Monat und Tag sind mit einem Minuszeichen zu trennen, wobei die Jahresangabe mindestens vier Stellen enthalten und größer als 0 sein muss. Damit sind, anders als in dem etwas ausführlicheren ISO-Standard 8601, keine Zeitpunkte vor Christus darstellbar.

Der Typ week wird als Woche im Jahr dargestellt, und ihm wird zwingend das Jahr vorangestellt. Als Trennzeichen zwischen Jahr und Woche dient abermals das Minuszeichen. Damit die Angabe nicht mit der von month verwechselt werden kann, muss der Woche das Zeichen W vorangestellt werden.

datetime-local funktioniert analog zu dem oben beschriebenen datetime, mit dem einzigen Unterschied, dass die Angabe der Zeitzone entfällt.

Opera verwendet für die Auswahl aller Datumsangaben ein Kalenderfenster; die Angaben zur Uhrzeit können manuell eingegeben oder über Pfeiltasten am Rand verändert werden (vergleiche Abbildung 3.1).

3.1.4 Die Input-Typen »number« und »range«

Die Typen number und range verlangen, dass die Eingabe in einen numerischen Wert umgewandelt werden kann, wobei auch die Notation für Gleitkommazahlen (zum Beispiel 2.99792458E8) gültig ist. Für den range-Typ enthält die Spezifikation die Anmerkung, dass der genaue Wert nicht entscheidend ist. Es handelt sich um eine ungefähre Angabe, die vom Anwender gut mit einem Schieberegler eingestellt werden kann. Sowohl Webkit-basierte Browser wie Safari und Google Chrome als auch Opera verwenden zur Darstellung dieses Typs einen Schieberegler (vergleiche Abbildung 3.1 und Abbildung 3.2).

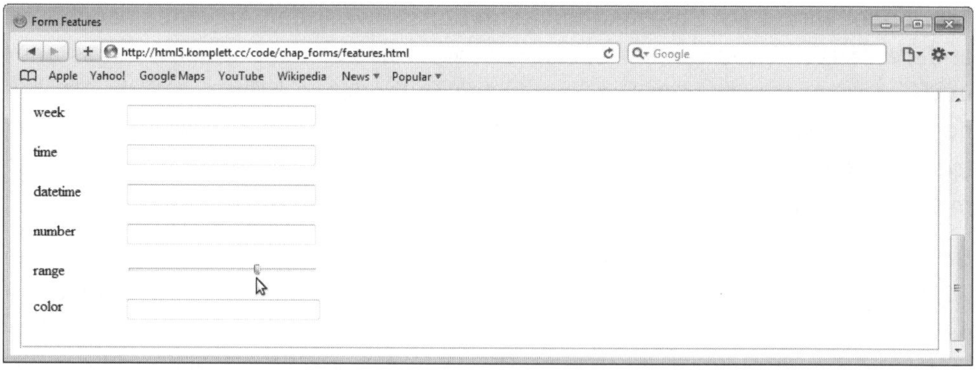

Abbildung 3.2: Safari mit dem Input-Typ »range«

3.1.5   Der Input-Typ »color«

Leider gänzlich ohne Implementierung ist der neue Typ color. Ähnlich wie bei dem Typ date gibt es auch hier schon etliche Versuche in JavaScript; im Vergleich zum Datum ist die Farbauswahl aber wesentlich seltener notwendig. Zukünftige Implementierungen im Browser werden aber wahrscheinlich einen Farbwähler vorsehen, wie man ihn von Bildbearbeitungsprogrammen her kennt. Der Wert für das input-Element muss die 8-Bit-Rot-, -Grün- und -Blau-Werte in hexadezimaler Notation mit führendem #-Zeichen enthalten. Die Farbe Blau wird in dieser Notation zum Beispiel als #0000ff geschrieben.

3.1.6   Die neuen Input-Typen im Einsatz

Genug der Theorie. In einem ersten Beispiel werden alle neuen Elemente untereinander dargestellt. Da das allein noch keine besondere Herausforderung darstellt, soll jedes Element noch auf seine Funktion geprüft werden. Der Trick dabei ist, dass der Browser den Typ eines unbekannten Elements auf text setzt, und diese Eigenschaft können wir in JavaScript abfragen:

```
<script>
  window.onload = function() {
    inputs = document.getElementsByTagName("input");
    for (var i=0; i<inputs.length; i++) {
      if (inputs[i].type == "text") {
        inputs[i].value = "nicht erkannt";
      }
    }
  }
</script>
```

Sobald die Webseite vollständig geladen ist, läuft eine Schleife über alle `in-put`-Elemente, in der deren `type`-Attribute analysiert werden. Sofern das `type`-Attribut dem Standard-Typ `text` entspricht, wird dessen Wert auf *nicht erkannt* gesetzt. Der HTML-Code für die neuen `input`-Elemente sieht folgendermaßen aus:

```
<fieldset>
  <legend>Neue Input-Typen</legend>
    <p><label for=tel>tel</label>
 <input type=tel id=tel name=tel>
    <p><label for=search>search</label>
 <input type=search id=search name=search>
    <p><label for=url>url</label>
 <input type=url id=url name=url>
    <p><label for=email>email</label>
 ...
```

Wie das Ergebnis dieses Tests auf einem Android-Mobiltelefon ausfällt, zeigt Abbildung 3.3. Der Webkit-basierte Browser des Systems (links) gibt zwar vor, die Typen `tel`, `search`, `url` und `email` zu kennen, leistet aber bei der Eingabe der Telefonnummer über die Tastatur (Mitte) keine besondere Hilfe. Opera Mini in Version 5.1 (rechts) gibt direkt zu, dass es keinen der neuen Typen unterstützt.

Abbildung 3.3: Unterstützung neuer Formular-Input-Typen auf einem Android 2.1-Telefon mit den Browsern Webkit (links, Mitte) und Opera (rechts)

Das ist eine enttäuschende Bilanz für die sonst so modernen mobilen Browser. Auf dem iPhone sieht die Sache etwas besser aus: So passt das Smartphone zumindest die Software-Tastatur so an, dass bei der Eingabe von Telefonnummern ein Zahlenfeld erscheint, und bei dem input-Typ email wird das @-Zeichen auf der Tastatur hinzugefügt.

Noch etwas besser funktioniert das mit BlackBerry, dem Betriebssystem des kanadischen Smartphone-Herstellers *Research in Motion* (*RIM*), dessen Geräte vor allem in Nordamerika weit verbreitet sind. Wie Abbildung 3.4 zeigt, werden sowohl tel als auch number und Datumstypen unterstützt, wobei vor allem Letztere grafisch sehr ansprechend aufbereitet sind. Unter der Haube arbeitet *Webkit*, wobei die Software um diese Funktionen erweitert wurde.

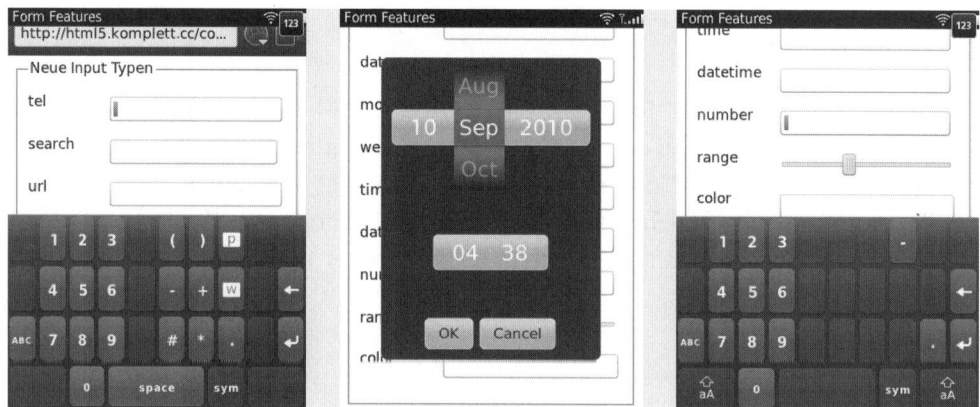

Abbildung 3.4: Die neuen input-Typen auf einem BlackBerry-Smartphone (Black-Berry 9800-Simulator)

3.2   Nützliche Attribute für Formulare

Neben neuen Elementen und vielen neuen Typen für das input-Element bietet HTML5 auch einige neue Attribute für Formular-Elemente.

3.2.1   Fokussieren mit »autofocus«

Google überraschte viele Anwender vor Jahren mit einem einfachen Trick, der die Suchseite deutlich komfortabler machte: Beim Laden der Seite positionierte sich der Cursor automatisch im Suchfeld. Dadurch konnte man unmittelbar den Suchbegriff eingeben, ohne erst mit der Maus das Eingabefeld aktivieren zu müssen. Was bisher mit einem kurzen JavaScript-Schnipsel erledigt wurde, kann in HTML5 mit dem `autofocus`-Attribut erreicht werden.

```
<input type=search name=query autofocus>
```

Wie alle Attribute vom Typ *boolean* kann das Attribut auch als `autofocus= "autofocus"` geschrieben werden (vergleiche dazu Abschnitt 2.7.2, Das Element »time«). Laut Spezifikation darf nur ein Element einer Webseite das `autofocus`-Attribut enthalten.

Für ältere Browser stellt `autofocus` kein Hindernis dar, weil sie das unbekannte Attribut einfach ignorieren. Den Gewinn an Benutzerfreundlichkeit haben freilich nur neue Browser.

3.2.2 Platzhalter-Text mit »placeholder«

Eine weitere Verbesserung der Benutzbarkeit von HTML-Formularen erreicht man durch das neue `placeholder`-Attribut.

```
<p><label for=email>Ihre E-Mail-Adresse:</label>
<input type=email name=email id=email
  placeholder="user@host.com">
<p><label for=birthday>Ihr Geburtstag</label>
<input type=date name=birthday id=birthday
  placeholder="1978-11-24">
```

Der Wert von `placeholder` kann dem Benutzer einen kurzen Hinweis darauf geben, wie das Feld auszufüllen ist, und sollte nicht als Ersatz für das `label`-Element verwendet werden. Das bietet sich vor allem bei solchen Feldern an, wo ein bestimmtes Eingabeformat erwartet wird. Der Browser zeigt den Hinweistext innerhalb eines nicht aktiven Eingabefelds an. Sobald das Feld aktiviert wird und den Fokus erhält, wird der Text nicht mehr angezeigt (vergleiche Abbildung 3.5).

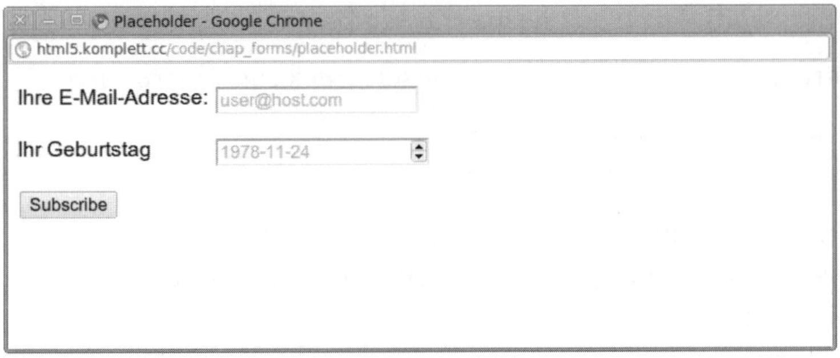

Abbildung 3.5: Das »placeholder«-Attribut in Google Chrome

3.2.3   Verpflichtende Felder mit »required«

required ist ein *boolean*-Attribut, das mit einem Wort schon alles über seine Funktion verrät: Ein Formular-Element, dem dieses Attribut zugewiesen ist, muss ausgefüllt werden. Wenn ein required-Feld beim Abschicken des Formulars leer ist, so erfüllt es nicht die erforderten Vorgaben, und der Browser muss darauf entsprechend reagieren. Mehr dazu finden Sie in Abschnitt 3.4, Clientseitige Formular-Überprüfung.

3.2.4   Noch mehr neue Attribute für das »input«-Element

Das input-Element wurde nicht nur durch neue Typen (Abschnitt 3.1, Neue Input-Typen) aufgewertet, sondern auch durch neue Attribute, die die Handhabung von Formularen erleichtern.

Attribut	Typ	Beschreibung
list	String	Verweis auf die ID eines datalist-Elements mit Vorschlägen (vergleiche Abschnitt 3.3.3, Auswahllisten mit »datalist«)
min	Numerisch/Datum	Minimalwert für numerische Felder und Datumsfelder
max	Numerisch/Datum	Maximalwert für numerische Felder und Datumsfelder
step	Numerisch	Schrittweite für numerische Felder und Datumsfelder
multiple	Boolean	Mehrfachauswahl möglich
autocomplete	Enumerated (on/off/default)	Vorausfüllen von Formularfeldern mit gespeicherten Daten
pattern	String	Regulärer Ausdruck zum Überprüfen des Werts

Tabelle 3.2: Neue Attribute für das »input«-Element

Dem list-Attribut werden wir noch in Abschnitt 3.3.3, Auswahllisten mit »datalist«, begegnen. Es verweist auf das datalist-Element, das mögliche Einträge als Vorschläge bereitstellt.

min, max und step eignen sich nicht nur für numerische Felder; auch bei Datums- und Zeitangaben können diese Attribute verwendet werden.

```
<p><label for=minMax>Zahlen zwischen 0 und 1:</label>
<input type=number name=minMax id=minMax
  min=0 max=1 step=0.1>
<p><label for=minMaxDate>Datum mit Wochenschritten:</label>
<input type=date name=minMaxDate id=minMaxDate
  min=2010-08-01 max=2010-11-11 step=7>
<p><label for=minMaxTime>Zeit mit Stundenschritten:</label>
<input type=time name=minMaxTime id=minMaxTime
  min=14:30 max=19:30 step=3600>
```

In Browsern, die den input-Typ number unterstützen, wird das erste input-Element (id=minMax) jeweils um den Wert von 0.1 erhöht. Das funktioniert durch den Klick auf die Pfeiltasten am Ende des Textfeldes oder durch das Drücken der Pfeiltasten auf der Tastatur. Das Element mit der ID minMaxDate springt jeweils um sieben Tage weiter. Opera zeigt dabei in dem Kalender nur jene Tage als aktiv an, die dem Wochenzyklus entsprechen. Google Chrome bietet zum Einstellen dieses Elements die gleiche Navigation wie beim input-Typ number: zwei Pfeiltasten, die das Datum um sieben Tage vor oder zurück stellen. Bei dem dritten input-Element in diesem Beispiel wird die Schrittweite mit 3600 angegeben, was dazu führt, dass die Zeitangabe jeweils um eine Stunde vor oder zurückgestellt wird. Obwohl in der Spezifikation erwähnt ist, dass die Eingabeelemente für Zeitangaben normalerweise mit einer Genauigkeit von Minuten arbeiten, interpretieren sowohl Opera als auch Google Chrome diese Angabe als Sekunden.

Die Mehrfachauswahl ist uns allen vom Kopieren von Dateien her bekannt; im Browser gibt es diese Möglichkeit jetzt auch. Wollte man bisher mehrere Dateien auf einer Webseite laden, so musste man für jede Datei ein input-Feld vorsehen. Das multiple-Attribut ermöglicht es, im Dateidialog mehrere Dateien zu markieren. Für das select-Element war die multiple-Option schon immer vorgesehen, neu ist die Verwendung für Eingabefelder vom Typ email. Im Sommer 2010 konnte aber keiner der gängigen Desktop-Browser diese Funktion für email-Typen umsetzen.

Moderne Browser verfügen über eine Funktion, durch die Formular-Eingaben gespeichert werden, damit sie bei einem neuerlichen Zugriff auf das Formular als Hilfe beim Ausfüllen dienen. Was meist sehr praktisch ist, kann bei sicherheitskritischen Eingabefeldern auch unerwünscht sein (die Spezifikation erwähnt hier als Beispiel die Abschusscodes von Nuklearwaffen). Das autocomplete-Attribut wurde eingeführt, damit Webentwickler dieses Verhalten steuern können. Wird ein Element mit dem Attribut `autocomplete="off"` versehen, so bedeutet das, dass die einzugebende Information vertraulich ist und nicht im Browser gespeichert werden soll. Enthält ein Formular-Element keinen Hinweis, ob `autocomplete` ein- oder ausgeschaltet sein soll, so ist der Standardwert, dass Vorschläge angezeigt werden sollen. Das `autocomplete`-Attribut kann auch auf das ganze Formular angewendet werden, indem man es dem `form`-Element zuweist.

Um eine sehr flexible Überprüfung der Eingabe zu ermöglichen, wurde das `pattern`-Attribut eingeführt. Durch die Angabe eines *regulären Ausdrucks* wird das Formularfeld auf eine Übereinstimmung geprüft. Reguläre Ausdrücke stellen eine sehr mächtige, aber leider auch nicht ganz einfache Methode zur Behandlung von Strings dar. Stellen Sie sich vor, Sie suchen eine Zeichenkette, die mit einem Großbuchstaben beginnt, auf den eine beliebige Anzahl von Kleinbuchstaben oder Zahlen folgt, und die auf `.txt` endet. Mit einem *regexp* (eine Kurzform für *Regular Expression, d. h. regulärer Ausdruck*) ist das kein Problem:

```
[A-Z]{1}[a-z,0-9]+\.txt
```

HINWEIS Eine Einführung in reguläre Ausdrücke würde den Rahmen dieses Kapitels bei Weitem sprengen, also setzen wir für den folgenden Abschnitt Grundkenntnisse in regulären Ausdrücken voraus. Wenn Sie eine kurze Online-Einführung in *reguläre Ausdrücke* suchen, sind Sie natürlich bei Wikipedia gut beraten:

http://de.wikipedia.org/wiki/Regulärer_Ausdruck

Die Webseite *http://www.regexe.de/* bietet eine interessante Anleitung und die Möglichkeit, reguläre Ausdrücke gleich online auszuprobieren.

Beim Einsatz von regulären Ausdrücken im `pattern`-Attribut ist zu beachten, dass das Suchmuster immer auf den gesamten Inhalt des Feldes zutreffen muss. Außerdem wird in der Spezifikation vorgeschlagen, dass das `title`-Attribut dazu verwendet wird, dem Anwender einen Hinweis zu geben, wie das Format der Eingabe ist. Opera und Google Chrome zeigen diese Informationen dann in Form eines Tool-Tipps an, sobald sich der Mauszeiger über dem Feld befindet. Nach so viel Theorie folgt nun endlich ein kurzes Beispiel:

```
<p><label for=pattern>Ihr Nickname:</label>
 <input type=text pattern="[a-z]{3,32}"
  placeholder="johnsmith" name=pattern id=pattern
  title="Bitte nur Kleinbuchstaben, min. 3, max. 32!">
```

Die Vorgabe für das pattern lautet, dass die Zeichenkette nur Zeichen zwischen a und z (also Kleinbuchstaben) enthalten darf ([a-z]) und davon mindestens 3 und höchstens 32. Umlaute und andere Sonderzeichen sind damit nicht erlaubt, was für einen Benutzernamen, wie in oben stehendem Beispiel, auch ganz gut sein kann. Wollte man zumindest die deutschen Umlaute und das scharfe ß mit einbeziehen, müsste man die Gruppe um diese erweitern: [a-zäöüß]. Was passiert, wenn die Überprüfung fehlschlägt, wird in Abschnitt 3.4, Clientseitige Formular-Überprüfung, weiter ausgeführt.

3.3 Neue Elemente

3.3.1 Anzeigen von Messgrößen mit »meter«

Mithilfe des meter-Elements wird der Anteil an einer gewissen Größe grafisch dargestellt. Denken Sie zum Beispiel an die Tankanzeige in Ihrem Auto: Die Nadel zeigt den aktuellen Füllstand im Tank irgendwo zwischen 0 und 100 Prozent an. Bisher wurden solche grafischen Darstellungen in HTML unter anderem mit verschachtelten div-Elementen codiert, eine relativ unelegante Lösung, die wohl etwas am Sinn des div-Elements vorbeigeht. Außerdem lässt sich eine Statusanzeige auch grafisch, als Bild darstellen. Dabei können freie Webservices herangezogen werden, wie zum Beispiel die *Google Chart API*. Alle diese Möglichkeiten werden Sie im folgenden Beispiel sehen.

Die Verwendung des meter-Elements ist sehr einfach: Über das value-Attribut wird der gewünschte Wert eingestellt; alle anderen Attribute sind optional. Wird kein min- und max-Wert eingestellt, so verwendet der Browser 0 beziehungsweise 1 für diese Attribute. Folgendes meter-Element zeigt also ein halb volles Element an:

```
<meter value=0.5></meter>
```

Außer value, min und max gibt es noch die Attribute low, high und optimum, wobei der Browser diese Werte in der Darstellung mit einbeziehen kann. So zeigt zum Beispiel Google Chrome (im Sommer 2010 der einzige Browser, der das meter-Element darstellen konnte) den ansonsten grünen Balken in Gelb an, wenn der optimum-Wert überschritten wird.

Im folgenden Beispiel wird der Anteil der vergangenen Tage im aktuellen Jahr grafisch dargestellt. Die Webseite soll die Ausgabe auf vier verschiedene Arten visualisieren: als Text mit einer Angabe in Prozent, mithilfe des neuen meter-

Elements, durch verschachtelte div-Elemente und als Grafik, die durch den Webservice von Googles Chart API erzeugt wird. Das Resultat sehen Sie in Abbildung 3.6.

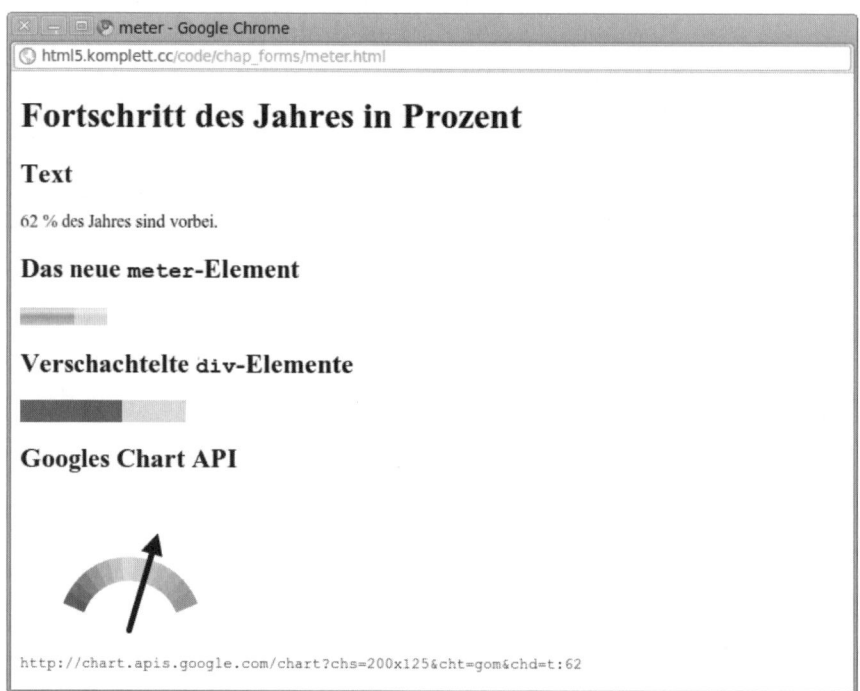

Abbildung 3.6: Das »meter«-Element und ähnliche Möglichkeiten zur Darstellung eines Zustandes

Der HTML-Code für das Beispiel enthält die noch leeren Elemente, die mithilfe von JavaScript befüllt werden:

```
<h2>Text</h2>
<p><output id=op></output><span id=opText></span>
  % des Jahres sind vorbei.</p>
<h2>Das neue <span class=tt>meter</span>-Element</h2>
<meter value=0 id=m></meter>
<h2>Verschachtelte <span class=tt>div</span>-Elemente</h2>
<div id=outer style="background:lightgray;width:150px;" >
<div id=innerDIV> </div></div>
<h2>Googles Chart API</h2>
<img id=google src="">
<p id=googleSrc class=tt></p>
```

Für die Textausgabe verwenden wir zusätzlich das in Abschnitt 3.3.5, Berechnungen mit »output«, vorgestellte output-Element. Als Erstes wird in JavaScript aber das aktuelle Datum erzeugt und das meter-Element initialisiert:

```
var today = new Date();
var m = document.getElementById("m");
m.min = new Date(today.getFullYear(), 0, 1);
m.max = new Date(today.getFullYear(), 11, 31);
// m.optimum = m.min-m.max/2;
m.value = today;
```

Die Variable today enthält die Anzahl an Millisekunden seit dem Beginn der UNIX-Epoche (dem 1.1.1970). Damit unser meter-Element eine vernünftige Skala erhält, wird der min-Wert auf den 1. Januar des aktuellen Jahres eingestellt, der max-Wert entsprechend auf den 31. Dezember. Der Wert des meter-Elements wird in der letzten Zeile des Listings eingestellt, und die grafische Anzeige ist komplett. Wer den hier ausgeklammerten optimum-Wert aktiviert (in diesem Fall die Mitte des Jahres), wird je nachdem, ob das Script in der ersten oder in der zweiten Jahreshälfte aufgerufen wird, eine entsprechende Veränderung der Anzeige erkennen. Wunderbar, wie einfach das neue Element zu verwenden ist.

Doch kommen wir nun zu den restlichen Elementen auf unserer HTML-Seite. Das mit der ID op gekennzeichnete output-Element wollen wir mit dem Prozentwert der vergangenen Tage belegen. Die Prozentrechnung wird mit Math .round() von ihren Kommastellen befreit, eine Genauigkeit, die für unser Beispiel ausreichend ist. Anschließend wird der span-Bereich (opText) mit diesem Wert belegt.

```
var op = document.getElementById("op");
op.value =
  Math.round(100/(m.max-m.min)*(m.value-m.min));
var opText = document.getElementById("opText");
opText.innerHTML = op.value;
var innerDIV = document.getElementById("innerDIV");
innerDIV.style.width=op.value+"%";
innerDIV.style.background = "green";
```

Der Rest dieses Beispiels hat zwar nichts mehr mit neuen HTML5-Techniken zu tun, wird aber aus Gründen der Vollständigkeit auch noch erklärt. Die verschachtelten div-Elemente wollen wir ebenfalls mit dem Prozentwert befüllen. Die Idee dahinter ist simpel: Ein erster div-Bereich wird mit einer fixen Breite in HTML definiert (hier 150px). Ein darin verschachteltes div-Element wird mit der Breite von der berechneten Prozentzahl angegebenen und mit grüner Hintergrundfarbe gefüllt – ein einfacher Trick mit guter Wirkung. Abschließend wollen wir noch die Google Chart API mit einbeziehen. Beim Aufruf des Webservice müssen die Größe der Grafik (chs, hier 200x125 Pixel), der Typ der Grafik (cht, hier gom, *Google-O-Meter*) und die darzustellenden Daten (chd, hier der Prozentwert op.value) übergeben werden:

```
var google = document.getElementById("google");
google.src = "http://chart.apis.google.com/chart?chs=200x125&cht=gom&
    chd=t:"+op.value;
var gSrc = document.getElementById("googleSrc");
gSrc.innerHTML = google.src;
```

3.3.2   Fortschrittsanzeige mit »progress«

progress funktioniert ähnlich wie das eben vorgestellte meter-Element, mit dem Unterschied, dass es den Fortschritt eines laufenden Prozesses darstellt. Mögliche Prozesse sind ein Datei-Upload, den der Benutzer auslöst, oder der Download von externen Bibliotheken, wenn eine Applikation diese benötigt.

Für ein kurzes Beispiel wollen wir aber keine Dateien hochladen oder große Datenmengen herunterladen, es reicht, wenn wir uns selbst eine Aufgabe stellen und diese zu 100 Prozent erfüllen. Im Folgenden werden zehn Eingabeelemente vom Typ checkbox definiert, und sobald alle aktiviert sind, soll der Fortschrittsbalken 100 % anzeigen.

```
<h1>Bitte aktivieren Sie alle Checkboxen</h1>
<form method=get>
  <input type=checkbox onchange=updateProgress()>
  <input type=checkbox onchange=updateProgress()>
<!-- und 8 weitere -->
  <p>
  Fortschritt: <progress value=0 max=10 id=pb></progress>
</form>
```

Das progress-Element wird mit einem Wert von 0 und einem Maximalwert von 10 initialisiert. Sobald ein Eingabeelement aktiviert wird, ruft es die Funktion updateProgress() auf, die wie folgt aussieht:

```
function updateProgress() {
  var pb = document.getElementById("pb");
  var ip = document.getElementsByTagName("input");
  var cnt = 0;
  for(var i=0; i<ip.length; i++) {
```

```
  if (ip[i].checked == true) {
    cnt++;
  }
 }
 pb.value = cnt;
}
```

Die Variable ip enthält eine *NodeList* mit allen input-Elementen. Jedes dieser Elemente wird in der for-Schleife auf seinen Zustand überprüft. Sollte dieser aktiviert sein (checked == true), so erhöht sich die Zählervariable cnt um den Wert 1. Abschließend wird der Wert des progress-Elements auf den Wert der Zählervariable gestellt.

3.3.3 Auswahllisten mit »datalist«

Eine sehr häufig gewünschte neue Funktion für Formulare ist ein Aufklappmenü, das um eigene Einträge erweitert werden kann. Da das altbekannte select-Element auf die als option-Elemente angegebenen Werte beschränkt ist, ersannen Webentwickler verschiedene JavaScript-Kunstgriffe, durch die Textfelder um eine erweiterbare Auswahlliste ergänzt werden können.

Die HTML5-Spezifikation beinhaltet eine sehr elegante Lösung für dieses Problem. Das neue datalist-Element wurde so definiert, dass es als Container für das schon bekannte option-Element dient. Jedem input-Element kann nun ein datalist-Element zugewiesen werden, das bei Bedarf die Auswahlmöglichkeiten anzeigt. Browser, die das datalist-Element nicht unterstützen, zeigen nur das leere Textfeld an.

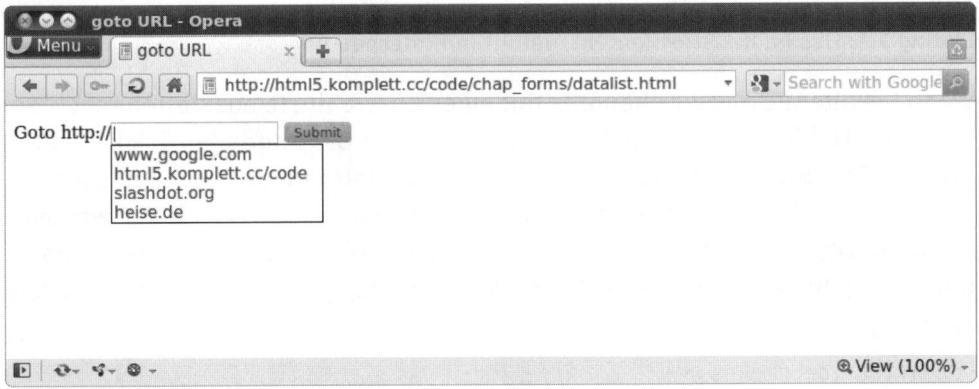

Abbildung 3.7: Opera mit der Darstellung eines »datalist«-Elements

Listing 3.1 zeigt die Verwendung des neuen Elements. Das `input`-Element wird vom Typ `text` definiert, und das Attribut `list` verweist auf die `id` des `datalist`-Elements (in diesem Fall `homepages`). Das `autofocus`-Attribut positioniert die Schreibmarke beim Laden der Seite automatisch innerhalb des Textfeldes (vergleiche Abschnitt 3.2.1, Fokussieren mit »autofocus«) und sorgt, zumindest beim Browser Opera, dafür, dass sich die Auswahlliste öffnet.

Für die `option`-Elemente innerhalb der `datalist` ist es ausreichend, das `value`-Attribut zu befüllen. Weitere Attribute und ein Text-Node sind zwar möglich, werden aber bei dieser Verwendung nicht benötigt. Beim Anklicken der SUBMIT-Schaltfläche wird dem Inhalt des Textfeldes die Zeichenkette `http://` vorangestellt und der Browser an die so entstandene URL umgeleitet (`window .location`).

```
<form>
  <p>
  <label for=url>Goto</label>
  http://<input type=text id=url name=homepage
             list=hompages autofocus>
  <datalist id=hompages>
    <option value=www.google.com>
    <option value=html5.komplett.cc/code>
    <option value=slashdot.org>
    <option value=heise.de>
  </datalist>
  <input type=submit
    onclick="window.location =
    'http://'+document.getElementById('url').value;
    return false;" >
</form>
```

Listing 3.1: Das »datalist«-Element, gefüllt mit Internet-Adressen

Wenn Sie ältere Browser ebenfalls mit einer Auswahlliste ausstatten möchten, ohne den HTML-Code zu duplizieren, können Sie auf folgenden Trick zurückgreifen. Da Browser, die das `datalist`-Element unterstützen, ein eingeschlossenes `select`-Element ignorieren, zeigen sie das neue HTML5-Auswahlelement an. Ältere Browser hingegen zeigen zu dem Textfeld eine Auswahlliste mit vorgegebenen Links an, die bei einer Änderung der Auswahl in das Textfeld eingefügt werden.

```
<datalist id=hompages>
<select name=homepage
  onchange="document.getElementById('url').value =
```

```
      document.forms[0].homepage[1].value" >
    <option value=www.google.com>www.google.com
    <option
    value=html5.komplett.cc/code>html5.komplett.cc/code
    <option value=slashdot.org>slashdot.org
    <option value=heise.de>heise.de
</select>
</datalist>
```

Listing 3.2: Eine »datalist« mit dem Fallback für ältere Browser

Wie in diesem Listing zu sehen ist, müssen die option-Elemente mit einem Text-Node versehen werden, da das »alte« select-Element nicht den Inhalt des value-Attributs anzeigt, sondern den Text. Das onchange-Event in dem select-Element setzt den aktuellen Text des Auswahlmenüs in das Textfeld ein (vergleiche Abbildung 3.8).

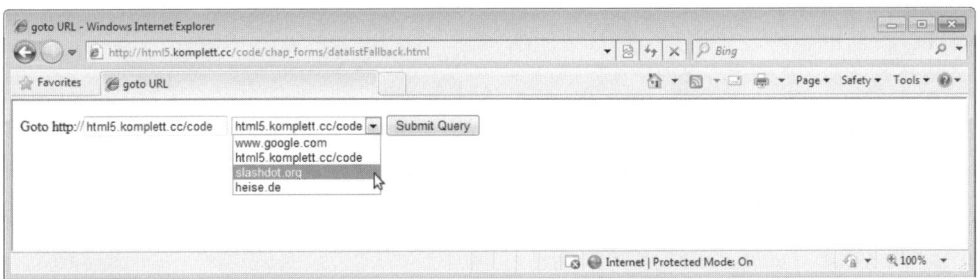

Abbildung 3.8: Eine Kombination aus »input«- und »select«-Elementen als Fallback für ältere Browser (hier Internet Explorer 8)

3.3.4   Kryptografische Schlüssel mit »keygen«

Das keygen-Element hat bereits eine lange Geschichte im Browser Mozilla Firefox (enthalten seit Version 1.0), trotzdem meldete Microsoft große Bedenken bei der Implementierung in HTML5 an. keygen wird zur Erzeugung von kryptografischen Schlüsseln verwendet, und so kompliziert das klingt, so kompliziert ist es leider auch.

Ganz einfach gesprochen ist die Idee hinter diesem Element folgende: Der Browser erzeugt ein Schlüsselpaar, das aus einem öffentlichen Schlüssel (*public key*) und einem privaten Schlüssel (*private key*) besteht. Der öffentliche Schlüssel wird mit den anderen Formulardaten verschickt und steht anschließend der Server-Anwendung zur Verfügung, während der private Schlüssel im Browser gespeichert bleibt. Nach diesem Schlüsselaustausch haben Server und Browser die Möglichkeit, verschlüsselt zu kommunizieren, und zwar ohne SSL-Zertifikate. Das klingt nach einer praktischen Lösung für die lästigen selbst signierten Zertifikate, die die Browser immer beanstanden müssen, ist es aber leider nicht, denn die Identität des Servers kann nur aufgrund eines Zertifikats gewährleistet werden, das von einer vertrauenswürdigen Zertifizierungsstelle (der *Certificate Authority*, *CA*) unterschrieben worden ist.

Da keygen SSL nicht ablösen kann, wofür soll das neue Element dann verwendet werden? Wie die Dokumentation von Mozilla erklärt, hilft das keygen-Element, ein Zertifikat zu erstellen, das vom Server unterschieben werden kann (*signed certificate*). Um diesen Schritt ganz sicher zu gestalten, ist es normalerweise notwendig, dass der Antragsteller persönlich bei der Behörde erscheint. Da das Ausstellen von signierten Zertifikaten eher etwas für Experten ist, werden wir die Beschreibung dieses Elements und seiner Attribute eher kurz halten.

Folgendes kurze HTML-Dokument erzeugt eine keygen-Schaltfläche:

```
<!DOCTYPE html>
  <meta charset="utf-8">
  <title>keygen Demo</title>
  <form method=post action=submit.html>
    <keygen id=kg challenge=hereismychallenge name=kg>
    <input type=submit>
  </form>
```

Außer den bekannten Attributen wie autofocus, disabled, name und form besitzt das keygen-Element zwei spezielle Attribute: keytype und challenge. Vor allem keytype ist interessant, da der Browser anhand dieses Eintrags entscheidet, ob er die Funktion dieses Elements unterstützt. Momentan gibt es nur einen gültigen keytype, und zwar rsa, ein kryptografisches System, das im Jahr 1977 am *Massachusetts Institute of Technology* (*MIT*) entwickelt wurde. Wird kein keytype angegeben (wie im vorangegangenen Beispiel), wird als Standardwert rsa verwendet. Die Spezifikation sieht auch vor, dass ein Browser überhaupt keinen keytype unterstützen muss, was wohl auf das Veto von Microsoft gegen das Element zurückgeht. Das optionale challenge-Attribut erhöht die Sicherheit beim Schlüsselaustausch. Für weiterführende Informationen verwenden Sie bitte die Links am Ende dieses Abschnitts.

Unterstützt der Browser die RSA-Schlüsselerzeugung, so kann er dem Benutzer eine Auswahlliste für die Länge und damit die Sicherheit des Schlüssels anbieten (vergleiche Abbildung 3.9).

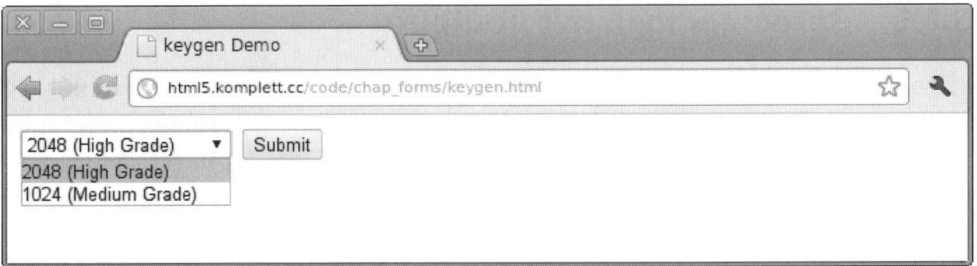

Abbildung 3.9: Auswahl der Schlüssellänge in Google Chrome

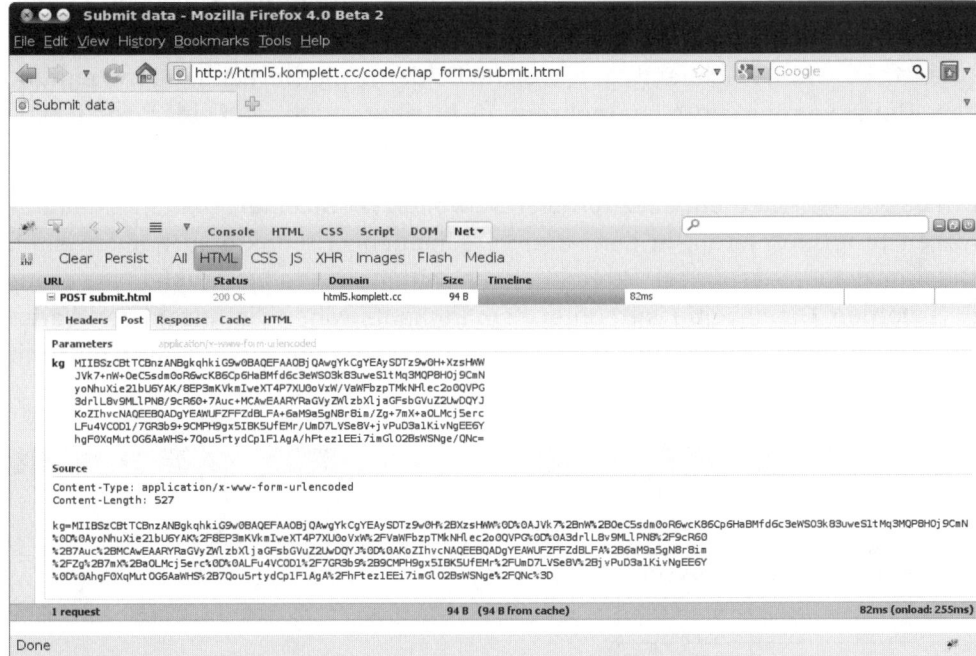

Abbildung 3.10: Der öffentliche Schlüssel des »keygen«-Elements, dargestellt in Firebug

Das Resultat nach dem Abschicken dieses Formulars zeigt Abbildung 3.10: Die POST-Variable kg enthält den zur Verschlüsselung notwendigen öffentlichen Schlüssel (hier dargestellt in dem äußerst hilfreichen Firefox-Add-On Firebug).

Wenn Sie bisher noch wenig Kontakt mit Kryptografie hatten, sich aber dafür interessieren, bietet, wie so oft, Wikipedia eine gute Einstiegslektüre:

http://de.wikipedia.org/wiki/Public-Key-Infrastruktur

http://de.wikipedia.org/wiki/Challenge-Response-Authentifizierung

3.3.5   Berechnungen mit »output«

»Das output-Element enthält das Ergebnis einer Berechnung«. So lautet die sehr knappe Erklärung in der HTML5-Spezifikation, und genau das findet man auch auf den meisten Internet-Seiten, die das neue Element beschreiben. Das klingt sehr vernünftig, aber was für eine Art von Berechnung ist damit gemeint? Wieso braucht es dazu ein eigenes Element?

In der Regel handelt es sich dabei um Berechnungen, die aus Eingabefeldern auf einer Webseite zustande kommen. Ein Beispiel, das vielleicht allen geläufig ist, wäre ein elektronischer Einkaufswagen, in dem die Stückzahl für die Produkte in einem input-Feld eingestellt werden kann. Mithilfe des optionalen for-Attributs lässt sich festlegen, welche Felder in die Berechnung mit einfließen. Dabei werden ein oder mehrere id-Attribute anderer Felder des Dokuments referenziert.

Um das output-Element auszuprobieren, wollen wir so einen kleinen Einkaufswagen programmieren, in dem drei verschiedene Produkte vorhanden sind. Die Stückzahl jedes dieser Produkte kann mithilfe eines Eingabefeldes verändert werden. Gleichzeitig wird unter dem Einkaufswagen die Anzahl der Waren und die Gesamtsumme angezeigt. Abbildung 3.11 zeigt einen Warenkorb mit fünf Einträgen.

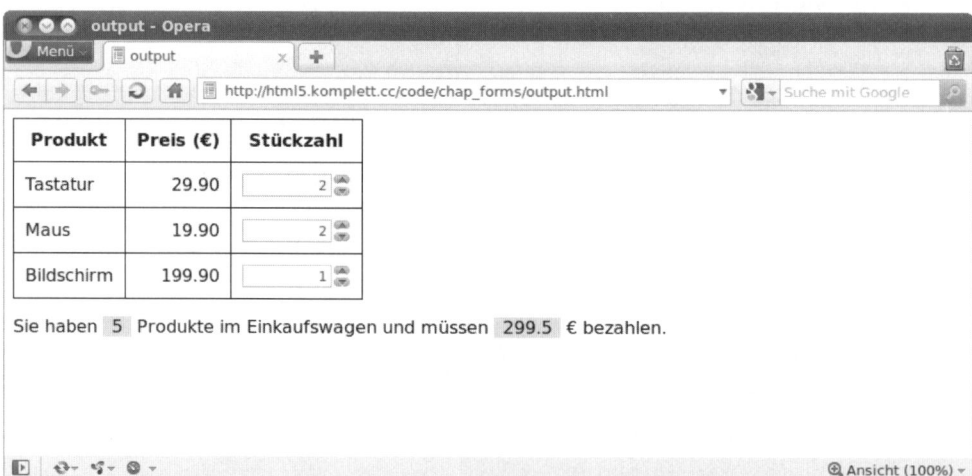

Abbildung 3.11: Zwei »output«-Elemente zeigen die Anzahl der Produkte und deren Gesamtpreis an.

Der Code für das Beispiel ist schnell erklärt: Um bei jeder Änderung der Stückzahl die output-Elemente zu aktualisieren, verwenden wir das oninput-Event
des Formulars:

```
<form oninput="updateSum();">
  <table>
    <tr><th>Produkt<th>Preis (€)<th>Stückzahl
    <tr><td>Tastatur<td class=num id=i1Price>29.90<td>
    <input name=i1 id=i1 type=number min=0 value=0 max=99>
    <tr><td>Maus<td class=num id=i2Price>19.90<td>
```

Die output-Elemente sind im Anschluss an die Tabelle mit den Produkten definiert und verweisen über das for-Attribut auf die IDs der input-Felder:

```
<p>Sie haben <output name=sumProd for="i1 i2 i3"
  id=sumProd></output> Produkte im Einkaufswagen und
  müssen <output name=sum for="i1 i2 i3" id=sum></output>
  € bezahlen.
```

Im JavaScript-Code läuft eine Schleife über alle input-Elemente. Sie zählt die
Stückzahlen zusammen und errechnet den Gesamtpreis.

```
function updateSum() {
  var ips = document.getElementsByTagName("input");
  var sum = 0;
  var prods = 0;
  for (var i=0; i<ips.length; i++) {
    var cnt=Number(ips[i].value);
    if (cnt > 0) {
      sum += cnt * Number(document.getElementById(
        ips[i].name+"Price").innerHTML);
      prods += cnt;
    }
  }
  document.getElementById("sumProd").value = prods;
  document.getElementById("sum").value = sum;
}
```

Den Preis des Produkts holen wir uns direkt aus der Tabelle. Dabei verwenden
wir den innerHTML-Wert der entsprechenden Tabellenspalte und wandeln diesen mit der JavaScript-Funktion Number() in eine Zahl um. Gleiches gilt auch
für den Wert im input-Feld (ips[i].value), denn ohne diese Umwandlung würde JavaScript die Zeichenketten addieren, was nicht zu dem gewünschten Ergebnis führt. Abschließend werden die errechneten Werte in die value-Attribu-
te der output-Elemente eingesetzt.

3.4   Clientseitige Formular-Überprüfung

Ein Vorteil der neuen Elemente und Attribute bei Formularen ist, dass die Eingabe für Benutzer erleichtert wird (zum Beispiel wird ein Kalender zum Eingeben eines Datums angeboten). Ein weiterer großer Vorteil ist die Möglichkeit, den Formular-Inhalt bereits vor dem Abschicken überprüfen zu können und den Benutzer auf mögliche Fehler hinzuweisen. Jetzt werden Sie vielleicht sagen, dass das ein alter Hut ist, denn diese Form der Überprüfung kennt man bereits seit vielen Jahren. Das stimmt, aber bisher musste dieser Schritt immer mithilfe von selbst programmiertem JavaScript-Code erledigt werden. Durch jQuery und ähnliche Bibliotheken wurde diese Aufgabe zwar deutlich erleichtert und der Code wartbarer, aber es bleibt die Abhängigkeit von einer externen Bibliothek.

Mit HTML5 ändert sich das grundlegend: Sie definieren die Vorgaben für die Eingabefelder in HTML, und der Browser überprüft, ob die Felder korrekt ausgefüllt wurden. Das ist ein großer Schritt vorwärts, der viele redundante Zeilen JavaScript-Code unnötig macht. Ein Minimalbeispiel wird Sie überzeugen:

```
<form method=get action=required.html>
  <p><label>Ihre E-Mail-Adresse:
  <input type=email name=email required></label>
  <p><input type=submit>
</form>
```

Was passiert, wenn Sie das Formular in dem oben abgedruckten Listing ohne die Angabe einer E-Mail-Adresse abschicken, sehen Sie in Abbildung 3.12. Opera zeigt die Fehlermeldung: *Sie müssen einen Wert eingeben*. Wenn Sie die Opera-Benutzeroberfläche auf eine andere Sprache eingestellt haben, so erscheint diese Meldung in der entsprechenden Sprache. Natürlich kann man diese Fehlermeldungen auch noch mit JavaScript anpassen, mehr dazu erfahren Sie etwas später.

Damit aber noch nicht genug: Da das Feld vom Typ email definiert ist, meldet Opera auch einen Fehler, wenn keine gültige E-Mail-Adresse eingegeben wurde (vergleiche Abbildung 3.13).

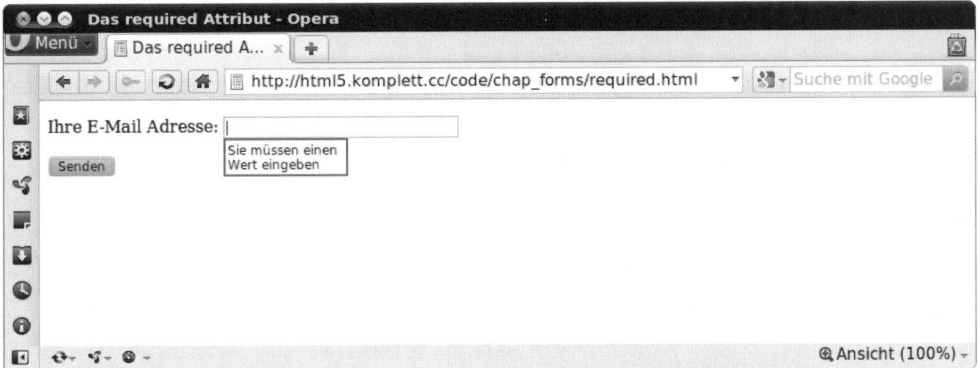

Abbildung 3.12: Die Fehlermeldung bei einem leeren Eingabefeld mit dem Attribut »required« (Opera)

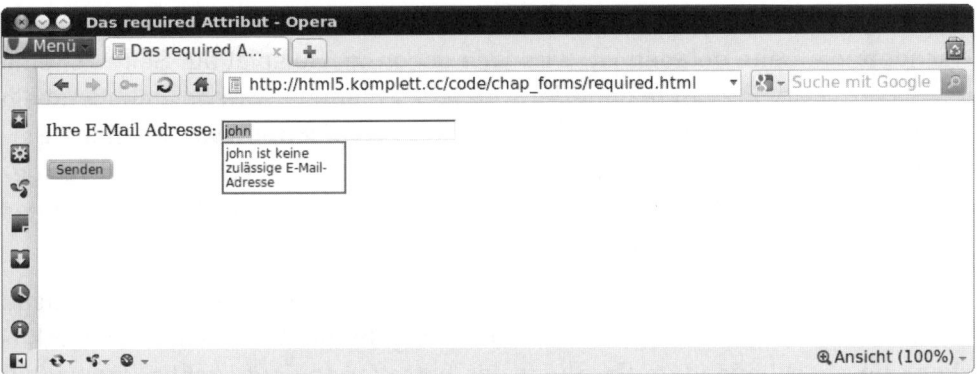

Abbildung 3.13: Die Fehlermeldung von Opera beim Eingeben einer ungültigen E-Mail-Adresse

Webkit-basierte Browser wie Google Chrome oder Safari unterstützen aktuell zwar die Überprüfung, geben aber keine Fehlermeldung aus. Sie umrahmen das ungültige Feld und positionieren den Cursor innerhalb des Feldes, um zumindest anzuzeigen, dass irgendetwas nicht stimmt.

> **HINWEIS**
>
> Bei aller Euphorie über die clientseitige Überprüfung von Formular-Eingaben dürfen Sie nicht vergessen, dass dieser Schritt die serverseitige Kontrolle nicht überflüssig machen kann. Ein potenzieller Angreifer kann diese Mechanismen mit wenig technischem Aufwand umgehen.

3.4.1   Das »invalid«-Event

Bei der Überprüfung des Formulars wird für Elemente, die einen ungültigen Inhalt haben, das Event *invalid* ausgelöst. Das können wir uns zunutze machen und individuell auf fehlerhafte Werte reagieren.

```
window.onload = function() {
  var inputs = document.getElementsByTagName("input");
  for (var i=0; i<inputs.length; i++) {
    inputs[i].addEventListener("invalid", function() {
      alert("Feld "+this.labels[0].innerHTML
        +" ist ungültig");
      this.style.border = 'dotted 2px red';
    }, false);
  }
}
```

Nachdem die Seite geladen ist, wird (wie schon im Beispiel auf Seite 75) eine Liste aller input-Elemente generiert. An jedes Element wird anschließend ein Event-Listener angehängt, der den Fehlerfall behandelt. Im vorliegenden Beispiel wird ein alert-Fenster geöffnet, und das Element erhält einen rot gepunkteten Rahmen. Für den Text im alert-Fenster wird die Beschriftung des input-Elements verwendet.

Bei Formularen mit vielen Eingabefeldern ist diese Vorgehensweise nicht ideal. Der Anwender muss für jede fehlerhafte Eingabe die OK-Schaltfläche anklicken und anschließend im Formular das betreffende Feld suchen und erneut ausfüllen. Manchmal wäre es günstiger, wenn der Anwender sofort nach dem Ausfüllen eine Benachrichtigung bekäme, sollte das Feld einen ungültigen Inhalt enthalten. Das wollen wir im nächsten Abschnitt probieren.

3.4.2   Die »checkValidity«-Funktion

Um die Überprüfung eines input-Elements auszulösen, wird die checkValidity-Funktion für dieses Element aufgerufen. Was normalerweise passiert, wenn das Formular abgeschickt wird, kann man aber auch »von Hand« starten:

```
<input type=email name=email
  onchange="this.checkValidity();">
```

Gibt man eine ungültige E-Mail-Adresse ein und verlässt man das Eingabefeld (entweder mit der Tabulator-Taste oder durch einen Mausklick auf eine
andere Stelle im Browser), so meldet der Browser (zurzeit zumindest Opera)
den Fehler unmittelbar (vergleiche Abbildung 3.13). Noch eleganter wird die
Fehlerbehandlung, wenn wir an das onchange-Event von allen input-Elementen
eine Funktion zum Überprüfen der Eingabe hängen.

```
window.onload = function() {
  var inputs = document.getElementsByTagName("input");
  for (var i=0; i<inputs.length; i++) {
    if (!inputs[i].willValidate) {
      continue;
    }
    inputs[i].onchange = function() {
      if (!this.checkValidity()) {
        this.style.border = 'solid 2px red';
        this.style.background = '';
      } else {
        this.style.border = '';
        this.style.background = 'lightgreen';
      }
    }
  }
}
```

In der bereits bekannten Schleife über alle input-Elemente wird als Erstes
kontrolliert, ob das Element für eine Überprüfung zur Verfügung steht. Enthält
willValidate nicht den Wert *true*, wird die Schleife mit dem nächsten Element
fortgesetzt. Andernfalls wird das onchange-Event mit einer anonymen Funktion
belegt, in der die checkValidity-Funktion aufgerufen wird. this bezieht sich
innerhalb der anonymen Funktion auf das input-Element. Schlägt die Gültigkeitsprüfung fehl, so wird das Element mit einer roten Umrandung versehen;
im anderen Fall wird der Hintergrund des Elements hellgrün eingefärbt. Das
Zurücksetzen der Hintergrundfarbe beziehungsweise des Rahmens auf eine
leere Zeichenkette ist notwendig, damit der Browser bei einer richtigen Eingabe nach einer falschen Eingabe die Formatierung wieder auf den Standardwert
stellt. Abbildung 3.1 zeigt, wie die checkValidity-Funktion einen Fehler bei der
Zeiteingabe anmahnt.

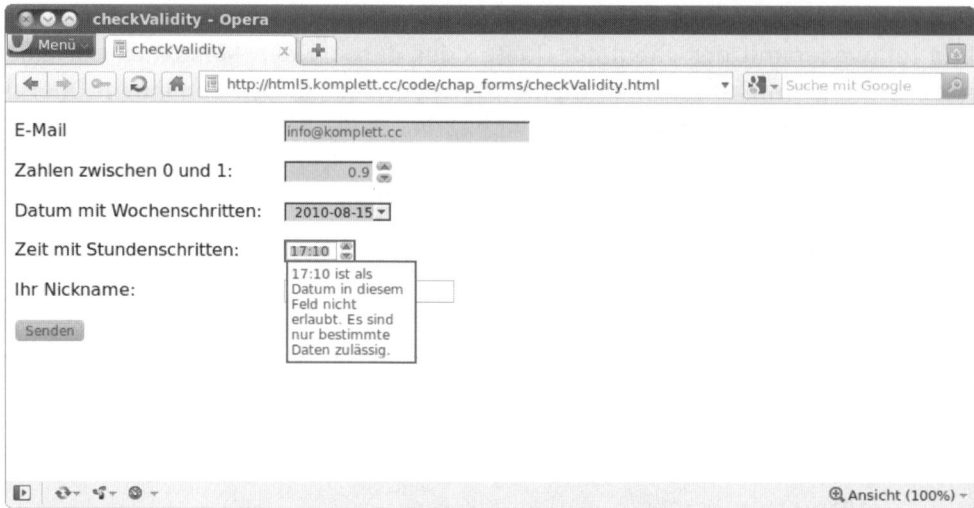

Abbildung 3.14: Opera zeigt die Fehlermeldung für eine inkorrekte Zeiteingabe (in diesem Fall eine Verletzung des »step«-Attributs)

Wenn Sie die Fehlerbehandlung lieber noch interaktiver gestalten möchten, können Sie statt des onchange-Events auch das in HTML5 neue oninput-Event verwenden. Anders als onchange, das beim Verlassen des Feldes gestartet wird, kommt oninput nach jedem veränderten Zeichen zum Einsatz. Was bisher etwas mühsam mithilfe der Tastatur-Events *keyup* beziehungsweise *keydown* programmiert wurde, übernimmt jetzt das oninput-Event. Ein weiterer Vorteil von oninput ist, dass der Event-Listener nur einmal an das ganze Formular angehängt werden muss und nicht an jedes einzelne input-Element. Für das vorangegangene Beispiel könnte man damit auf den gesamten JavaScript-Code verzichten und die Formular-Definition wie folgt ändern:

```
<form method=get oninput="this.checkValidity();"
  action=checkValidity.html >
```

Man verzichtet damit zwar auf das Verändern von Rahmen und Hintergrundfarbe, verkürzt aber auch den Quelltext deutlich. Das unmittelbare Reagieren auf einen Tastendruck kann in manchen Fällen sehr hilfreich sein, beim Ausfüllen eines Formularfelds reicht es aber meist, wenn der Inhalt erst dann überprüft wird, wenn das Feld vollständig ausgefüllt wurde.

3.4.3 Fehlerbehandlung mit »setCustomValidity()«

Wenn Ihnen all die bisher vorgestellten Möglichkeiten zur Fehlerbehandlung noch nicht ausreichend erscheinen, können Sie sich auch selbst eine Funktion zur Überprüfung des Inhalts programmieren. Im folgenden Beispiel wird ein Eingabefeld vom Typ email definiert, wodurch der Browser schon die Überprüfung der gültigen E-Mail-Adresse übernimmt. Zusätzlich möchten wir aber noch drei E-Mail-Domains ausschließen.

```
var invalidMailDomains = [
  'hotmail.com', 'gmx.com', 'gmail.com' ];

function checkMailDomain(item) {
  for (var i=0; i<invalidMailDomains.length; i++) {
    if (item.value.match(invalidMailDomains[i]+'$')) {
      item.setCustomValidity('E-Mail-Adressen von '
        +invalidMailDomains[i]+' sind nicht erlaubt.');
    } else {
      item.setCustomValidity('');
    }
    item.checkValidity();
  }
}
```

Jedes Element im Array invalidMailDomains wird mit dem Wert des input-Elements verglichen. Die JavaScript-Funktion match() arbeitet mit regulären Ausdrücken, weshalb wir an den Domain-Namen noch ein $-Zeichen anhängen, das das Ende der Zeichenkette spezifiziert. Stimmen die Zeichenketten überein, so wird die setCustomValidity-Funktion aufgerufen und ihr die entsprechende Fehlermeldung übergeben. Handelt es sich nicht um einen Domain-Namen aus dem Array, wird setCustomValidity() mit einer leeren Zeichenkette aufgerufen. Intern wird dadurch die Variable validationMessage an das input-Element angehängt, die Opera anschließend auch korrekt anzeigt (vergleiche Abbildung 3.15). Der abschließende Aufruf der checkValidity-Funktion löst die Überprüfung aus und führt zu der eben erwähnten Fehlermeldung.

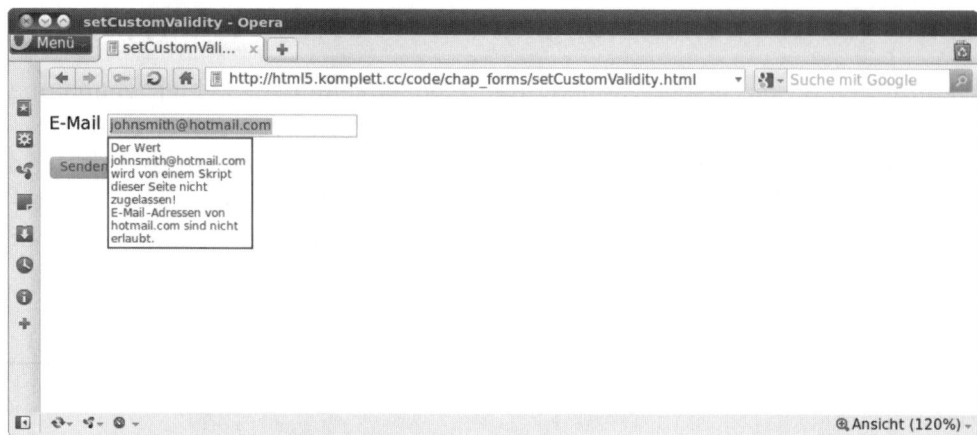

Abbildung 3.15: Opera zeigt die Fehlermeldung bei einer manuellen Fehlerbehandlung (Überprüfung der E-Mail-Domain)

3.4.4   Zusammenfassung der Gültigkeitsprüfungen

Tabelle 3.3 zeigt eine Auflistung aller `input`-Attribute beziehungsweise Validierungsfunktionen, die bei der Gültigkeitsüberprüfung zur Verfügung stehen, und die Szenarien, in denen sie auftreten.

Attribut/Funktion	Problem
`required`	Es wurde kein Wert für das Feld eingegeben.
`type=email, url`	Der eingegebene Wert entspricht nicht dem verlangten Typ.
`pattern`	Der eingegebene Wert entspricht nicht dem geforderten Muster.
`maxlength`	Der eingegebene Wert ist länger als erlaubt.
`min, max`	Der eingegebene Wert ist zu klein bzw. zu groß.
`step`	Die verlangte Schrittweite beim eingegebenen Wert wurde nicht eingehalten.
`setCustomValidity()`	Die zusätzlich aufgestellten Kriterien für dieses Feld wurden nicht erfüllt.

Tabelle 3.3: Fehlermöglichkeiten bei der Gültigkeitsprüfung von Formularfeldern

3.4.5   Oder doch nicht prüfen? »formnovalidate«

Nun, da wir uns so ausführlich mit der Fehlerbehandlung beschäftigt haben, folgt die Erklärung, wie man sich an all den Regeln vorbeimogeln kann: mit dem Attribut formnovalidate. Im ersten Moment erscheint es vielleicht ein bisschen merkwürdig, all die mühevoll definierten Regeln einfach so beiseite zu lassen und das Formular auch ohne eine Prüfung abzuschicken. Die Spezifikation enthält dazu eine kurze Erklärung, die das Rätsel schnell löst. Der typische Anwendungsfall für das Überspringen der Prüfung ist ein Formular, das der Anwender nicht auf einmal ausfüllen kann oder will. Dadurch, dass man das formnovalidate-Attribut einer submit-Schaltfläche hinzufügt, kann der bisher eingegebene Inhalt zwischengespeichert werden.

> Beim Abschicken des Formulars mit formnovalidate werden die bereits ausgefüllten Felder an den Server gesendet. Um ein mögliches Zwischenspeichern muss sich die Server-Anwendung kümmern.

HINWEIS

Stellen Sie sich vor, Sie füllen ein Support-Formular für Ihre defekte Digitalkamera aus. Nachdem Sie ausführlich alle Angaben zu dem aufgetretenen Fehler gemacht haben, wird auf der Internet-Seite nach der Seriennummer der Kamera gefragt. Da die Sie die Kamera aber gerade nicht zur Hand haben und die mühevoll eingegebenen Informationen nicht verlieren möchten, klicken Sie auf die ZWISCHENSPEICHERN-Schaltfläche und können sich in Ruhe auf die Suche nach der Kamera begeben. Diese Schaltfläche wird wie folgt definiert:

```
<p><input type=submit formnovalidate
  value="Zwischenspeichern" name=save id=save>
```

Im abschließenden Beispiel wird die Idee mit dem Support-Formular vollständig ausgearbeitet.

3.5   Beispiel: Ein Support-Formular

In diesem Beispiel werden die bisher vorgestellten neuen Elemente und Attribute in einem Formular verwendet. Das Formular könnte, in einer erweiterten Form, auf der Webseite eines Elektronik-Verkäufers Verwendung finden.

Zu Beginn werden persönliche Informationen vom Klienten abgefragt (in diesem Beispiel nur der Name, eine E-Mail-Adresse, eine Telefon- und eine Faxnummer). Der zweite Teil des Formulars betrifft die technischen Daten und den

Defekt des Geräts. Im untersten Teil der Webseite wird ein Fortschrittsbalken angezeigt, der den Anwender aufmuntern soll, das Formular fertig auszufüllen (vergleiche Abbildung 3.16).

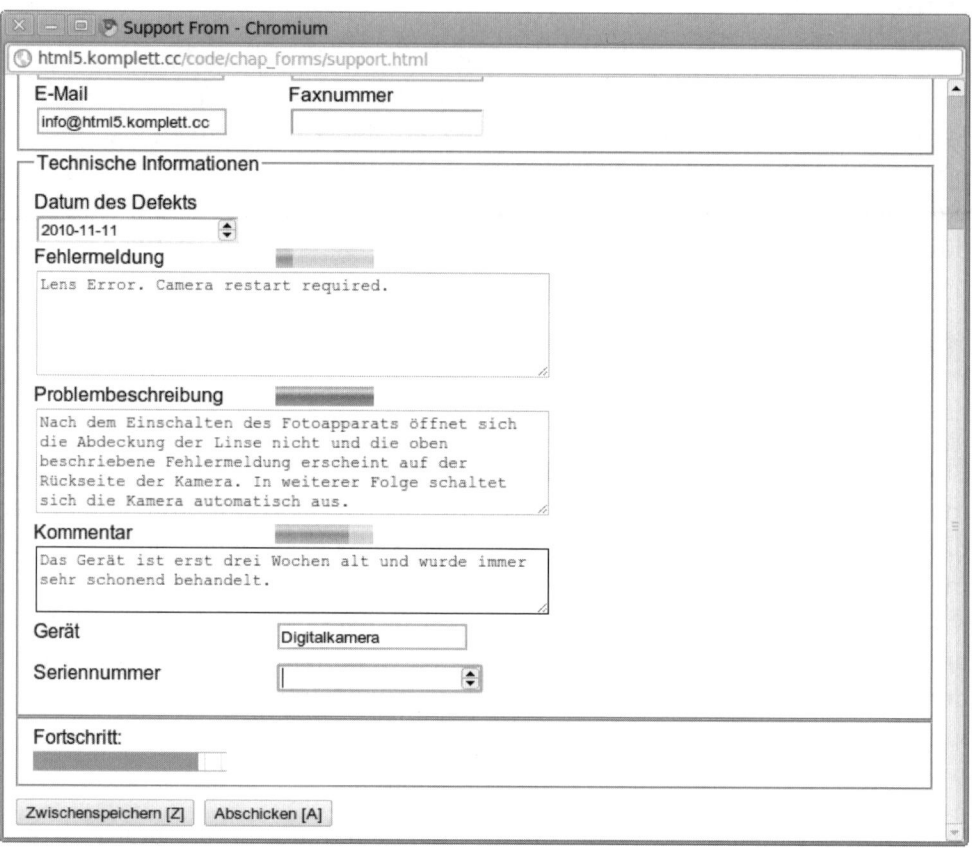

Abbildung 3.16: Das fast fertig ausgefüllte Support-Formular

Der HTML-Code für das Formular beginnt mit dem Laden einer externen JavaScript-Datei und dem bereits bekannten Aufruf window.onload.

```
<script src="support.js"></script>
<script>
  window.onload = function() {
    initEventListener();
  }
</script>
```

Die initEventListener-Funktion läuft über alle input-Elemente und belegt das onchange-Event mit einer anonymen Funktion, die das entsprechende Element auf seine Gültigkeit überprüft.

```
function initEventListener() {
  var inputs = document.getElementsByTagName("input");
  for (var i=0; i<inputs.length; i++) {
    if (!inputs[i].willValidate) {
      continue;
    }
    inputs[i].onchange = function() {
      this.checkValidity();
    }
  }
}
```

Der Event-Listener wird nur dann angehängt, wenn das Element eine Möglichkeit der Überprüfung hat. Im vorliegenden Beispiel haben die beiden Schaltflächen zum Absenden beziehungsweise zum Zwischenspeichern keine Überprüfungsmöglichkeit und bekommen daher kein onchange-Event. Wie im vorangegangenen Abschnitt schon erklärt wurde, ist die Überprüfung der einzelnen Formularfelder nach dem Ausfüllen des Feldes angenehmer als die Überprüfung des gesamten Formulars mit dem oninput-Event.

Um die Benutzerfreundlichkeit des Formulars zu verbessern, wollen wir die als required markierten Elemente hervorheben, damit dem Anwender sofort klar wird, welches die wichtigen Felder sind. Glücklicherweise müssen wir dazu nicht jedes Element mit einem extra Stil versehen, CSS3 bringt den neuen Selektor :required mit, der genau für diesen Fall gedacht ist. Die folgende Anweisung rahmt alle vorgeschriebenen Elemente mit oranger Farbe ein.

```
:required { border-color: orange; border-style: solid; }
```

Die Definition der einzelnen input-Felder birgt keine großen Überraschungen. E-Mail-Adresse und Telefonnummer haben ihre eigenen Typen und sind vorgeschrieben; das Datum, an dem der Defekt auftrat, ist vom Typ date und kann daher mit einem Kalenderfenster ausgewählt werden. Das zweispaltige Layout im oberen Teil der Webseite wird mit div-Elementen erreicht, die nebeneinander liegen. Trotzdem möchten wir, dass Anwender, die die Tabulatortaste zum Weiterspringen verwenden, das Formular von oben nach unten ausfüllen und nicht, der HTML-Logik folgend, zuerst die linke und dann die rechte Spalte.

Erreicht wird das mithilfe des tabindex-Attributs, wodurch ein Drücken der Tabulatortaste in einem Feld den Cursor auf das Feld mit dem nächsthöheren
tabindex-Wert stellt.

```
<div style="float:left">
<p><label>Ihr Name:
<input tabindex=1 type=text required autofocus
  placeholder="Max Mustermann" name=name></label>
<p><label >E-Mail
<input tabindex=3 type=email name=email required></label>
</div>
<div style="float:left;margin-left:10px;">
<p><label>Telefonnummer
<input tabindex=2 type=tel name=tel required></label>
<p><label>Faxnummer
<input tabindex=4 type=tel name=fax></label>
</div>
```

Etwas spannender wird es bei den textarea-Feldern. Viel Neues brachte
HTML5 für diesen Typ nicht, aber wie Sie in Abbildung 3.16 sehen können, enthält jedes Textfeld eine kleine grafische Anzeige oberhalb, die darstellt, wie
viele Zeichen in dem Feld noch getippt werden können. Sicherlich haben Sie es
gleich erkannt: Wir verwenden dazu das neue meter-Element, das uns bereits
aus Abschnitt 3.3.1, Anzeigen von Messgrößen mit »meter«, vertraut ist.

```
<p><label>Fehlermeldung
<textarea placeholder="Lens . Camera restart."
  name=errmsg required rows=5 cols=50
  title="maximal 200 Zeichen">
</textarea></label><meter value=0 max=200
  tabindex=-1></meter>
```

Das meter-Element wird mit einem Maximalwert von 200 initialisiert, exakt dem
Wert, der im title-Attribut der textarea als Maximum angegeben ist. Gibt ein
Anwender mehr als die vorgeschriebenen Zeichen ein, wird das meter-Element
rot und warnt vor dem zu langen Text. Der Browser wird den zu langen Text aber
trotzdem abschicken, da wir die textarea nicht limitiert haben. Es handelt sich
hier also mehr um einen Hinweis, als um eine strikte Vorgabe. Die JavaScript-
Funktion zum Aktualisieren der meter-Elemente lautet updateTAMeters() und
wird für alle textareas ausgeführt:

```
function updateTAMeters() {
  var textfs = document.getElementsByTagName("textarea");
  for(var i=0; i<textfs.length; i++) {
```

```
    textfs[i].labels[0].nextSibling.value =
      textfs[i].textLength;
  }
}
```

Der Vorteil der Schleife ist, dass wir nun beliebig viele textarea-Elemente hinzufügen können, und sofern sie ein meter-Element besitzen, werden diese automatisch aktualisiert. Um das zu erreichen, müssen wir zu einem Trick aus der DOM-Kiste greifen: Die in dem oben stehenden Listing fett gedruckte Zuweisung greift auf die DOM-Funktion nextSibling zu, einen Verweis auf das folgende Element. Führen wir uns zum besseren Verständnis noch einmal den HTML-Code für das Textfeld und den Status-Balken vor Augen. Das textarea-Element ist von einem label-Element eingeschlossen, auf das das gesuchte meter-Element folgt. Um vom textarea-Element auf das meter-Element zu kommen, verwenden wir die labels-Eigenschaft des Textfeldes. Dabei handelt es sich um ein *NodeList*-Array, von dem uns das erste Element (also das mit dem Index 0) interessiert, weil das darauffolgende Element (der nextSibling) das meter-Element ist.

Bei genauerer Betrachtung ist die Vorgehensweise also gar nicht so kompliziert, sie birgt aber ihre Tücken. Sollte sich zwischen dem abgeschlossenen label-Element und dem meter-Element ein Leerzeichen oder ein Zeilenumbruch verirren, dann funktioniert unsere Status-Anzeige nicht mehr. Der nextSibling ist dann nämlich ein Text-Element, und in der for-Schleife erreichen wir das meter-Element nicht mehr.

Als Nächstes wollen wir uns um die Fortschrittsanzeige am Ende des Formulars kümmern. Leicht zu erraten war, dass es sich dabei um ein progress-Element handelt, spannender wird, wie sich das Aktualisieren dieses Elements in JavaScript elegant ausdrücken lässt. Zuerst sehen Sie hier den HTML-Code für das Element:

```
<label>Fortschritt:
  <progress id=formProgress value=0
    tabindex=-1></progress></label>
```

Das progress-Element bekommt eine id, einen Anfangswert von 0 (value) und einen negativen tabindex zugewiesen, was dazu führt, dass das Element nie mit der Tabulator-Taste angesprungen wird. Um alles Weitere kümmert sich die JavaScript-Funktion updateProgress().

```
function updateProgress() {
  var req = document.querySelectorAll(":required");
  count = 0;
  for(var i=0; i<req.length; i++) {
    if (req[i].value != '') {
      count++;
    }
  }
  var pb = document.getElementById("formProgress");
  pb.max = req.length;
  pb.value = count;
}
```

Da sich der Fortschrittsbalken nur auf diese Elemente beziehen soll, die unbedingt eingegeben werden müssen, verwenden wir die Funktion querySelec-
torAll() und übergeben ihr die Zeichenkette :required. Als Ergebnis erhalten
wir eine *NodeList*, die nur Elemente beinhaltet, die das required-Attribut gesetzt haben. Anschließend läuft eine Schleife über diese Elemente und überprüft, ob das value-Attribut nicht mit einer leeren Zeichenkette übereinstimmt.
Trifft diese Bedingung zu (das bedeutet, es wurde schon ein Wert eingegeben),
so wird die Zählervariable count um einen Wert erhöht. Abschließend wird der
Maximalwert für das progress-Element auf die Anzahl aller required-Felder
gesetzt und der Wert (value) auf die Zahl der nicht leeren Elemente.

Zum Abschicken des Formulars stehen zwei Schaltflächen zur Verfügung: eine
mit der Beschriftung Zwischenspeichern und eine mit dem Schriftzug Abschicken.
Die Zwischenspeichern-Funktion wurde bereits in Abschnitt 3.4.5, Oder doch
nicht prüfen? »formnovalidate«, erklärt, neu ist hier das Attribut accesskey.

```
<p><input accesskey=Z type=submit formnovalidate
  value="Zwischenspeichern [Z]"  name=save id=save>
<input accesskey=A type=submit name=submit id=submit
  value="Abschicken [A]">
```

Zwar sind Tastaturkürzel nicht neu in HTML5, viel Verwendung fanden sie bisher aber nicht. Ein Problem mit Tastaturkürzeln ist, dass sie auf unterschiedlichen Plattformen mit unterschiedlichen Tastaturkombinationen aktiviert
werden und man nie so genau weiß, welche Taste man jetzt zu dem Kürzel
drücken muss. Die HTML5-Spezifikation hat auch hierzu einen Vorschlag pa-
rat: Der Wert des accessKeyLabel soll eine Zeichenkette zurückgeben, die dem
korrekten Wert auf der verwendeten Plattform entspricht. Diesen Wert könnte
man dann in der Beschriftung der Schaltfläche oder in deren title-Attribut

verwenden. Leider war zu dem Zeitpunkt, als dieses Buch geschrieben wurde, kein Browser in der Lage, diese Zeichenkette auszugeben.

So viel zu den neuen Möglichkeiten, die HTML5 für Formulare vorgesehen hat. Für Webentwickler brechen angenehmere Zeiten an, da sie sich nicht mehr mit JavaScript-Bibliotheken für gängige Eingabeelemente wie zum Beispiel Datum und Uhrzeit herumschlagen müssen. Vor allem im Bereich der mobilen Endgeräte, auf denen die Texteingabe meist nicht so angenehm wie am Computer ist, werden die neuen Formular-Funktionen für ein angenehmeres Arbeiten sorgen. Auch die Formular-Überprüfung im Browser wird wesentlich zu einem übersichtlicheren und damit leichter wartbaren Code beitragen. Dabei sollten Sie nicht vergessen, dass die clientseitige Überprüfung kein Sicherheitsgewinn für die Server-Anwendung ist, da es einem Angreifer leicht möglich ist, diese Prüfungen zu umgehen.

Sollten Sie jetzt Lust bekommen haben, das neu erworbene Wissen über Formulare auf Ihrer Webseite auszuprobieren, so können Sie das bereits heute bedenkenlos tun. Die Syntax der neuen Elemente und Attribute ist so aufgebaut, dass auch ältere Browser keine Fehler produzieren. Zwar kommen Benutzer von diesen Browsern nicht in den Genuss der neuen Eingabeelemente und Funktionen, eine Texteingabe ist aber allemal möglich.

4
Video und Audio

YouTube schaffte eine Art Quantensprung für die Anzeige von Videos im Internet. Bevor es die Video-Plattform gab, war es Computer-Laien praktisch unmöglich, eine Video-Datei anderen Menschen über das Internet zur Verfügung zu stellen: Um sie per E-Mail zu verschicken, waren die Dateien meist zu groß, und wenn sie doch ankamen, war die Wahrscheinlichkeit sehr hoch, dass sie auf dem Computer des Empfängers nicht abgespielt werden konnten.

YouTube dagegen stellt einerseits einen Online-Speicherplatz für die Video-Dateien bereit, andererseits werden die unterschiedlichen Video-Formate so umgewandelt, dass sie mit dem Adobe Flash Player abgespielt werden können.

Adobe unterstützt Flash auf vielen Betriebssystemen als Plug-In für alle gängigen Browser. Browser Plug-Ins sind zwar generell eine gute Idee, nur gestaltet sich die Kommunikation zwischen Plug-In und Browser oft schwierig bis unmöglich. Außerdem sind *Closed-Source*-Plug-Ins wie der Adobe Flash Player bei den Browser-Herstellern unbeliebt, da sie die Fehlersuche bei Abstürzen erheblich erschweren.

Mit diesem Missstand wollte HTML5 aufräumen. Das notwendige neue HTML-Element war schnell gefunden: video. Doch damit war das Problem noch lange nicht gelöst ...

4.1   Ein erstes Beispiel

Wir beginnen mit einem kurzen Beispiel, das demonstriert, wie einfach das neue HTML5-video-Element funktioniert.

```
<!DOCTYPE html>
  <title>Simple Video</title>
   <video controls autoplay>
    <source src='videos/mvi_2170.webm' type='video/webm'>
    <source src='videos/mvi_2170.ogv' type='video/ogg'>
    Ihr Browser kann das Video leider nicht anzeigen.
   </video>
```

Erstaunlich, mit wie wenig Aufwand ein Video im Browser abgespielt werden kann. Abbildung 4.1 zeigt das Ergebnis in Mozilla Firefox. Die fast schon selbsterklärende HTML-Syntax wird im nächsten Abschnitt genauer beleuchtet.

Abbildung 4.1: Ein Video im WebM-Format in Mozilla Firefox

4.2 Das »video«-Element und seine Attribute

Im soeben gezeigten Beispiel werden dem video-Element zwei Attribute zugewiesen: controls und autoplay. Das Attribut controls weist den Browser an, Steuerelemente für das Video darzustellen (vergleiche Abbildung 4.1), und autoplay weist ihn an, das Video zu starten, sobald das möglich ist.

Wie das canvas-Element (vergleiche Kapitel 5, Canvas) gehört auch das video-Element zur Kategorie Embedded Content, also zu den Inhalten, die nicht direkt mit HTML zusammenhängen. Innerhalb des Embedded Content kann eine Ausweichlösung (Fallback) eingebaut werden, sollte der Browser das video-Element nicht unterstützen. Im Beispiel aus Abschnitt 4.1, Ein erstes Beispiel, wird in diesem Fall der Text *Ihr Browser kann das Video leider nicht anzeigen* verwendet, denkbar wäre hier außerdem, vielleicht ein Einzelbild aus dem Video anzuzeigen. Aber kommen wir nun zu einer ausführlicheren Beschreibung der möglichen Attribute für das video-Element.

Attribut	Wert	Information
src	*url*	Die URL zu dem Video, das angezeigt werden soll. Dieses Attribut ist optional und kann, wie im vorliegenden Beispiel, durch ein oder mehrere source-Elemente ersetzt werden.
poster	*url*	Die URL zu einem Bild, das der Browser anzeigt, während das Video geladen wird.
preload	*none*	Der Browser sollte nicht versuchen, das Video zu laden, bevor der Play-Knopf gedrückt wird. Auf diese Art kann Bandbreite gespart werden.
preload	*metadata*	Nur die Meta-Informationen zum Video sollen geladen werden (zum Beispiel Videodauer, Autor, Copyright).
preload	*auto*	In diesem Fall kann das Video vollständig übertragen werden, noch bevor der Benutzer den Play-Knopf drückt.
autoplay	*boolean*	Sobald genügend Daten von dem Video vorhanden sind, soll der Browser mit dem Abspielen beginnen.

Attribut	Wert	Information
controls	*boolean*	Anzeige einfacher Steuerelemente für das Video. Wie diese Elemente auszusehen haben, ist nicht vorgeschrieben und bleibt weitgehend den Browser-Herstellern überlassen. Die Spezifikation schlägt mehrere Elemente vor, unter anderem für die Wiedergabe und das Pausieren des Videos, zum Einstellen der Lautstärke, eine Möglichkeit, um an eine andere Stelle im Video zu springen (sofern das vom Inhalt unterstützt wird), eine Möglichkeit zur Anzeige im Vollbild und etwaige Schaltflächen für Untertitel.
loop	*boolean*	Weist den Browser an, die Wiedergabe nach dem Ende des Videos von vorne zu beginnen.
width	*in CSS Pixel*	Breite der Video-Anzeigefläche
height	*in CSS Pixel*	Höhe der Video-Anzeigefläche

Tabelle 4.1: Attribute für das »video«-Element

Wenn das video-Element kein src-Attribut besitzt, wertet der Browser ein oder mehrere im video-Element enthaltene source-Elemente aus, wobei hier die Attribute src, type und media vorgesehen sind. Im Gegenzug darf bei Vorhandensein eines source-Elements kein src-Attribut beim video angegeben werden.

Attribut	Wert	Information
src	*url*	Die URL zu dem Video, das angezeigt werden soll
type	*mime-type*	MIME-Typ des Videos. Die Anweisung kann um eine Spezifikation des Audio- und Video-Codecs ergänzt werden, zum Beispiel: type='video/webm; codecs="vorbis,vp8"'. Sollten mehrere source-Elemente vorhanden sein, entscheidet der Browser unter anderem anhand dieses Attributs, welches Video angezeigt wird.
media	*CSS Media Query*	Das Ausgabe-Medium, für das das Video vorgesehen ist

Tabelle 4.2: Attribute für das »source«-Element

Der Browser entscheidet anhand von zwei Kriterien, welches der vorhandenen source-Elemente angezeigt werden soll: anhand des MIME-Typs des Videos und, sofern vorhanden, anhand des media-Attributs, in dem zusätzliche Einschränkungen in Form einer *CSS Media Query* angegeben werden können.

Für CSS3 wurden Media Queries deutlich erweitert, sodass jetzt neben bekannten Keywords wie *print*, *screen*, *handheld* oder *projection* auch komplexe Angaben wie die folgende möglich sind:

```
media="screen and (min-width: 800px)"
```

Hier wird es für die Video-Ausgabe sehr spannend, denn abhängig von der Größe des Browsers kann das Video in unterschiedlichen Auflösungen angeboten werden. Durch diesen Trick können auch mobile Endgeräte mit kleineren Displays und langsamer Internetanbindung perfekt bedient werden. Ein vollständiges Beispiel für die Anzeige eines verkleinerten Video-Formats auf der Basis von Media Queries sieht folgendermaßen aus:

```
<!DOCTYPE html>
  <title>Simple Video</title>
  <video controls autoplay>
   <source src='videos/mvi_2170.webm' type='video/webm'
     media="screen and (min-width: 500px)" >
   <source src='videos/mvi_2170_qvga.webm'
     type='video/webm' media="screen" >
   Ihr Browser kann das Video leider nicht anzeigen.
  </video>
```

Browser, die weniger als 500 Pixel Breite für die Anzeige des Videos zur Verfügung haben, zeigen automatisch das verkleinerte Video `mvi_2170_qvga.webm` an.

HINWEIS

Die Spezifikation von CSS3-Media-Queries hat derzeit den Status *Editors Draft*. Es ist daher zu erwarten, dass sich einige Details noch verändern werden. Den aktuellen Stand der Spezifikation finden Sie immer beim W3C:

http://dev.w3.org/csswg/css3-mediaqueries/

Als zweites Kriterium für die Entscheidung, welches Video angezeigt werden soll, dient der MIME-Typ. Durch die optionale Ergänzung um die verwendeten Codecs erkennt der Browser schon vor dem Laden, ob das Video dekodiert werden kann. Aber was steckt hinter diesen Codecs? Im nächsten Abschnitt versuchen wir, etwas Licht in den Codec-Dschungel zu bringen.

4.3   Video-Codecs

Moderne Video-Formate verwenden eine *Container*-Datei, in der Audio- und Video-Inhalte getrennt voneinander gespeichert werden. Dieser flexible Ansatz hat mehrere Vorteile. Zum Beispiel können so mehrere Audio-Spuren in einer

Datei gespeichert werden, wodurch der Anwender zwischen den Sprachen um-schalten kann (wie man das von der Video-DVD kennt). Abbildung 4.2 zeigt eine schematische Darstellung einer Video-Containerdatei. Die Art und Weise, wie Audio und Video in dieser Containerdatei komprimiert werden, bezeichnet man als den *Codec*.

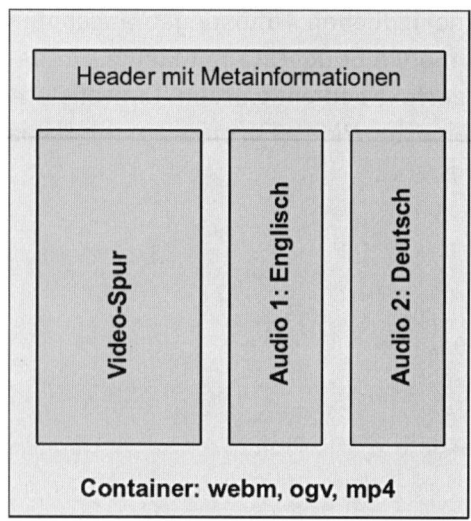

Abbildung 4.2: Schematische Darstellung eines Video-Containerformats

Ein Streitpunkt bei der Erstellung der Spezifikation für HTML5 war die Defini-tion der zulässigen Audio- und Video-Codecs. Zu diesen Diskussionen kam es aufgrund der kommerziellen Interessen von Firmen einerseits, die Patente an bestimmten Kodierungsverfahren halten, und des Anspruchs andererseits, ein leistungsfähiges und qualitativ hochwertiges Format zu wählen. Konkret spal-tete sich das Lager in eine Gruppe, die den patentrechtlich geschützten Video-Codec *H.264* unterstützte, während eine andere Gruppe (allen voran das Team von Mozilla) das Open-Source-Format *Ogg Theora* forderte. Als Ian Hickson er-kannte, dass dieses Problem das wichtige `video`-Element gefährden könnte, entschloss er sich, die Definition des Formats aus der Spezifikation herauszu-nehmen. Es bleibt dadurch den Browser-Herstellern überlassen, welche For-mate sie unterstützen und für welche Formate sie bereit sind, Lizenzkosten zu bezahlen.

Obwohl Mozilla mit viel Nachdruck dafür kämpfte, dass nicht noch einmal der gleiche Fehler wie bei dem Bildformat GIF gemacht wurde, für das Compu-serve später Lizenzgebühren einhob, schien H.264 der Favorit im Rennen um das neue Video-Format im Netz zu sein. Doch Google wollte dem Missstand von drohenden Patentklagen nicht tatenlos zusehen und beschloss, sich des Problems anzunehmen. Mit dem Kauf des Video-Spezialisten *On2 Technologies*, der schon wichtige Video-Formate entwickelt hatte, kam Google in den Besitz des noch nicht veröffentlichten Codecs *VP8*. Auf der Google-Entwickler-Konferenz *Google-IO 2010* ließ der Software-Gigant schließlich die Katze aus dem Sack: Das neue Projekt WebM, dem der Video-Codec VP8 und das Audio-Format Ogg Vorbis zugrunde liegen, wurde als Open-Source-Projekt im Internet unter *http://www.webmproject.org/* veröffentlicht und war kurz darauf auch in Firefox und Opera implementiert.

So viel zur Geschichte, nun kommen wir etwas mehr zu den einzelnen Formaten. Keine Sorge, wir werden hier nicht über die technischen Details von Video-Kompression diskutieren, sondern nur die gängigen Formate für das Web vorstellen.

4.3.1 Ogg: Theora und Vorbis

Da die Fraunhofer-Gesellschaft Ende des letzten Jahrtausends begann, Lizenzgebühren für das populäre MP3-Format einzufordern, entwickelte die Xiph.Org Foundation den freien Audio-Codec *Vorbis*. Aufbauend auf dem 2002 freigegebenen Video-Codec *VP3.2* (entwickelt von der oben erwähnten Firma *On2*) entstand ebenfalls unter der Regie von Xiph das Video-Format *Theora*. Zusammengeführt werden Video und Audio in einem Containerformat, *Ogg*, wobei der Container eine oder mehrere Audio- und Video-Spuren enthalten kann. Der MIME-Typ für Ogg-Video-Dateien ist *video/ogg,* und die entsprechende Dateiendung lautet .ogv. (Die Dateiendung .ogg funktioniert auch, sollte aber laut Xiph .org zugunsten der sprechenderen Bezeichnungen .ogv für Ogg-Video und .oga für Ogg-Audio nicht mehr verwendet werden.)

Der Container Ogg Media (Dateiendung .ogm) sollte nicht mit dem hier besprochenen Ogg-Container verwechselt werden. Es handelt sich dabei um eine Weiterentwicklung, die eine Vielzahl von weiteren Video-Codecs unterstützt. Was auf den ersten Blick sehr nützlich klingt, sorgt aber für Probleme: Xiph besteht darauf, dass Ogg nur in Zusammenhang mit freien Formaten erwähnt wird, was bei Ogg Media nicht der Fall ist, da hier auch patentgeschützte Formate zum Einsatz kommen können.

4.3.2   MPEG-4: H.264 und AAC

Der MPEG-4-Container (kurz MP4) ist eine Weiterentwicklung des bei Apple-Betriebssystemen weitverbreiteten Multimedia-Formats Quicktime. Ähnlich wie der Ogg-Container sieht auch MP4 Audio- und Video-Spuren vor, es geht sogar noch weiter und kann Bilder und Texte einbetten. Die gängigsten Codecs in MP4 sind der patentrechtlich geschützte Video-Codec H.264 und der Audio-Codec AAC. Als Dateiendung wird .mp4 verwendet, und gängige Medientypen sind *video/mp4*, *audio/mp4* und *application/mp4*.

HINWEIS

Apple sorgte für etwas Verwirrung, als Dateien mit der Erweiterung .m4a auf iPods und anderen Apple-Geräten auftauchten. Es handelt sich dabei um MP4-Dateien, nur wollte Apple anhand der Dateiendung deutlich machen, dass es sich um eine reine Audio-Datei handelt. In der Folge kamen noch die Endungen .m4b für Audio-Books und .m4r für Klingeltöne auf dem iPhone dazu.

Vor allem der große Erfolg von Apples mobilen Geräten (iPod, iPhone, iPad) trugen zur raschen Verbreitung des MP4-Dateiformats bei. Um eine akzeptable Performance beim Abspielen von Videos auf Geräten mit schwachem Prozessor (zum Beispiel Mobiltelefonen) zu erreichen, wird der rechenintensive Prozess auf einen eigenen Chip ausgelagert. Diese Hardwarebeschleunigung spart Energie und verlängert damit die Akkulaufzeit.

Die Patent-Problematik mit dem H.264-Codec ist nicht zu unterschätzen, denn die Art der Kodierung ist zumindest bis ins Jahr 2028 von Patenten geschützt – ein Damoklesschwert, das über den Software-Herstellern hängt, können sie doch jederzeit aufgefordert werden, Abgaben für das Kodierungsverfahren zu entrichten.

4.3.3   WebM: VP8 und Vorbis

Wie bereits am Anfang dieses Abschnitts erwähnt wurde, sorgte Google mit der Gründung des WebM-Projekts für einige Aufregung und Euphorie. Der Video-Codec VP8 erhielt allgemein sehr gute Kritiken, und der Audio-Codec Vorbis hatte sich bereits bewährt. Als Container entschied sich Google für ein ebenfalls schon erprobtes Open-Source-Format: *Matroska*. Während das Matroska-Format aber eine Vielzahl von verschiedenen Codecs unterstützt, sind im WebM-Container nur der Video-Codec VP8 und der Audio-Codec Vorbis zulässig.

Die Standarddateiendung für WebM-Videos ist .webm, und der entsprechende MIME-Typ ist *video/webm*.

Unmittelbar nach der Ankündigung von Google gaben die Browser-Hersteller von Mozilla Firefox, Opera und sogar Microsoft für den Internet Explorer bekannt, dass sie das WebM-Format unterstützen werden. Dass Googles Browser *Chrome* WebM unterstützt, ist selbstverständlich, und so blieb zu dem Zeitpunkt, als dieses Buch geschrieben wurde, nur ein Browser ohne Unterstützung für den neuen Codec: Apples Safari.

4.4 Tools zur Video-Konvertierung

Da die eigene Digitalkamera meist nicht Videos im WebM- oder Ogg-Format produziert, werden im folgenden Abschnitt verschiedene Werkzeuge zur Konvertierung von Videos vorgestellt. Es handelt sich dabei ausschließlich um Open-Source-Produkte, die mit Ausnahme des *Miro Video Converter*s auf Windows, Mac OS X und Linux laufen.

4.4.1 ffmpeg

ffmpeg wird als das *Schweizer Messer* der Videokonvertierung bezeichnet. Zu Recht, denn die Liste der Audio- und Video-Formate, die von ffmpeg gelesen und geschrieben werden können, ist beachtlich. Außerdem kann ffmpeg Multimedia-Dateien in ihre Einzelteile zerlegen, also zum Beispiel nur die Audio-Spur aus einem Film herauslösen und diese zugleich noch konvertieren. Wer jetzt schon daran denkt, seine MP3-Sammlung durch konvertierte YouTube-Videos zu erweitern, sei gewarnt: Die Qualität der Audio-Spur auf YouTube ist meist bescheiden.

Da sich die Entwickler von ffmpeg nicht mit so trivialen Dingen wie der Programmierung einer grafischen Benutzeroberfläche abgeben, wird vom Anwender verlangt, dass er den Umgang mit der Kommandozeile nicht scheut. Wenn Sie die Standardeinstellungen von ffmpeg nicht verändern, genügt schon der folgende Aufruf, um ein vorhandenes Flash-Video in das WebM-Format zu konvertieren:

```
$> ffmpeg -i myflashvideo.flv myflashvideo.webm
```

ffmpeg eignet sich aber auch hervorragend, um herauszufinden, in welchem Format ein Video vorliegt:

```
$> ffmpeg -i myflashvideo.flv
 ...
 Input #0, flv, from '/tmp/myflashvideo.flv':
  Duration: 00:05:12.19, start: 24.8450, bitrate: 716 kb/s
    Stream #0.0: Video: h264, yuv420p, 480x360 [PAR 1:1
      DAR 4:3], 601 kb/s, 25 tbr, 1k tbn, 49.99 tbc
    Stream #0.1: Audio: aac, 44100 Hz, stereo, s16,
      115 kb/s
```

In diesem Fall handelt es sich um ein circa fünf Minuten langes Video in einem Flash-Container, wobei die Video-Spur mit dem H.264-Codec und die Audio-Spur mit dem *Advanced Audio Codec* gespeichert ist.

Seit der Version 0.6 unterstützt ffmpeg den Umgang mit WebM-Videos. Den Entwicklern war es aber nicht genug, die von Google zur Verfügung gestellte Bibliothek *libvpx* zu verwenden: Sie implementierten VP8 noch einmal auf Basis des bereits vorhandenen ffmpeg-Codes neu. Sie versprachen sich davon eine wesentlich bessere Performance beim Umwandeln von Videos.

Ein wesentlicher Bestandteil des ffmpeg-Projekts ist die Bibliothek libavcodec, in der die unterstützten Audio- und Video-Formate gespeichert sind. Diese Bibliothek machen sich Player wie *vlc*, *mplayer* oder *xine* zunutze, um Videos abzuspielen oder neu zu kodieren.

HINWEIS

Die Liste von Parametern für ffmpeg ist schier endlos und kann hier nicht im Detail wiedergegeben werden. Wer sich näher für ffmpeg interessiert, der sei auf die gute Online-Dokumentation verwiesen:

http://www.ffmpeg.org/ffmpeg-doc.html

Tabelle 4.3 zeigt einige wichtige Parameter für die Kodierung mit ffmpeg.

Parameter	Auswirkung
-h	Hilfe zu allen Parametern (sehr lange Liste)
-formats	Liste aller unterstützten Dateiformate
-codecs	Liste aller unterstützten Audio- und Video-Codecs
-i *file*	setzt *file* als Eingabedatei/-Stream.
-f *fmt*	setzt *fmt* als Ausgabeformat (zum Beispiel webm, ogg oder mp4).

Parameter	Auswirkung
-ss *start*	sucht im Eingabemedium bis zur Stelle *start* (in Sekunden).
-t *duration*	nimmt *duration* Sekunden lang auf.
-b *bitrate*	Video-Qualität (Bitrate, per Default: 200 Kilobit/s)
-r *fps*	Bilder pro Sekunde (Default: 25)
-s *widthxheight*	Video-Größe (in Pixel, Angabe in Breite *mal* Höhe, auch Vorgaben wie *vga*)
-ab *bitrate*	Audio-Qualität (Bitrate, Default: 64 Kilobit/s)

Tabelle 4.3: Einige wichtige ffmpeg-Parameter

Durch die Möglichkeit, ffmpeg ohne Benutzerinteraktion arbeiten zu lassen, eignet es sich hervorragend zum automatisierten Konvertieren von Videos.

4.4.2 vlc

Das VideoLan-Projekt entwickelt seit vielen Jahren den beliebten Player *vlc*, der mit einer schlichten grafischen Oberfläche auf unterschiedlichen Betriebssystemen (Windows, Mac OS X, Linux und anderen Unix-Varianten) verfügbar ist. Der Player greift unter anderem auf die Bibliothek *libavcodec* aus dem ffmpeg-Projekt zu und unterstützt dadurch auch das WebM-Format.

vlc begnügt sich nicht damit, Videos unterschiedlichster Formate und Quellen abzuspielen; unter dem Menüpunkt CONVERT/SAVE gibt es auch die Möglichkeit, multimediale Inhalte zu konvertieren. Wie Abbildung 4.3 zeigt, können Sie dabei auf vordefinierte Profile zur Umwandlung in gängige Formate zurückgreifen – eine sehr nützliche Funktion.

Wenn Sie Qualität und Größe des Videos präzise einstellen möchten, können Sie mithilfe der Werkzeug-Schaltfläche ein weiteres Dialogfenster öffnen.

Wer sich mit *vlc* näher beschäftigt, der wird auf weitere interessante Funktionen stoßen, wie die Möglichkeit, ein Video von der aktuellen Arbeit am Bildschirm zu machen (Screencast) oder Videos über unterschiedliche Protokolle ins Netz zu streamen. *ffmpeg* kann das natürlich auch, aber *vlc* hat sogar noch eine GUI dazu. *vlc* steht unter *http://www.videolan.org/* für alle gängigen Plattformen zum Download bereit.

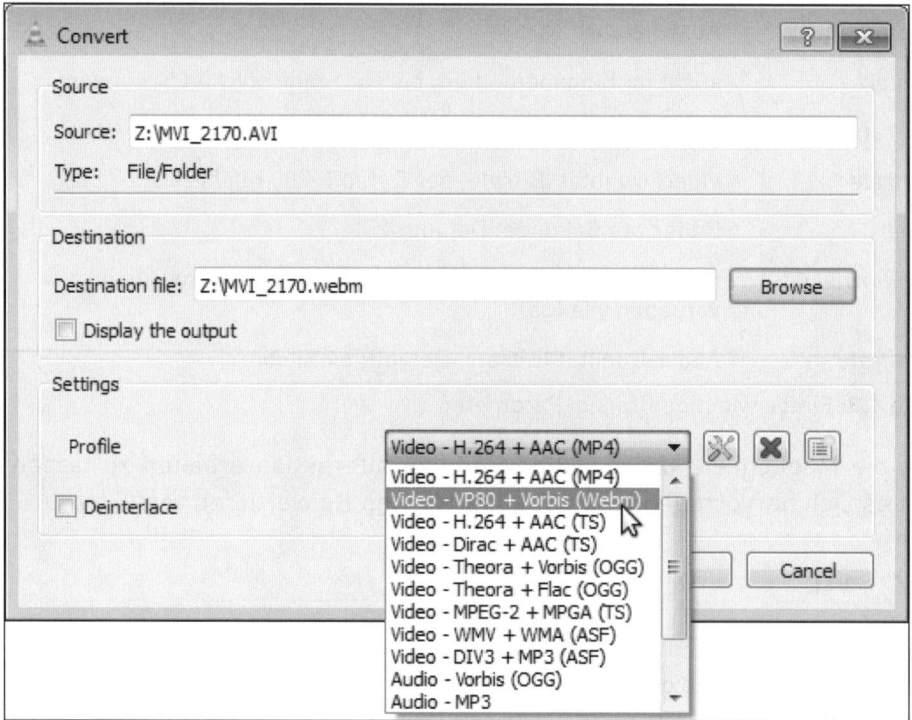

Abbildung 4.3: Der Dialog zum Konvertieren von Videos in »vlc«

4.4.3   Firefogg

Wenn die Kommandozeile Ihnen nicht ganz geheuer ist und wenn Sie *vlc* nicht installieren wollen, können Sie auf die Firefox-Erweiterung *Firefogg* zurückgreifen. Nach der Installation können Sie sehr komfortabel auf der Webseite *http://firefogg.org/make* ein Video auf Ihrem Computer auswählen und es dann in das Ogg- oder das WebM-Video-Format konvertieren. Von *firefogg.org* werden in diesem Fall nur die GUI-Schaltflächen zur Verfügung gestellt: Die Konvertierung erfolgt auf dem lokalen Computer. Im Hintergrund arbeitet eine angepasste Version von *ffmpeg*, die bei der Installation von Firefogg mit heruntergeladen wird.

Unter dem Menüpunkt VOREINSTELLUNG finden Sie Vorgaben für hohe und niedrige Qualität von Ogg beziehungsweise WebM-Video (vergleiche Abbildung 4.4). Außerdem lassen sich Metadaten, wie Titel, Autor, das Aufnahmedatum oder ein Copyright-Vermerk bequem über die Benutzeroberfläche einstellen.

Abbildung 4.4: Die Einstellungen zum Konvertieren von Videos in Firefogg

Doch Firefogg ist mehr als eine grafische Oberfläche für ffmpeg. Die Erweiterung bringt eine JavaScript-Bibliothek mit, die es Webentwicklern sehr einfach macht, Video-Uploads für Benutzer zu implementieren. Der Vorteil liegt auf der Hand: Anstatt ein wenig komprimiertes Video-Format hinaufzuladen und dann auf dem Server zu konvertieren, findet die Konvertierung vor dem Upload auf dem Client statt. Das spart Bandbreite und Rechenleistung auf der Seite des Webservers. Da auch Wikipedia auf dieses Konzept setzt, ist zu erwarten, dass die Entwicklung von Firefogg weitergeführt wird.

> **HINWEIS**
>
> Auf der Webseite *http://firefogg.org/dev/chunk_post_example.html* wird mit wenigen Zeilen Code gezeigt, wie die Firefogg-JavaScript-Bibliothek funktioniert. Firefogg zerlegt den Upload dabei in 1 Mbyte große Stücke, wodurch bei einer unterbrochenen Internetverbindung nicht das gesamte Video erneut hinaufgeladen werden muss.

4.4.4 Miro Video Converter

Der Miro Video Converter entstand als Ableger zum *Miro Media Player* (*http:// www.getmiro.com*), einem innovativen Open-Source-Audio- und Video- Player, der für alle gängigen Betriebssysteme zur Verfügung steht. Den Miro Video Converter gibt es nur für Windows und Mac OS X. Abbildung 4.5 zeigt die schlichte Benutzeroberfläche, die nicht nur eine Auswahl nach Video-Codecs, sondern alternativ auch nach Geräten (iPad, iPhone, Playstation, Android-Telefone) zur Verfügung stellt.

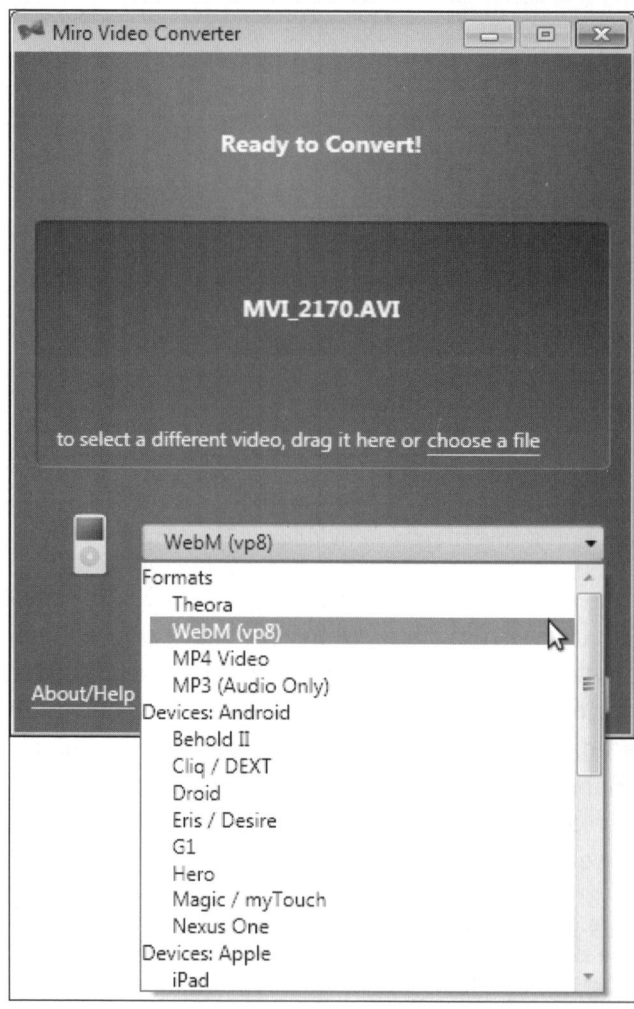

Abbildung 4.5: Video-Konvertierung mit dem Miro Video Converter

Per Drag&Drop wird die Video-Datei geladen, und anschließend startet *ffmpeg* die Konvertierung. Sollte ffmpeg aus irgendwelchen Gründen den Dienst versagen (was durchaus auch vorkommen kann), hilft die Schaltfläche FFMPEG Oᴜᴛᴘᴜᴛ, die außer den exakten Kommandos auch alle Statusmeldungen der Konvertierung anzeigt (vergleiche Abbildung 4.6). Eine Google-Suche mit der entsprechenden Fehlermeldung hilft hier meist weiter.

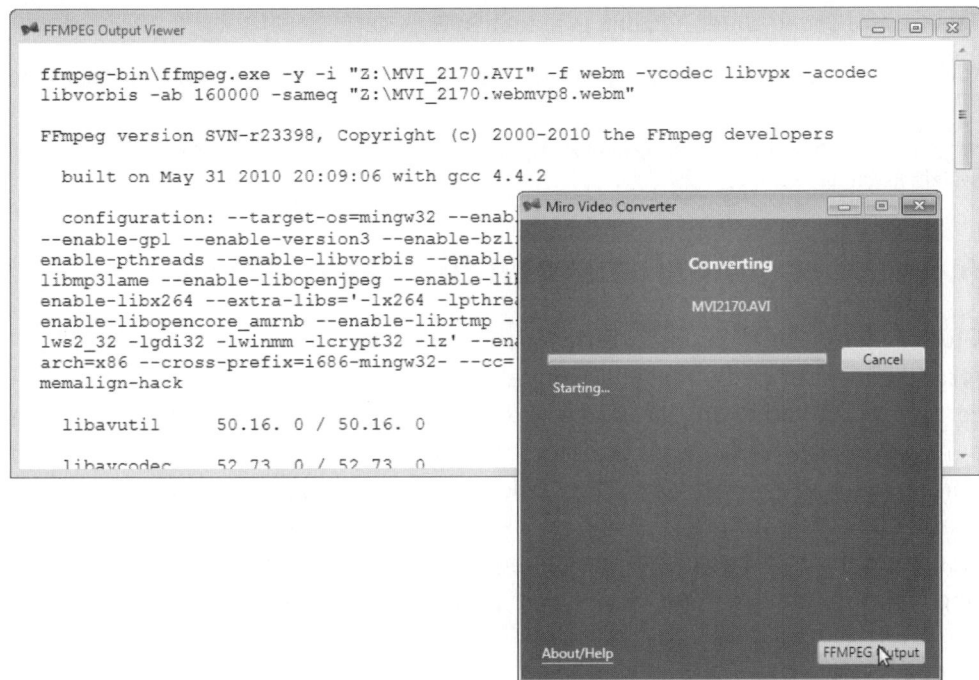

Abbildung 4.6: Fehlersuche bei der Konvertierung mit Miro

4.5 Welches Format für welchen Browser?

Wenn Sie Videos für möglichst viele verschiedene Browser im Internet anbieten möchten, kommen Sie momentan nicht um eine Fallback-Lösung für das video-Element herum. Wie Sie Tabelle 4.4 entnehmen können, gibt es momentan nicht ein einzelnes Video-Format, das alle gängigen Browser anzeigen können. Den Zusammenhang zwischen Browser-Versionen und Erscheinungsdatum finden Sie am Ende des Einführungskapitels oder auf der Webseite *http:// html5.komplett.cc/code/chap_intro/timeline.html*.

	Firefox	**Opera**	**Chrome**	**Safari**	**IE**	**iOS***	**Android**
OGG	3.5	10.50	3.0				
MP4			3.0			3.0	2.0
WebM	4.0	10.60	6.0		9**		
Flash	Plug-In	Plug-In	Plug-In	Plug-In	Plug-In		2.2

Tabelle 4.4: Codec-Unterstützung in aktuellen Browsern

* Apples Betriebssystem für mobile Endgeräte wie iPhone, iPad, iPod (seit Juni 2010 *iOS*, früher *iPhone OS*)

** Laut Microsoft muss, im Unterschied zu den anderen Browsern, der WebM-Codec im Betriebssystem installiert sein.

4.6   Übergangslösungen für »alte« Browser

Glücklicherweise muss nicht jeder Webentwickler, der unterschiedliche Plattformen/Browser bedienen will, das Rad neu erfinden. Im Internet gibt es mehrere freie Bibliotheken, die sich mit dieser Problematik beschäftigen. Einen sehr guten Entwicklungsstand hat aktuell die JavaScript-Bibliothek *mwEmbed* der Firma Kaltura, die auch von Wikipedia eingesetzt wird, um video- und audio-Elemente auf möglichst vielen Plattformen zugänglich zu machen. Das Hauptaugenmerk dieser Bibliothek liegt auf dem Format Ogg. Wer auch WebM und MP4 anbieten möchte, der ist mit der *html5media*-Bibliothek gut beraten.

4.6.1   mwEmbed

Vor allem durch die Integration in Wikipedia erlangte die mwEmbed-Bibliothek große Bekanntheit. Kaltura, die Firma hinter *mwEmbed*, bietet aber nicht nur für *mediawiki*, die Wiki-Software der freien Enzyklopädie, eine Integration an – auch für gängige CMS und Blog-Software wie Drupal oder Wordpress gibt es fertige Plug-Ins.

Um sicherzustellen, dass sich auch ältere Browser nicht an der neuen HTML5-Syntax verschlucken, werden in diesem Beispiel die Elemente head und body eingebaut.

```html
<!DOCTYPE html>
<html>
 <head>
  <title>mwEmbed Fallback</title>
  <script type="text/javascript"
    src="http://html5.kaltura.org/js" > </script>
 </head>
 <body>
  <h1>mwEmbed Fallback</h1>
   <video controls autoplay>
    <source src='videos/mvi_2170.mp4' type='video/mp4'>
    <source src='videos/mvi_2170.webm' type='video/webm'>
    <source src='videos/mvi_2170.ogv' type='video/ogg'>
    Ihr Browser kann das Video leider nicht anzeigen.
   </video>
 </body>
</html>
```

Die JavaScript-Bibliothek *mwEmbed* wird direkt von der Projektseite (*http://html5.kaltura.org/js*) geladen und kümmert sich im Folgenden darum, auf welche Art das Video abgespielt werden kann. In jedem Fall wird eine kleine Steuerungsleiste am unteren Ende des Videos angezeigt. In Abbildung 4.7 ist zu sehen, wie der Internet Explorer 8, der das HTML5-Element video noch nicht kennt, darauf reagiert: Um das Ogg-Video abzuspielen, wird das Java-Applet *Cortado* geladen.

Wenn Java-Applets als Ersatz für natives Video im Browser Sie nicht glücklich machen, können Sie auf die *html5media*-Bibliothek zurückgreifen.

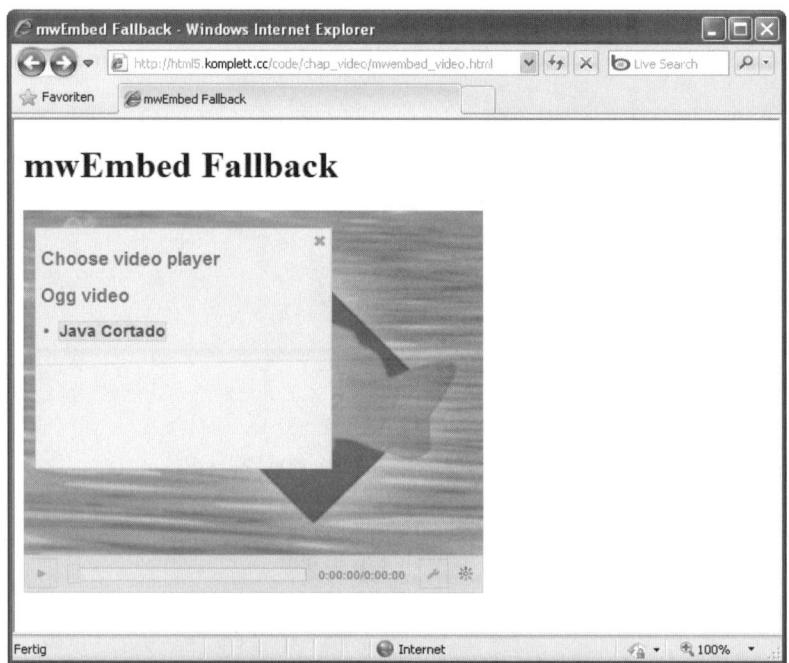

Abbildung 4.7: Der Internet Explorer 8 mit der Fallback-Bibliothek »mwEmbed« von Kaltura

4.6.2 html5media

Die JavaScript-Bibliothek html5media arbeitet noch zurückhaltender als *mwEmbed* und greift nur dann ein, wenn der Browser keines der angegebenen Video-Formate abspielen kann. In diesem Fall wird der Open-Source-Flash-Video-Player Flowplayer geladen und erwartet als Eingabe ein MP4-(H.264-) Video. Leider hat die Bibliothek in der aktuellen Version einen Fehler, wodurch ältere Browser bei der Angabe von mehreren source-Elementen einen JavaScript-Fehler melden und nichts ausgeben.

```
<!DOCTYPE html>
<html>
 <head>
  <title>html5media Fallback</title>
  <script type="text/javascript"
    src="libs/html5media.min.js" > </script>
 </head>
```

```
<body>
 <h1>html5media Fallback</h1>
 <video src="videos/mvi_2170.mp4" width=640 height=480
   controls>
 </video>
</body>
</html>
```

Die Angabe von Breite und Höhe ist in diesem Fall wichtig, da der *Flowplayer* andernfalls nur wenige Pixel hoch ausgegeben wird.

Abbildung 4.8: Internet Explorer 8 mit dem freien Flowplayer (Flash-Fallback)

4.7   Video und Scripting – ein einfacher Video-Player

Videos kann man nicht nur im Browser anzeigen, sondern über das Interface HTMLMediaElement auch direkt mit JavaScript steuern. Wie das geht, zeigen wir in diesem Abschnitt, in dem wir einen einfachen JavaScript-HTML5-Video-Player mit folgenden Features implementieren:

» Starten und Stoppen des Videos

» Anzeigen und Setzen der Wiedergabeposition auf einer Zeitleiste

» Schnellsuchlauf vor und zurück

» Auswählen bestimmter Sequenzen im Film

» Laut, leise und stumm schalten

Das passende Video für unseren Video-Player ist schnell gefunden: Big Buck Bunny – ein etwa zehn Minuten langer, computeranimierter Trickfilm der, wie seine Adresse *http://bigbuckbunny.org/* vermuten lässt, das Resultat eines freien Filmprojekts ist. Initiiert von der Blender Foundation, kreierten sieben 3D-Animationsspezialisten im Zeitraum von Oktober 2007 bis April 2008 unter Verwendung freier Software wie eben *Blender*, *Gimp*, *Inkscape* oder *Python* auf *Ubuntu* diesen Film und stellten ihn unter einer offenen Lizenz ins Netz. Die Handlung folgt dem Motto *funny and furry* (*lustig und pelzig*) und kann unter *http://de.wikipedia.org/wiki/Big_Buck_Bunny* in der Wikipedia nachgelesen werden. Wir wollen uns ja mehr um den Player kümmern, also tun wir das auch – Abbildung 4.9 zeigt. wie er aussehen wird.

HINWEIS Die HTML-Seite des Video-Players mit JavaScript-Bibliothek und CSS-Stilen finden Sie auf der Internetseite zum Buch unter folgenden Links:

» *http://html5.komplett.cc/code/chap_video/js_videoPlayer.html*

» *http://html5.komplett.cc/code/chap_video/js_videoPlayer.js*

» *http://html5.komplett.cc/code/chap_video/js_videoPlayer.css*

Abbildung 4.9: Screenshot des JavaScript-HTML5-Video-Players

4.7.1   Einbau des Videos

Der HTML-Code zum Einbau des Videos sollte bereits hinlänglich bekannt sein und bietet außer den beiden Event-Handler-Attributen oncanplay und ontime-update, die allerdings noch eine wichtige Rolle spielen werden, nicht viel Neues:

```
<video preload=metadata
        poster=videos/bbb_poster.jpg
        width=854 height=480
        oncanplay="initControls()"
        ontimeupdate="updateProgress()">
  <source src='videos/bbb_480p_stereo.ogv'
          type='video/ogg;codecs="theora, vorbis"'>
  <!-- weitere source-Elemente als Alternativen -->
  Ihr Browser kann diesen Film leider nicht anzeigen.
</video>
```

Mit preload=metadata soll vorerst nur so viel vom Film geladen werden, dass die Filmdauer sowie zumindest der erste Frame zur Verfügung stehen. Während des Ladens kommt – wie bekannt – das im poster-Attribut angeführte Bild zur Anzeige und wird danach vom ersten Frame ersetzt, der bei uns leider zur Gänze schwarz ist.

Die Breiten- und Höhenangaben dienen zu Demonstrationszwecken und vergrößern das nach dem Download von ursprünglich 854 x 480 auf 428 x 240 verkleinerte Originalvideo wieder auf 854 x 480 Pixel. Warum? Erstens eignet sich die verkleinerte Version mit ihren 39 Mbyte besser zum Testen als das Originalvideo mit 160 Mbyte, und zweitens kann durch das explizite Setzen der Attribute width und height 80 % des knappen HTMLVideoElement-Interfaces erklärt werden. Dieses besteht nämlich lediglich aus vier Attributen für die Dimension des Videos sowie einem weiteren Attribut für die URL des Posterframes, sofern vorhanden.

Unter der Voraussetzung, dass die Variable video eine Referenz auf unser video-Element enthält, ergeben sich folgende Attributwerte:

```
video.width = 854 (angegebene Breite)
video.height = 480 (angegebene Höhe)
video.videoWidth = 428 (Originalbreite)
video.videoHeight = 240 (Originalhöhe)
video.poster = URL zu bbb_poster.jpg (Posterframe)
```

Diese fünf Attribute reichen natürlich nicht aus, um unseren Player zu realisieren, und tatsächlich sind sie auch nur Zusatzattribute des HTMLVideoElements, das zugleich ein HTMLMediaElement repräsentiert – jenes Objekt, hinter dem sich alle nötigen Methoden und Attribute verstecken. Neugierige finden es in der Spezifikation unter:

http://www.w3.org/TR/html5/video.html#htmlmediaelement

Mit oncanplay beginnt die eigentliche Arbeit, verweist es doch auf jene Java-Script-Funktion, die ausgeführt werden soll, sobald der Browser das Video abspielen kann. Ohne auf weitere Details vorzugreifen – in initControls() passiert vorerst nur eins: Es wird eine Referenz auf das Video erzeugt und in der globalen Variable video gespeichert. Im Zuge der Implementierung unseres Players werden wir initControls() noch öfter um Einträge ergänzen müssen, jetzt reicht aber folgender Code:

```
var video;
var initControls = function() {
  video = document.querySelector("VIDEO");
};
```

Die Methode document.querySelector() ist Teil der *CSS Selectors API* und liefert uns in der Variablen video eine Referenz auf das erste video-Element im Dokument. Damit haben wir Zugriff auf das `HTMLMediaElement`-Interface und können mit der Implementierung unseres ersten Features beginnen – dem Abspielen und Stoppen.

4.7.2 Das Starten und Stoppen des Videos

Zum Starten und Stoppen benötigen wir zuerst einmal einen Button im HTML-Dokument, der auf Benutzer-Klicks reagieren kann:

```
<input type=button
       value="&#x25B6;"
       onclick="playPause(this);">
       id="playButton"
```

Hinter `&#x25B6;` verbirgt sich eine Zeichenreferenz zum Unicode-Symbol *BLACK RIGHT-POINTING TRIANGLE*, das wir bequem für den Abspielknopf verwenden können. Die Funktionalität des Startens und Stoppens selbst steht in `playPause()`, einer Callback-Funktion, die bei jedem Klick aufgerufen wird und im Argument `this` das `button`-Objekt gleich mit übergeben bekommt:

```
var playPause = function(ctrl) {
  if (video.paused) {
    video.play();
    ctrl.value = String.fromCharCode('0x25AE','0x25AE');
  }
  else {
    video.pause();
    ctrl.value = String.fromCharCode('0x25B6');
  }
};
```

Ob der Film gerade läuft oder nicht, sagt uns das Attribut `video.paused`. Es liefert `true`, wenn der Film angehalten ist, und `false`, wenn er abgespielt wird. Das Starten und Stoppen ist damit leicht – `video.start()` und `video.pause()` lauten die passenden Methoden, die ihrerseits `video.paused` auf `false` beziehungsweise `true` setzen.

Das im Argument `ctrl` übergebene `button`-Objekt wird dazu benutzt, je nach Status über `ctrl.value` die Schaltfläche in einen Pause- oder Abspielknopf zu verwandeln. Direktes Zuweisen von `&#x25B6;` hätte nicht das gewünschte Ergebnis, sondern würde die Zeichenkette `&#x25B6;` wörtlich als Beschriftung anzeigen. Der richtige Weg, um Unicode-Zeichen in JavaScript zu erzeugen, führt über die Methode String.fromCharCode(). Ihr werden komma-getrennt die gewünschten UTF-16-Hexadezimal-Codes als Strings übergeben. Die Beschriftung des Pausenknopfs besteht übrigens aus zwei *BLACK VERTICAL RECTANGLE*-Zeichen (▮).

Die ID playButton werden wir später noch brauchen.

4.7.3   Das Anzeigen und Setzen der Wiedergabeposition

Um die aktuelle Wiedergabeposition anzeigen zu lassen, bedienen wir uns des bereits aus dem Kapitel 3, Intelligente Formulare, bekannten neuen Input-Typs range.

```
<input type="range"
       min=0 max=1 step=1 value=0
       onchange="updateProgress(this)"
       id="currentPosition">
```

Die Attribute min und max geben den erlaubten Wertebereich vor, und step bestimmt jenes Intervall, um das sich beim Ziehen des Sliders der Wert value verändern soll. Auf unser Video umgemünzt, steht min für den Anfang und max für das Ende des Films, womit klar ist, dass wir den Wert max auf die Gesamtlänge des Videos in Sekunden bringen müssen. Der richtige Ort dafür ist initControls(), das richtige Attribut ist video.duration. Fügen wir also folgende Zeilen unserer initControls()-Funktion hinzu:

```
curPos = document.getElementById("currentPosition");
curPos.max = video.duration;
```

Damit hält max jetzt den Wert von 596.468017578125, womit das Video knapp zehn Minuten dauert. Das direkte Setzen der Abspielposition erfolgt beim Ziehen oder Anklicken des Sliders im onchange-Event-Handler-Callback updateProgress():

```
var updateProgress = function(ctrl) {
  video.currentTime = ctrl.value;
};
```

Eine einzige Anweisung genügt dabei, denn das Attribut video.currentTime spiegelt nicht nur die aktuelle Abspielposition wider, sondern kann auch direkt gesetzt werden. Den passenden Wert dafür holen wir uns aus dem value-Attribut des Sliders. Um die Anzeige der aktuellen Abspielposition im Format MM:SS zu implementieren, sind noch folgende Schritte nötig:

1. Hinzufügen eines span-Elements im Anschluss an den Slider:

```
<span id="timePlayed"> </span>
```

2. Speichern einer Referenz auf den span in der initControls()-Funktion und das Initialisieren dieser Variablen curTime mit dem Wert 0:00:

```
curTime = document.getElementById("timePlayed");
curTime.innerHTML = '0:00';
```

3. Updaten des Zeitstempels curTime bei jedem Aufruf von updateProgress():

```
mm = Math.floor(video.currentTime / 60.0);
ss = parseInt(video.currentTime) % 60;
ss = (ss < 10) ? '0'+ss : ss;
curTime.innerHTML = mm+':'+ss;
```

Damit sind wir fast fertig. Nur eine wesentliche Funktionalität des Sliders fehlt noch: Er muss beim Abspielen des Videos synchron mit der Abspielzeit bleiben. Die Lösung dafür liegt im HTML-Code zum Einbau des Videos und heißt ontimeupdate. Die Spezifikation legt nämlich fest, dass beim Abspielen eines Mediastreams im Abstand von mindestens 15 bis maximal 250 Millisekunden ein timeupdate-Event auszulösen ist. Welche Callback-Funktion dabei aufgerufen wird, bestimmt das Event-Handler-Attribut ontimeupdate. Setzen wir es auf updateProgress(), ist der perfekte Zeitgeber zum Synchronisieren unseres Sliders gefunden.

Der einzige Unterschied zum händischen Setzen der Position beim Klicken oder Ziehen des Sliders ist, dass wir jetzt nicht die Abspielposition verändern dürfen, sondern im Gegenzug den Slider und die Zeitanzeige auf video.currentTime bringen müssen. Die leicht veränderte updateProgress()-Funktion ergibt sich demnach folgendermaßen:

```
var updateProgress = function(ctrl) {
  if (ctrl) {
    video.currentTime = ctrl.value;
  }
  else {
    curPos.value = video.currentTime;
  }
  // Setzen der Zeit im Format MM:SS
  mm = Math.floor(video.currentTime / 60.0);
  ss = parseInt(video.currentTime) % 60;
  ss = (ss < 10) ? '0'+ss : ss;
  curTime.innerHTML = mm+':'+ss;
};
```

Listing 4.1: Verändern und Aktualisieren der Abspielposition

Der Zweck der if-Abfrage ist es, herauszufinden, ob updateProgress() vom Slider oder von ontimeupdate aufgerufen wurde. Im ersten Fall ist ctrl mit dem übergebenen Slider-Objekt belegt, und wir müssen die Abspielposition auf den Wert des Sliders setzen. Im zweiten Fall liegt ein timeupdate-Event vor, und wir müssen den Slider in der Variablen curPos auf die aktuelle Abspielzeit setzen.

Nachdem das Abspielen und Kontrollieren der Playback-Position so weit fertig wäre, ist jetzt ein guter Zeitpunkt, sich etwas auszuruhen. Nehmen Sie sich 10 Minuten Zeit, und erkunden Sie Big Buck Bunny mit Ihrem selbst gestrickten, beinahe fertigen Video-Player!

4.7.4 Schnellsuchlauf vor und zurück

Für diese beiden Features benötigen wir zuerst einmal Schaltflächen im HTML-Dokument, deren Beschriftung wiederum aus Unicode-Zeichen für spezielle Anführungszeichen, sogenannte *Guillements*, besteht. Die Unicode-Bezeichnungen spiegeln ihr Aussehen wider: *LEFT-POINTING DOUBLE ANGLE QUOTATION MARK* («) sowie *RIGHT-POINTING DOUBLE ANGLE QUOTA-TION MARK* (»). Zwei Event-Listener-Attribute sorgen für das Starten und Stoppen des Suchlaufs, der onmousedown beginnt und onmouseup wieder endet.

```
<input type="button"
       value="&#x00AB;"
       onmousedown="fastFwdBwd(-1)"
       onmouseup="fastFwdBwd()">
 <input type="button"
       value="&#x00BB;"
       onmousedown="fastFwdBwd(1)"
       onmouseup="fastFwdBwd()">
```

Das JavaScript-Callback fastFwdBwb() ist recht kurz und sieht so aus:

```
var fastFwdBwd = function(direct) {
  _pause();
  _play();
  if (direct) {
    video.playbackRate = 5.0 * direct;
  }
};
```

Beim Beschleunigen eines Videos spielen zwei Attribute eine wichtige Rolle. Eines davon sehen wir mit video.playbackRate in unserer Callback-Funktion. Es steht für die aktuelle Abspielgeschwindigkeit. Das zweite ist `video.defaultPlaybackRate`, ein Vorgabewert, der das Basistempo des Filmes mit 1.0 festlegt. Zum schnelleren Abspielen muss die Wiedergaberate verändert werden, wobei 2.0 für »doppelt so schnell«, 4.0 für »viermal so schnell« und so weiter steht. Die Richtung bestimmt das Vorzeichen – positive Werte spielen vor, negative zurück.

Gemäß der Definition in der Spezifikation muss bei jedem Aufruf von `video.play()` das Attribut `video.playbackRate` auf den Wert von `video.defaultPlaybackRate` gesetzt werden. Solange wir also nicht an der `defaultPlaybackRate` schrauben, ist sichergestellt, dass beim Neustarten wieder die ursprüngliche Geschwindigkeit gilt. Zum Beschleunigen müssen wir also nur `video.playbackRate` verändern.

Die Umsetzung in `fastFwdBwd()` ist damit sehr einfach: Zuerst wird das Video jeweils kurz angehalten, dann weitergespielt und in dem Fall, dass die Variable `direct` mit 1 oder -1 belegt ist, die `video.playbackRate` entsprechend neu gesetzt und dadurch die Geschwindigkeit erhöht.

Die Funktionen `_pause()` und `_play()` sind nötige Auslagerungen der Codeblöcke für das Starten und Stoppen im Callback `playPause()`. Mit ihnen können wir das Abspielen und Pausieren jetzt nicht nur über den Abspielknopf per Klick steuern, sonder auch direkt aus dem Script heraus. Um die Funktionalität vom Abspielknopf lösen zu können, müssen wir eine Referenz zum Button in `initControl()` über `getElementById()` definieren und als Variable `pButton` zur Verfügung stellen. Die aufgesplittete Version von `playPause()` sieht damit so aus:

```
var _play = function() {
  video.play();
  pButton.value = String.fromCharCode('0x25AE','0x25AE');
};
var _pause = function() {
  video.pause();
  pButton.value = String.fromCharCode('0x25B6');
};
var playPause = function() {
  if (video.paused) {
    _play();
  }
  else {
    _pause();
  }
};
```

Listing 4.2: Das Starten und Stoppen des Videos

4.7.5   Das Auswählen bestimmter Sequenzen im Film

Die Grundlage für das Auswählen einzelner Sequenzen ist natürlich zuerst einmal eine Liste mit Zeitstempeln und Titeln. Ein aufgeklapptes Pulldown-Menü bildet die Basis:

```
<select name="scenes" onchange="selectScene(this)" size=19>
  <option value="0:00" selected>0:00 Vorspann</option>
  <option value="0:23">0:23 Intro Sequenz</option>
  <!-- 17 weitere Einträge -->
</select>
```

Der Rest ist einfach und wird vom Callback `selectScene()` erledigt. Ihm übergeben wir den selektierten Eintrag als Argument. Dann wandeln wir seinen Zeitstempel in Sekunden um und setzen `video.currentTime` auf den ermittelten Wert. Die Methode `_play()` leistet uns auch hier gute Dienste und startet das Video an der gewünschten Position neu.

```
var selectScene = function(ctrl) {
  arr = ctrl.value.split(":");
  video.currentTime = parseFloat((arr[0]*60)+(arr[1]*1));
  updateProgress();
  _play();
};
```

4.7.6   Laut, leise und stumm schalten

Bleibt zum Schluss noch die Steuerung der Lautstärke. Beginnen wir mit einer einfachen Übung – *ein/aus*. Im HTML-Code benötigen wir dafür wieder einen Button, dessen Beschriftung wie zu erwarten aus einem Unicode-Zeichen, diesmal *BEAMED EIGHTH NOTES* (♫), gebildet wird.

```
<input type="button"
       value="&#x266B;"
       onclick="mute(this)">
```

Die Funktion `mute()` nutzt das *read/write*-Attribut `video.muted`, um je nach Ausgangslage stumm oder laut zu schalten. Als optisches Feedback für den Benutzer wird bei ausgeschaltetem Ton die Beschriftung des Knopfes in der CSS-Farbe `silver` angezeigt und beim Wiedereinschalten auf Schwarz zurückgestellt.

```
var mute = function(ctrl) {
  if (video.muted) {
    video.muted = false;
    ctrl.style.color = 'black';
  }
  else {
    video.muted = true;
    ctrl.style.color = 'silver';
  }
};
```

Das Setzen der Lautstärke ist auch nicht komplizierter. Neben dem Slider als Input-Typ range muss nun allerdings auch die Beschriftung in einem span kontrolliert werden. Das HTML-Grundgerüst ergibt sich demnach folgendermaßen:

```
<input type="range"
       min=0.0 max=1.0 step=0.1 value=1.0
       onchange="adjustVolume(this)"/>
<span id="currentVolume"> </span>
```

Eine Referenz zum span-Element definieren wir wieder in initControls(), und bei dieser Gelegenheit initialisieren wir auch gleich über video.volume die Lautstärke mit 100 %:

```
curVol = document.getElementById("currentVolume");
curVol.innerHTML = "Lautstärke: 100 %";
video.volume = 1;
```

Die Callback-Funktion adjustVolume() reagiert schließlich auf Veränderungen des Sliders, der mit min=0 und max=1 genau den Wertebereich von video.volume widerspiegelt und über step=0.1 die Lautstärke beim Ziehen des Sliders in 10 %-Schritten verändert.

```
var adjustVolume = function(ctrl) {
  video.volume = ctrl.value;
  curVol.innerHTML = 'Lautstärke: '+
                (Math.round(ctrl.value*100))+'%';
};
```

Damit ist unser Video-Player komplett, und wir haben knapp die Hälfte der Attribute und Methoden des HTMLMediaElement-Interfaces anhand eines praktischen Beispiels erkundet. Einige interessante Attribute und Methoden fehlen noch – um sie werden wir uns jetzt noch kümmern.

4.7.7   Weitere Attribute und Methoden des »HTMLMediaElement«-Interfaces

Alle Medienelemente (und dazu zählt nicht nur Video, sondern auch Audio) besitzen fünf gemeinsame Attribute, die im HTMLMediaElement-Interface abgebildet sind. Neben src als Quelle für den *Mediastream* sind es die *boolean*-Attribute autoplay, loop und controls sowie preload mit seinen drei Werten none, metadata oder auto. Der Code zum dynamischen Erzeugen eines Videos könnte damit so aussehen:

```
var video = document.createElement("VIDEO");
video.src = 'videos/bbb_240p_stereo.ogv';
video.autoplay = false;
video.loop = false;
video.controls = true;
video.preload = 'metadata';
```

Geladen wird dieses Video allerdings noch nicht, denn erst mit der nächsten Methode des HTMLMediaElement-Interfaces, video.load(), beginnt der eigentliche Ladevorgang. Damit wir das Video im Browser auch sehen können, müssen wir es in den DOM-Baum einhängen. Ergänzen wir unser Listing also um zwei Zeilen:

```
video.load();
document.documentElement.appendChild(video);
```

Das dynamische Gegenstück zum oncanplay-Attribut des video-Elements unseres Video-Players ist ein Event-Listener mit Ereignistyp, Callback-Funktion sowie einem Flag, das festlegt, ob das Event in der *Capture*-Phase aktiv werden soll oder nicht. Verwirrt? Verwenden Sie beim dritten Argument einfach false, und aktivieren Sie den Event-Listener damit in der *Bubbling*-Phase. Wer es genau wissen will, der kann auch im Netz nachlesen: http://www.quirksmode.org/ js/events_order.html hat die Details. Unser Event-Listener hört auf das Ereignis canplay und beginnt dann sogleich mit dem Abspielen des Films:

```
video.addEventListener("canplay", function() {
  video.play();
}, false);
```

HINWEIS Die HTML-Version dieses kurzen Code-Beispiels finden Sie natürlich auch online:

http://html5.komplett.cc/code/chap_video/js_dynamicVideo.html

So einfach dieses Beispiel erscheint, so komplex sind die Vorgänge beim Laden eines Mediastreams. Die Spezifikation unterscheidet dabei zwischen *network state* und *ready state* und widmet diesen beiden Zuständen im HTMLMediaElement-Interface zwei readonly-Attribute mit mehreren Konstanten zur Beschreibung des jeweiligen Zustands.

Zum Monitoring des Netzwerkstatus dient das Attribut networkState. Es kann zu jeder Zeit abgefragt werden und liefert folgende Statuscodes zurück:

Wert	Konstante	Erklärung
0	NETWORK_EMPTY	Das Video/Audio wurde noch nicht initialisiert.
1	NETWORK_IDLE	Die Quelle für das Video/Audio ist ausgewählt, wird aber zum gegenwärtigen Zeitpunkt gerade nicht geladen.
2	NETWORK_LOADING	Der Browser lädt aktiv das Video/Audio.
3	NETWORK_NO_SOURCE	Es kann keine passende Quelle für das Video/Audio gefunden werden.

Tabelle 4.5: Konstanten des »networkState«-Attributs

Beim Wählen der passenden Quelle müssen Sie im Auge behalten, dass es dafür ja zwei Möglichkeiten gibt: entweder über ein src-Attribut des jeweiligen Elements oder über mehrere source-Elemente, aus denen der Browser sich das passende auswählt. Wenn wir mit mehreren source-Elementen bei einem Video arbeiten, stellt sich die Frage, woher wir wissen, welches der angebotenen Elemente tatsächlich vom Browser ausgewählt wurde. Die Antwort liefert das *readonly*-Attribut video.currentSrc. Im Screenshot des Video-Players erkennen Sie es links unten vor dem Copyright-Vermerk.

Nicht nur der Browser beim Auswählen des passenden source-Elements, sondern auch der Programmierer in seinem Script kann aktiv abfragen, ob Medientypen vom jeweiligen Browser unterstützt werden oder nicht. Die Methode dazu lautet canPlayType(type) und verlangt einen entsprechenden Medientyp als Argument. Als Antwort bekommt man dann probably, wenn sich der Browser ziemlich sicher ist, dass er das Format abspielen kann, maybe, wenn er eher skeptisch ist, oder ' ' als leere Zeichenkette, wenn er ganz sicher nichts damit anfangen kann.

HINWEIS

Probieren Sie selbst aus, was canPlayType(type) für eine Auswahl gängiger Typen in Ihrem Browser zurückliefert:

http://html5.komplett.cc/code/chap_video/js_canPlayType.html

Das readyState-Attribut beschreibt, in welchem Zustand sich ein Mediaelement gerade befindet. Es besitzt die Statuszustände, die in Tabelle 4.6 aufgeführt sind.

Wert	Konstante	Erklärung
0	HAVE_NOTHING	Es sind keine Daten für die aktuelle Abspielposition vorhanden.
1	HAVE_METADATA	Metadaten wie Länge und Dimension bei Videos sind vorhanden, es können aber noch keine Daten abgespielt werden.
2	HAVE_CURRENT_DATA	Für die aktuelle Position sind Daten vorhanden, allerdings nicht genug, um wirklich weiterspielen zu können.
3	HAVE_FUTURE_DATA	Für die aktuelle und auch für folgende Positionen sind genügend Daten vorhanden, um zumindest mit dem Abspielen beginnen zu können.
4	HAVE_ENOUGH_DATA	Der Browser ist sich sicher, dass bei gleichbleibendem Netzwerkstatus der Mediastream ohne Unterbrechung durchgespielt werden kann.

Tabelle 4.6: Konstanten des »readyState«-Attributs

Sollte beim Laden oder Abspielen einmal etwas wirklich schiefgehen, wird ein error-Event ausgelöst und in dessen code-Attribut der jeweilige Fehler näher eingegrenzt:

```
video.addEventListener("error", function(e) {
  alert(e.code);
}, false);
```

Diese Callback-Funktion liefert somit in e.code einen der folgenden Statuscodes:

Wert	Konstante	Erklärung
1	MEDIA_ERR_ABORTED	Der Ladevorgang wurde durch den Benutzer abgebrochen.
2	MEDIA_ERR_NETWORK	Ein Netzwerkfehler ist aufgetreten.
3	MEDIA_ERR_DECODE	Beim Dekodieren des Mediastreams ist ein Fehler aufgetreten.
4	MEDIA_ERR_SRC_NOT_SUPPORTED	Das Medienformat wird nicht unterstützt.

Tabelle 4.7: Konstanten im »code«-Attribut des »MediaError«-Interfaces

Damit sind wir beinahe am Ende unserer Reise durch das HTMLMediaElement-Interface angelangt. Was bleibt, sind

» zwei *boolean*-Attribute zur Anzeige, ob der Browser gerade nach weiteren Daten sucht (seeking) oder ob das Ende des Streams bereits erreicht ist (ended),

» ein Attribut, das Auskunft über die Startzeit des Streams gibt (startTime), und noch

» drei Attribute, die alle das TimeRanges-Interface implementieren – buffered, played und seekable.

Die Grundidee von TimeRanges ist, wie der Name schon impliziert, das Festhalten von Zeitspannen.

```
interface TimeRanges {
  readonly attribute unsigned long length;
  float start(in unsigned long index);
  float end(in unsigned long index);
};
```

Am Beispiel von played können wir uns das so vorstellen: Wenn wir das Intro des *Big Buck Bunny*-Videos abspielen und dann auf Pause drücken, so bekommen wir eine erste Zeitspanne, bestehend aus Start- und Endzeit. Die entsprechenden Attribute lauten damit played.start(0) und played.end(0), und die Anzahl der vorhandenen Zeitspannen in played.length beträgt 1. Wechseln wir dann zum achten Kapitel und spielen von dort aus ein Stück weiter, erzeugen wir die nächste Zeitspanne mit played.start(1) und played.end(1), und die Länge played.length wird 2. Sollten sich zwei Zeitspannen überlappen, werden sie zu einer gemeinsamen zusammengefasst. Im TimeRanges-Objekt liegen alle Spannen sortiert vor.

Auf diese Weise kann mitprotokolliert werden, welche Bereiche eines Mediastreams gepuffert, gespielt oder als suchbar ausgewiesen wurden. Ein kleines Online-Beispiel visualisiert die einzelnen TimeRanges während des Abspielens des *Big Buck Bunny*-Videos – probieren Sie es aus!

http://html5.komplett.cc/code/chap_video/js_timeRanges.html

4.7.8 Die lange Liste der »MediaEvents«

Die Liste der Events, die beim Laden oder Abspielen eines Mediastreams zu bestimmten Zeitpunkten ausgelöst werden, ist lang und spiegelt im Großen und Ganzen die drei großen Statuszustände des HTMLMediaElement-Interfaces wider.

Im *network state* begegnen uns loadstart, progress, suspend, abort, error, emp-
tied und stalled, deren Namen schon andeuten, in welchen Netzwerk-Sze-
narien sie auftreten. Beim *ready state* finden sich loadedmetadata, loadeddata,
waiting, playing, canplay oder canplaythrough, die sich alle direkt auf die Ver-
fügbarkeit von Daten für die aktuelle oder zukünftige Abspielpositionen beziehen. Im *playback state* sind es schließlich play, pause, timeupdate, ended, rate-
change sowie durationchange, deren Namen wohl ebenso selbsterklärend sind
wie das letzte noch ausstehende Event, volumechange.

Wann und wie welches Event eingesetzt wird, das bestimmt einzig und allein
das Ziel, das man mit seinem Script verfolgt. Bei unserem Video-Player genüg-
ten mit oncanplay und ontimeupdate gerade einmal zwei; würden wir aber an
den Details feilen, bräuchten wir mit Sicherheit noch viele andere.

Wenn Sie Details zu den einzelnen Events nachlesen wollen, werden Sie bei
der übersichtlichen *Event summary* in der Spezifikation fündig. Sie finden dort
nicht nur eine Beschreibung für jedes Event, sondern auch Hinweise dazu, zu
welchem Zeitpunkt es tatsächlich ausgelöst wird:

http://www.w3.org/TR/html5/video.html#mediaevents

MediaEvents *live in Aktion* zeigt schließlich Philippe Le Hégarets *HTML5 Video,
Media Events and Media Properties*-Testseite beim W3C:

http://www.w3.org/2010/05/video/mediaevents.html

4.8   Und was ist mit Audio?

Viel Neues gibt es zum Thema Audio in HTML5 nicht zu berichten, denn elegan-
terweise teilen sich <video> und <audio> das HTMLMediaElement-Interface, womit
alles, was bisher zum Thema Scripting und Video gesagt wurde, auch für audio-
Elemente Gültigkeit besitzt. Aus verständlichen Gründen fallen die zusätzlichen
video-Attribute für Breite, Höhe oder Poster-Frame des HTMLVideoElement-Interfaces weg. Dafür können audio-Elemente bequem über einen Konstruktor erzeugt und dabei auch gleich mit einem src-Attribut belegt werden:

```
var audio = new Audio(src);
```

In Anlehnung an unseren Video-Player werden wir im Folgenden einen Audio-
Player für den Soundtrack von Big Buck Bunny programmieren. Slider, Zeit-
anzeige sowie das Starten und Stoppen funktionieren dabei genauso wie beim
Video-Beispiel. Neu hingegen ist das Menü zur Wahl der Tracks, da jetzt ver-

schiedene Audio-Files mit im Spiel sind, sowie zwei Schaltflächen zum Weiter- beziehungsweise Zurückspringen innerhalb der Track-Liste. Zusätzlich implementieren wir noch das *Loopen* am Ende aller Tracks sowie das zufällige Auswählen des nächsten Tracks. Abbildung 4.10 zeigt das Ergebnis.

Abbildung 4.10: Screenshot des JavaScript-HTML5-Audio-Players

> **HINWEIS**
>
> Die einzelnen Tracks wurden mit dem freien Cross-Plattform-Soundeditor audacity (*http://audacity.sourceforge.net/*) aus der Tonspur des Videos extrahiert. Den Soundtrack ohne Hintergrundgeräusche können Sie für private Nutzung auch von der Homepage des Komponisten der Filmmusik, Jan Morgenstern, gratis herunterladen: *http://www.wavemage.com/category/music/*

Beim Blick auf den Screenshot des Audio-Players entdecken wir Bekanntes, denn die neuen Schaltflächen nutzen wieder bestimmte Unicode-Zeichen zur Beschriftung. Konkret sind es folgende:

Schaltfläche	Entity	Unicode-Name
Track zurück	&#x25C3;	*WHITE LEFT-POINTING SMALL TRIANGLE*
Track vor	&#x25B9;	*WHITE RIGHT-POINTING SMALL TRIANGLE*
Loop am Ende	&#x21BA;	*ANTICLOCKWISE OPEN CIRCLE ARROW*
Zufalls-Track	&#x219D;	*RIGHTWARDS WAVE ARROW*

Tabelle 4.8: Unicode-Zeichen für die Audio-Player-Schaltflächen

Bekannt kommt uns auch das Pulldown-Menü vor, doch im Gegensatz zum Video-Player werden jetzt nicht Zeitpunkte im Video angesteuert, sondern ganze Tracks ausgetauscht. Sowohl das Menü als auch die Vor-, Zurück-, Loop- und Shuffle-Buttons bewirken diesen Wechsel von einem Track zum anderen, weshalb sich die Scriptlogik etwas verkompliziert.

Beginnen wir mit dem `audio`-Element:

```
<audio src="music/bbb_01_intro.ogg"
       oncanplay="canPlay()"
       ontimeupdate="updateProgress()"
       onended="continueOrStop()">
</audio>
```

Beim Laden der Seite setzen wir das `src`-Attribut auf den ersten Track und definieren drei Callbacks, von denen `updateProgress()` schon bekannt ist – diese Funktion kümmert sich um das Nachführen des Sliders und die Aktualisierung der Zeitanzeige (siehe Listing 4.1). Neu sind das Callback `canPlay()`, das aufgerufen wird, sobald ein Track spielbereit ist, sowie `continueOrStop()`, das am Ende eines Tracks entscheidet, wie es weitergehen soll. Das `oncanplay`-Callback `canPlay()` ist recht kurz und sieht so aus:

```
canPlay = function() {
  curPos.max = audio.duration;
  if (pbStatus.keepPlaying == true) {
    _play();
  }
};
```

Offensichtlich wird mit `curPos.max` wie schon beim Video-Player das `max`-Attribut des Sliders angepasst, doch was hat es mit dem darauf folgenden `if`-Block auf sich? Die Antwort ist einfach: Wir versuchen, den aktuellen Abspielstatus zu berücksichtigen und nur dann weiterzuspielen, wenn der Player auch vorher schon im Abspielmodus war.

Entscheidend dafür, ob wir nach einem Wechseln also mit dem Spielen beginnen, ist der Status des Play-Buttons: Haben wir erst einmal mit dem Abspielen begonnen, muss nach jeder Track-Änderung auch wieder weitergespielt werden. Befindet sich der Play-Button hingegen im Pause-Modus, wird nur gewechselt. So kompliziert das klingt, so einfach ist die Umsetzung im Callback des Play-Buttons, dem wir folgenden Code hinzufügen:

```
pbStatus.keepPlaying =
  (pbStatus.keepPlaying == true) ? false : true;
```

Damit setzen wir die Statusvariable `pbStatus.keepPlaying` bei jedem Klick abwechselnd auf `true` beziehungsweise `false` und können in `canPlay()` die richtige Entscheidung treffen.

Um den Aufbau und die Funktionalität des Audio-Players zu verstehen, sind wieder die Quelltexte des HTML-, des JavaScript- und des CSS-Codes hilfreich. Sie finden sie im Netz unter folgenden URLs:

» *http://html5.komplett.cc/code/chap_video/js_audioPlayer.html*

» *http://html5.komplett.cc/code/chap_video/js_audioPlayer.js*

» *http://html5.komplett.cc/code/chap_video/js_audioPlayer.css*

Zurück zum Beispiel. Mit `canPlay()` und `pbStatus.keepPlaying` haben wir also die Situation *Der Track ist spielbereit* im Griff. Wie erfolgt nun aber konkret der Wechsel von einem Track zum anderen? Dafür gibt es wie bereits gesagt mehrere Möglichkeiten – durch Auswahl im Menü, über die Schaltflächen VOR und ZURÜCK, aber auch automatisch am Ende eines Tracks als Folge der Settings unserer Loop- und Shuffle-Buttons. Allen gemeinsam ist die Notwendigkeit, einen neuen Track zu laden, und das geschieht in der Methode `loadTrack()`:

```
var loadTrack = function(idx) {
  audio.src = 'music/'+tracks.options[idx].value;
  audio.load();
};
```

Zwei Dinge müssen wir hier erklären:

1. Was versteckt sich im Argument `idx`?

   Die Antwort: Der Index des zu ladenden Tracks des Pulldown-Menüs in der Variablen `tracks`, über den wir den Filenamen extrahieren können.

2. Was bewirkt der Aufruf `audio.load()`?

   Die Antwort: Wie zu erwarten startet er den Ladevorgang des neuen Tracks, der, sobald der Status `canplay` erreicht ist, abgespielt werden kann.

Der Einfachheit halber verwendet dieses Beispiel nur Ogg-Vorbis-Audio-Dateien. Würde man mehrere Versionen anbieten wollen, müsste über die Methode `canPlayType()` zuerst das passende Format gefunden und danach geladen werden. Versuchen Sie am Ende dieses Kapitels, das Script um diese Funktionalität zu erweitern!

Aufgerufen wird `loadTrack()` von verschiedenen Seiten. Zuerst einmal beim direkten Wechseln im Menü über den onchange-Event-Handler `changeTrack(this)`:

```
changeTrack = function(ctrl) {
  loadTrack(ctrl.options.selectedIndex);
};
```

Dann natürlich auch von den Vor- und Zurück-Buttons, deren onclick-Event-Handler jeweils die Callback-Funktion `advanceTrack(n)` aufrufen und ihr im Argument n sowohl die Schrittweite als auch die gewünschte Richtung über das Vorzeichen übergeben. Die Schrittweite ist in beiden Fällen gleich, weshalb sich -1 für *zurück* und 1 für *vor* ergibt.

```
advanceTrack = function(n) {
  var idx = tracks.options.selectedIndex + n;
  if (idx < 0) {
    idx = idx + tracks.options.length;
  }
  if (idx > tracks.options.length-1) {
    idx = idx - tracks.options.length;
  }
  tracks.options.selectedIndex = idx;
  loadTrack(idx);
};
```

Der Algorithmus zum Ermitteln des neuen Tracks ist einfach und besteht aus zwei Phasen. Zuerst addieren wir n zum Index des selektierten Tracks und fangen dann zwei dadurch möglicherweise entstandene Spezialfälle ab: Befinden wir uns aktuell beim ersten Track und klicken dann auf Zurück, wird der Index negativ, und wir müssen dementsprechend beim letzten Track weiterspielen. Befinden wir uns beim letzten Track und klicken wir auf Vorwärts, passiert ähnlich Unerwünschtes, womit der erste Track als neuer Track zu wählen ist.

Der Vorteil der Methode `advanceTrack()` ist, dass sie auch bei den beiden letzten Features einsetzbar ist – beim Loopen am Ende aller Tracks und beim zufälligen Auswählen eines neuen Tracks. Zuvor müssen wir uns allerdings noch kurz mit der Funktionsweise der beiden Buttons beschäftigen, die *inaktiv* und *aktiv* signalisieren. Das Wechseln zwischen den beiden Modi erfolgt jeweils über onclick-Event-Handler, die das Callback `toggleOnOff(node)` aufrufen und ihm den jeweiligen Button im Argument node übergeben:

```
toggleOnOff = function(node) {
  var cls = node.getAttribute("class");
  node.setAttribute("class",
```

```
  (cls == 'off') ? 'on' : 'off'
  );
  pbStatus[node.id] = node.getAttribute("class");
};
```

Wie schon die erste Zeile der Funktion erahnen lässt, wird der Status über das class-Attribut des button-Elements bestimmt, womit gleichzeitig das Aussehen mit CSS gesteuert wird. Die Formate für *on* und *off* finden sich im Stylesheet *js_audioPlayer.css*:

```
.off {
  opacity: 0.2;
}
.on {
  opacity: 1.0;
}
```

Zusätzlich wird der aktuelle Zustand der jeweiligen Schaltfläche in der Statusvariablen pbStatus[node.id] festgehalten, wobei die node.id für *loop* und *shuffle* steht und dadurch pbStatus.loop beziehungsweise pbStatus.shuffle jeweils mit *on* oder *off* belegt ist. Der richtige Zeitpunkt, um auf diesen Status zu reagieren, ist immer dann, wenn ein Track zu Ende gespielt wurde. Dann tritt die Callback-Funktion continueOrStop() in Aktion:

```
continueOrStop = function() {
  if (pbStatus.shuffle == 'on') {
    advanceTrack(
      Math.round(Math.random()*tracks.options.length)
    );
  }
  else if (tracks.options.selectedIndex ==
           tracks.options.length-1) {
    if (pbStatus.loop == 'on') {
      advanceTrack(1);
    }
    else {
      pbStatus.keepPlaying = false;
    }
  }
  else {
    advanceTrack(1);
  }
};
```

Befinden wir uns im Shuffle-Modus, liefert das Runden des Ergebnisses aus `Math.random()`, multipliziert mit der Anzahl aller Tracks, eine Zufallszahl zwischen 0 und der Gesamtzahl aller Tracks. Um diesen Wert rücken wir dann in `advanceTrack()` nach vorn, wobei es egal ist, um wie viel wir über das Ziel hinausschießen: Befinden wir uns zum Beispiel beim vorletzten Track und wollen wir um fünf Positionen weitergehen, dann sorgt der Algorithmus in `advance-Track()` dafür, dass der vierte Eintrag des Menüs abgespielt wird.

Die Frage »Loopen oder nicht?« stellt sich immer nur beim letzten Track. Ist die entsprechende Schaltfläche im Modus *on*, beginnen wir mit `advanceTrack(1)` wieder von vorne, ist sie *off*, stoppen wir an dieser Stelle und setzen `pbStatus.keepPlaying` auf `false`. In allen anderen Fällen gehen wir einfach zum nächsten Track über und spielen diesen ab.

Damit ist nicht nur unser Audio-Player fertig, sondern auch das Kapitel zum Thema Video/Audio beendet. Viele der beim Video- und Audio-Player von Hand programmierten Features sind natürlich auch vom Browser implementiert und lassen sich viel bequemer über das `controls`-Attribut aktivieren. Dennoch macht es Sinn, hinter die Kulissen zu blicken, denn dadurch bekommen Sie ein besseres Gespür für die Möglichkeiten beim Scripten von Video und Audio.

Wie bei jedem HTML5-Thema gilt auch hier wieder: Es warten noch viele beeindruckende Beispiele im Netz. Suchen und finden Sie sie! Den Grundstein zum Verständnis dieses neuen, faszinierenden HTML5-Features haben Sie in diesem Kapitel gelegt.

5

Canvas

Eines der interessantesten und zugleich der ältesten neuen HTML5-Elemente ist *Canvas*. Bereits im Juli 2004, also nur einen Monat nach Gründung der WHATWG, präsentierte David Hyatt von Apple eine proprietäre Erweiterung für HTML namens Canvas und sorgte damit für Aufregung in der noch jungen HTML5-Bewegung. *The real solution is to bring these proposals to the table* war Ian Hicksons erste Reaktion, und nach kurzer Diskussion reichte Apple seinen Vorschlag bei der WHATWG zur Begutachtung ein. Der Weg für die Aufnahme von Canvas in die HTML5-Spezifikation war damit geebnet, ein erster Draft erschien im August 2004.

Apples Canvas-Ankündigung und Ian Hicksons Reaktion finden Sie unter:

» *http://weblogs.mozillazine.org/hyatt/archives/2004_07.html#005913*

» *http://ln.hixie.ch/?start=1089635050&count=1*

HINWEIS

5.1   Ein erstes Beispiel

Bei Canvas (übersetzt *Leinwand*) handelt es sich vereinfacht gesagt um ein programmierbares Bild, auf das mithilfe einer Javascript-API gezeichnet werden kann. Dazu benötigen wir neben einem canvas-Element als Leinwand auch ein script-Element, in dem die Zeichenbefehle Platz finden. Beginnen wir mit dem canvas-Element:

```
<canvas width="1200" height="800">
  alternativer Inhalt für Browser ohne Canvas-Unterstützung
</canvas>
```

Die Attribute width und height bestimmen die Dimension des canvas-Elements in Pixel und reservieren entsprechend viel Platz auf der HTML-Seite. Fehlt eines oder fehlen gar beide Attribute, kommen Vorgabewerte zum Tragen: 300 Pixel für die Breite und 150 Pixel für die Höhe. Der Bereich zwischen Start- und End-Tag ist für alternativen Content reserviert, der zur Anzeige gelangt, wenn ein Browser Canvas nicht unterstützt. Ähnlich wie das alt-Tag bei Bildern sollte dieser alternative Content den Inhalt der Canvas-Applikation beschreiben oder einen entsprechenden Screenshot zeigen. Formulierungen wie *Ihr Browser unterstützt Canvas nicht* ohne Zusatzinformationen sind wenig hilfreich und deshalb zu vermeiden.

Damit ist unsere Leinwand fertig, und wir können im nächsten Schritt die Zeichenbefehle in einem script-Element hinzufügen. Wenige Zeilen Code reichen aus, um unser erstes, zugegebenermaßen recht triviales Canvas-Beispiel zu realisieren.

```
<script>
  var canvas = document.querySelector("canvas");
  var context = canvas.getContext('2d');
  context.fillStyle = 'red';
  context.fillRect(0,0,800,600);
  context.fillStyle = 'rgba(255,255,0,0.5)';
  context.fillRect(400,200,800,600);
</script>
```

Auch wenn wir noch nichts über die Syntax der Canvas-Zeichenbefehle wissen, ist bei näherer Betrachtung des Codes das Resultat in Abbildung 5.1 wenig überraschend. Wir sehen ein rotes und ein hellgelbes Rechteck mit 50 % Opazität, wodurch im Überlappungsbereich ein oranger Farbton entsteht.

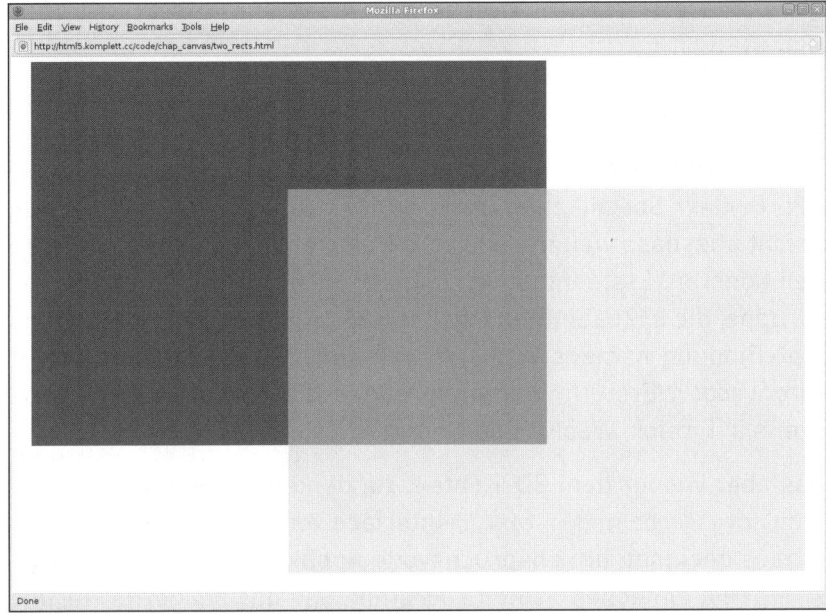

Abbildung 5.1: Zwei überlappende Rechtecke

Bevor wir auf die Leinwand zeichnen können, benötigen wir eine Referenz zu derselben. Die erste Zeile im Skript tut genau dies und speichert in der Variablen `canvas` mithilfe der *W3C CSS Selectors API*-Methode `document.querySelector()` eine Referenz auf das erste gefundene `canvas`-Element im Dokument:

```
var canvas = document.querySelector("canvas");
```

Neben den Attributen `canvas.width` und `canvas.height` besitzt dieses, auch `HTMLCanvasElement` genannte Objekt die Methode `getContext()`. Sie erlaubt uns, auf das Herzstück von Canvas zuzugreifen, den `CanvasRenderingContext2D`, indem wir *2d* als Kontext-Parameter übergeben:

```
var context = canvas.getContext('2d');
```

Damit ist der *Zeichenkontext* definiert, und wir können mit dem Zeichnen der beiden Rechtecke beginnen. Ohne auf Details des Attributs `fillStyle` oder der Methode `fillRect()` einzugehen, bietet sich zweimal derselbe Ablauf: Füllung definieren und dann das Rechteck hinzufügen:

```
context.fillStyle = 'red';
context.fillRect(0,0,800,600);
context.fillStyle = 'rgba(255,255,0,0.5)';
context.fillRect(400,200,800,600);
```

Die derzeitige Canvas-Spezifikation definiert nur einen 2D-Kontext (siehe die *HTML Canvas 2D Context*-Spezifikation unter *http://www.w3.org/TR/2dcontext/*), schließt aber nicht aus, dass weitere, wie zum Beispiel *3D*, zu einem späteren Zeitpunkt folgen könnten. Erste Initiativen in diese Richtung laufen bereits bei der Khronos-Gruppe, die in Zusammenarbeit mit Mozilla, Google und Opera an einer JavaScript-Bindung namens WebGL für OpenGL ES 2.0 arbeitet (*http://www.khronos.org/webgl/*). Erste Implementierungen dieses jungen Standards finden sich bereits in Firefox, WebKit und Chrome.

Wenden wir uns aber wieder dem 2D-Kontext zu, denn die Möglichkeiten, die sich hinter dem CanvasRenderingContext2D-Interface verstecken, sind mannigfaltig und durchaus geeignet, um anspruchsvolle Applikationen zu realisieren. Abbildung 5.2 zeigt ein einfaches Säulendiagramm, das uns bei der Erklärung der ersten drei Features des Zeichenkontextes begleiten wird: Rechtecke, Farben und Schatten.

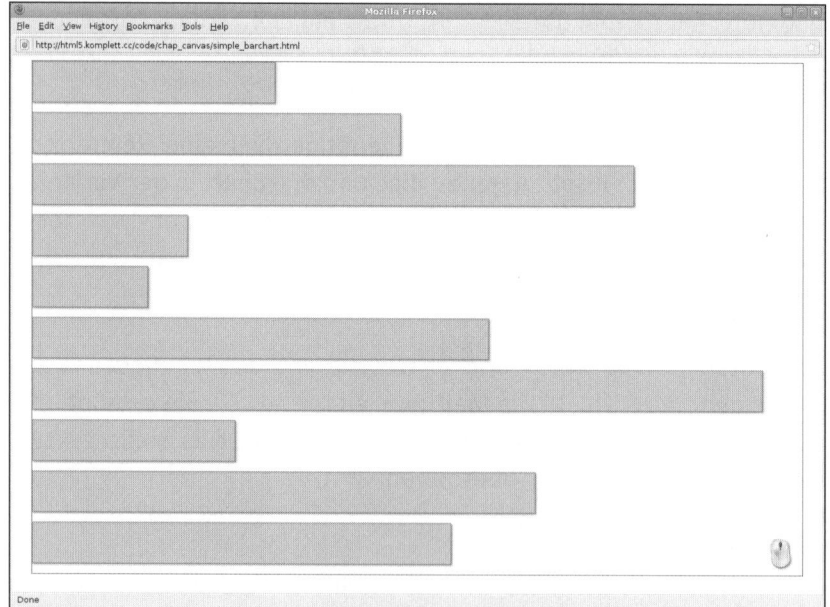

Abbildung 5.2: Balkendiagramm mit zehn horizontalen Balken

5.2 Rechtecke

Canvas verfügt über vier Methoden, um Rechtecke zu erstellen. Mit dreien davon wollen wir uns jetzt beschäftigen, die vierte wird uns später beim Thema Pfade begegnen.

```
context.fillRect(x, y, w, h)
context.strokeRect(x, y, w, h)
context.clearRect(x, y, w, h)
```

Die Namen dieser Methoden sind selbsterklärend. So erzeugt fillRect() ein gefülltes Rechteck, strokeRect() ein Rechteck mit Randlinie ohne Füllung und clearRect() ein Rechteck, das bestehenden Inhalt wie ein Radiergummi löscht. Die Dimension des Rechtecks bestimmen vier numerische Parameter: Startpunkt x/y, Breite w und Höhe h.

In Canvas liegt der Koordinatenursprungspunkt übrigens links oben, wodurch x-Werte nach rechts und y-Werte nach unten größer werden.

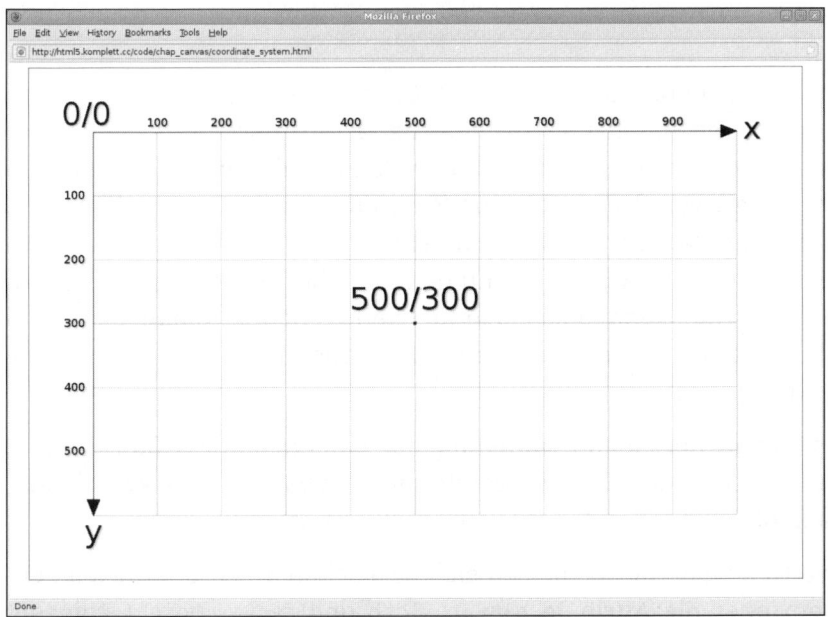

Abbildung 5.3: Das Canvas-Koordinatensystem

Analog zum ersten Beispiel definieren wir beim Balkendiagramm zuerst eine Referenz auf das `canvas`-Element und dann den Zeichenkontext. Für die Hauptarbeit, das Erstellen der horizontalen Balken, ist die Funktion `drawBars()` verantwortlich, der wir zugleich die gewünschte Anzahl zu zeichnender Balken übergeben.

```
<script>
 var canvas = document.querySelector("canvas");
 var context = canvas.getContext('2d');
 var drawBars = function(bars) {
  context.clearRect(0,0,canvas.width,canvas.height);
  for (var i=0; i<bars; i++) {
    var yOff = i*(canvas.height/bars);
    var w = Math.random()*canvas.width;
    var h = canvas.height/bars*0.8;
    context.fillRect(0,yOff,w,h);
    context.strokeRect(0,yOff,w,h);
  }
 };
 drawBars(10);
</script>
```

Ein Aufruf dieser Funktion durch `drawBars(10)` löscht somit über `clearRect()` allenfalls bestehenden Inhalt und zeichnet danach in der `for`-Schleife über `fillRect()` und `strokeRect()` die zehn gefüllten Balken mit Randlinie. Die Breite `w` der Balken variiert von 0 Pixel bis zur Gesamtbreite des `canvas`-Elements und wird mithilfe der JavaScript-Funktion `Math.random()` zufällig gesetzt. `Math.random()` liefert eine Zahl von 0.0 bis 1.0 und ist daher bestens geeignet, um Zufallswerte für Breite, Höhe, aber auch für die Position in Abhängigkeit von der Canvas-Dimension zu ermitteln. Die Multiplikation mit dem entsprechenden Attribut-Wert genügt.

Die gleichabständige, horizontale Aufteilung der Balken folgt der Canvashöhe. Die Abstände zwischen den Balken resultieren daraus, dass die errechnete, maximale Balkenhöhe `h` mit dem Faktor 0.8 multipliziert wird.

Die Breite und Höhe des Canvas lassen sich, wie schon im ersten Beispiel erwähnt, bequem über die Attribute `canvas.width` und `canvas.height` ablesen. Ebenso einfach können wir auch vom Zeichenkontext über dessen Attribut `context.canvas` auf das `HTMLCanvasElement` zugreifen, das wir auch gleich dazu verwenden, um bei jedem Klick auf den Canvas neue Balken zu generieren. Drei Zeilen Code im Anschluss an den `drawBars(10)`-Aufruf reichen dazu aus.

```
context.canvas.onclick = function() {
  drawBars(10);
};
```

Nachdem nun geklärt ist, wie die zehn Balken gezeichnet werden, stellt sich die nächste Frage: Wie kommt die hellgraue Farbe der Balken mit schwarzer Randlinie zustande? Ein Blick auf die Möglichkeiten, in Canvas Farben zu vergeben, liefert die Antwort.

5.3 Farben und Schatten

Die Attribute fillStyle und strokeStyle dienen dazu, Farben für Füllungen und Linien festzulegen. Farbangaben folgen dabei den Regeln für CSS-Farbwerte und dürfen aus diesem Grund in einer Reihe verschiedener Formatierungen angegeben werden. Tabelle 5.1 zeigt die Möglichkeiten am Beispiel der Farbe Rot.

Methode	Farbwert
Hexadezimal	#FF0000
Hexadezimal (kurz)	#F00
RGB	rgb(255,0,0)
RGB (Prozent)	rgb(100%,0%,0%)
RGBA	rgba(255,0,0,1.0)
RGBA (Prozent)	rgba(100%,0%,0%,1.0)
HSL	hsl(0,100%,50%)
HSLA	hsla(0,100%,50%,1.0)
SVG-Farbnamen	red

Tabelle 5.1: Gültige CSS-Farbwerte für die Farbe Rot

Um die aktuell gültige Füll- und Strichfarbe in Canvas festzulegen, genügt es, entsprechende Farbwerte als Zeichenketten für fillStyle und strokeStyle anzugeben. Im Balkendiagramm-Beispiel sind dies die benannte SVG-Farbe silver als Füllung sowie eine halbtransparente schwarze Randlinie in RGBA-Notation. Da alle Balken gleich aussehen sollen, definieren wir die dazugehörigen Stile vor der drawBars()-Funktion.

```
context.fillStyle = 'silver';
context.strokeStyle = 'rgba(0,0,0,0.5)';
var drawBars = function(bars) {
  // Code zum Balkenzeichnen
};
```

Gültige Werte für die Opazität reichen von 0.0 (transparent) bis 1.0 (opak) und können als vierte Komponente sowohl im RGB-Farbraum als auch im HSL-Farbraum verwendet werden. Letzterer definiert Farben nicht über ihre Rot-, Grün- und Blauanteile, sondern durch eine Kombination aus Farbton, Sättigung und Helligkeit.

HINWEIS Weitere Informationen zum Thema CSS-Farben mit HSL-Farbpaletten und eine Liste aller gültigen SVG-Farbnamen finden Sie in der *CSS Color Module Level 3*-Spezifikation unter:

http://www.w3.org/TR/css3-color/

Bei genauerem Hinsehen erkennt man Schatten hinter den Balken, die durch vier weitere Attribute des Zeichen-Kontextes entstehen:

```
context.shadowOffsetX = 2.0;
context.shadowOffsetY = 2.0;
context.shadowColor = "rgba(50%,50%,50%,0.75)";
context.shadowBlur = 2.0;
```

Die ersten beiden Zeilen legen über shadowOffsetX und shadowOffsetY den Schattenoffset fest, shadowColor bestimmt dessen Farbe und Transparenz, und shadowBlur bewirkt schließlich das Weichzeichnen des Schattens, wobei als Faustregel Folgendes gilt: Je höher der Wert von shadowBlur ist, desto stärker ist der Weichzeichnungseffekt.

Bevor wir uns nun im nächsten Abschnitt mit dem Thema Farbverläufe beschäftigen, bleibt noch zu klären, wie der gestrichelte Rahmen im Balkendiagramm-Beispiel und allen folgenden Grafiken zustande kommt. Die Antwort ist einfach: durch CSS. Jedes canvas-Element darf natürlich auch mit CSS formatiert werden. Abstände, Position oder z-index lassen sich ebenso festlegen wie Hintergrundfarbe oder Rahmen. Im unserem Beispiel sorgt folgendes Stilattribut für den gestrichelten Rahmen:

```
<canvas style="border: 1px dotted black;">
```

5.4 Farbverläufe

Als Ergänzung zu Vollfarben für Füllungen und Linien hält Canvas zwei Arten von Farbverläufen bereit: lineare und radiale Gradienten. Am Beispiel eines einfachen Farbverlaufes von Rot über Gelb und Orange nach Violett lässt sich das Grundprinzip beim Erstellen von Gradienten in Canvas leicht demonstrieren.

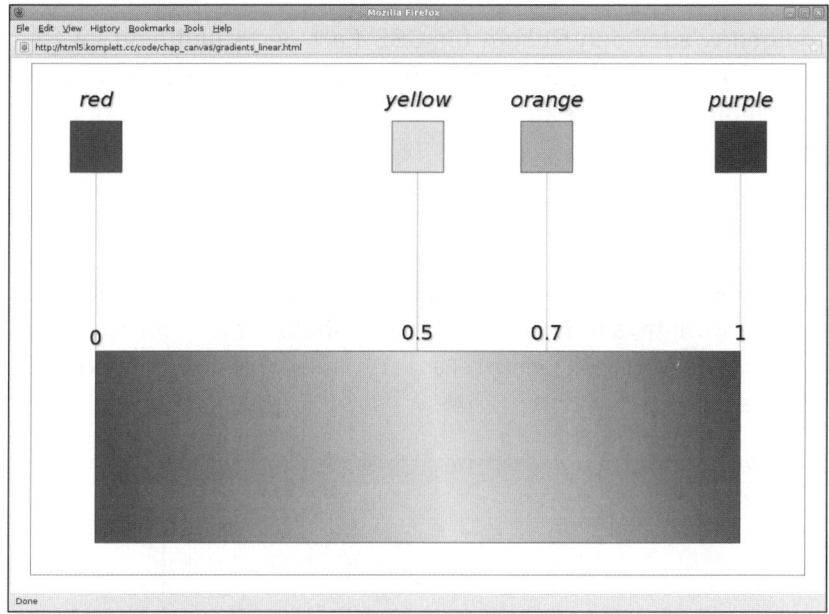

Abbildung 5.4: Lineare Gradiente mit vier Farben

Zuerst erzeugt `context.createLinearGradient(x0, y0, x1, y1)` ein `CanvasGradient`-Objekt und legt dabei über die Parameter x0, y0, x1, y1 die Richtung des Farbverlaufs fest. Da wir in einem weiteren Schritt noch Farboffsets bestimmen müssen, speichern wir dieses Objekt in der Variablen `linGrad`.

```
var linGrad = context.createLinearGradient(
  0,450,1000,300
);
```

Die Methode `addColorStop(offset, color)` des `CanvasGradient`-Objekts dient in einem zweiten Schritt zum Wählen der gewünschten Farben und deren Offsets auf unserer imaginären Farbverlaufslinie. Offset 0.0 steht für die Farbe am Punkt x0/y0 und Offset 1.0 für die Farbe am Endpunkt x1/y1. Alle dazwischen

139

liegenden Farben werden ihrem Offset entsprechend aufgeteilt, und Übergänge zwischen den einzelnen Stopps werden vom Browser im RGBA-Farbraum interpoliert.

```
linGrad.addColorStop(0.0, 'red');
linGrad.addColorStop(0.5, 'yellow');
linGrad.addColorStop(0.7, 'orange');
linGrad.addColorStop(1.0, 'purple');
```

Farbangaben folgen wieder den Regeln für CSS-Farbwerte und sind im Beispiel zur besseren Lesbarkeit als SVG-Farbnamen ausgewiesen. Damit ist unsere lineare Gradiente fertig und kann über fillStyle oder strokeStyle zugewiesen werden.

```
context.fillStyle = linGrad;
context.fillRect(0,450,1000,300);
```

Im Gegensatz zu linearen Farbverläufen liegen Start und Endpunkt bei radialen Gradienten nicht als Punkte, sondern Kreise vor, weshalb wir nun zur Definition der Gradiente die Methode context.createRadialGradient(x0, y0, r0, x1, y1, r1) verwenden müssen.

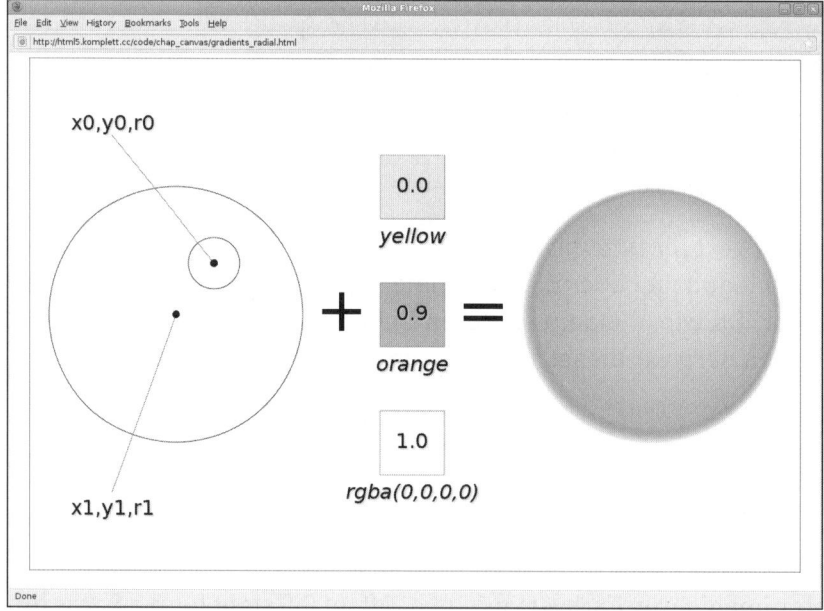

Abbildung 5.5: Komponenten einer radialen Gradiente

Im linken Teil der Grafik erkennen wir Start- und Endkreis, in der Mitte die drei Farbstopps mit Offset-Werten und rechts das Endresultat: eine Kugel mit Lichteffekt. So ansprechend das Ergebnis ist, so einfach und übersichtlich ist auch der Quellcode:

```
var radGrad = context.createRadialGradient(
  260,320,40,200,400,200
);
radGrad.addColorStop(0.0,'yellow');
radGrad.addColorStop(0.9,'orange');
radGrad.addColorStop(1.0,'rgba(0,0,0,0)');
context.fillStyle = radGrad;
context.fillRect(0,200,400,400);
```

Der Schatteneffekt am Kugelrand entsteht übrigens durch die beiden letzten Farbstopps, bei denen auf kürzestem Weg von Orange zu transparentem Schwarz interpoliert wird, wodurch der sichtbare Teil der Gradiente direkt am Außenkreis endet.

Nach diesem Ausflug in die Welt der Farben und Farbverläufe wenden wir uns im nächsten Kapitel weiteren geometrischen Formen zu, den Pfaden.

5.5 Pfade

Die Abläufe beim Erstellen von Pfaden in Canvas sind vergleichbar mit dem Zeichnen auf einem Blatt Papier: Stift an einer Position am Blatt absetzen, Zeichnen, Stift wieder anheben und nach Belieben an anderer Stelle weiterzeichnen. Zeicheninhalte können dabei von einfachen Linien über komplexe Kurven bis hin zu daraus gebildeten Polygonen reichen. Ein erstes Beispiel verdeutlicht dieses Konzept und übersetzt die Schritte beim Schreiben des Buchstabens A in Canvas-Pfadbefehle:

```
context.beginPath();
context.moveTo(300,700);
context.lineTo(600,100);
context.lineTo(900,700);
context.moveTo(350,400);
context.lineTo(850,400);
context.stroke();
```

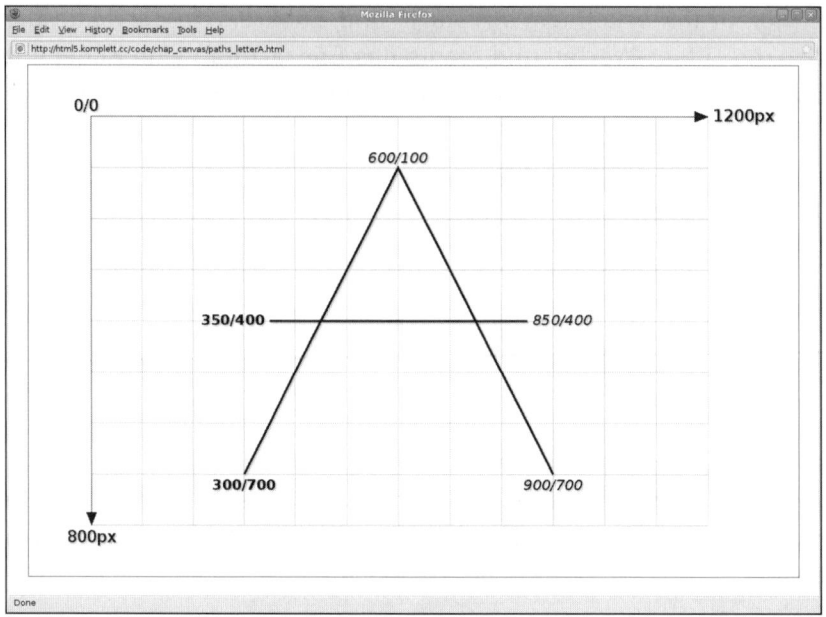

Abbildung 5.6: Der Buchstabe A als Pfad

Sehen wir uns den Quellcode für dieses Beispiel näher an, so erkennen wir drei Phasen der Pfaderstellung:

1. Initialisieren eines neuen Pfades mit `beginPath()`

2. Definieren der Pfadgeometrie durch `moveTo()` und `lineTo()`-Aufrufe

3. Zeichnen der Linien mit `stroke()`

Jeder Pfad muss mit `beginPath()` initialisiert werden und kann dann beliebig viele Segmente enthalten. In unserem Beispiel sind es zwei, die die Bewegungen der Hand beim Schreiben über Kombinationen von `moveTo()` und `lineTo()` nachbilden. Somit entsteht zuerst die Dachform und dann die horizontale Linie des Buchstabens A. Mit `stroke()` wird schließlich der zuvor definierte Pfad auf die Canvas-Fläche gezeichnet.

Die Entscheidung, ob und wann Segmente eines Pfades in mehrere einzelne Pfade aufgetrennt werden, hängt einzig und allein vom Layout ab, denn jeder Pfad kann nur in seiner Gesamtheit formatiert werden. Sollte die horizontale Linie des Buchstabens also eine eigene Farbe bekommen, müssten auch zwei Pfade definiert werden.

Wenden wir uns nun den wichtigsten Pfad-Zeichenmethoden im Detail zu.

5.5.1 Linien

Zur Konstruktion von Linienzügen wie im Buchstaben-Beispiel stellt Canvas die Methode `lineTo()` zur Verfügung:

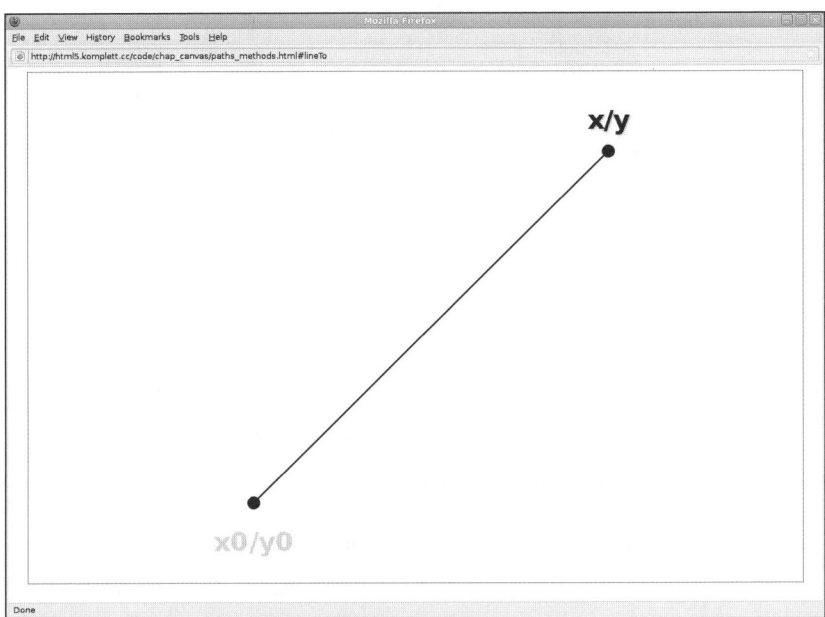

Abbildung 5.7: Die Pfadmethode »lineTo()«

```
context.lineTo(x, y)
```

Übersetzt bedeutet das so viel wie »Linie zum Punkt x/y«, womit klar wird, dass der Ausgangspunkt schon vorher über `moveTo()` oder als Endpunkt der letzten Zeichenoperation existieren muss. Nach dem Zeichnen wird die Koordinate x/y zum neuen aktuellen Punkt.

> **HINWEIS**
> Bei allen Grafiken zur Erklärung der Pfad-Zeichenmethoden sind der Ausgangspunkt x0/y0 in Hellgrau und der neue aktuelle Punkt in fetter Schrift ausgewiesen.

5.5.2 Bézierkurven

Canvas kennt zwei Arten von Bézierkurven: quadratische und kubische, die fälschlicherweise nur als `bezierCurveTo()` bezeichnet werden.

```
context.quadraticCurveTo(cpx, cpy, x, y)
context.bezierCurveTo(cp1x, cp1y, cp2x, cp2y, x, y)
```

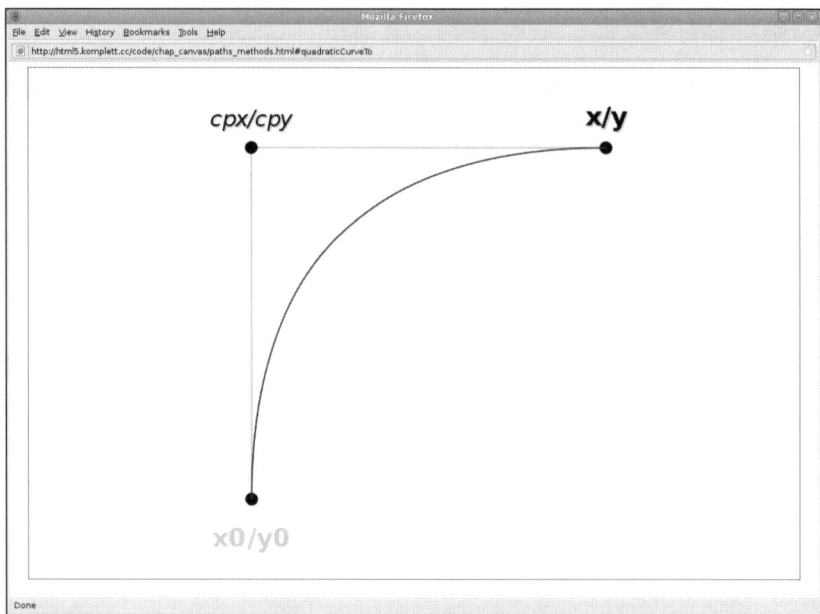

Abbildung 5.8: Die Pfadmethode »quadraticCurveTo()«

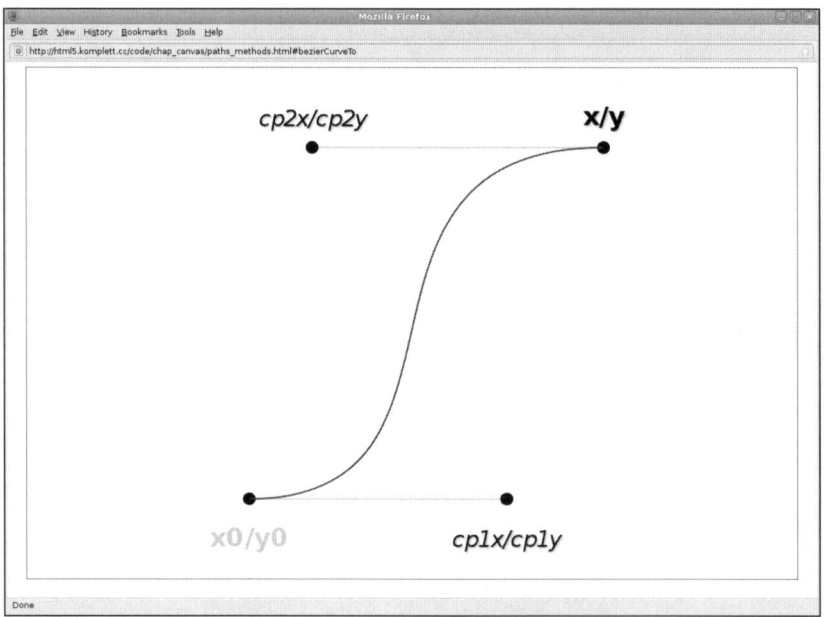

Abbildung 5.9: Die Pfadmethode »bezierCurveTo()«

Zur Konstruktion der Bézierkurven benötigen wir neben dem aktuellen Punkt als Ausgangskoordinate die Zielkoordinate und je nach Kurvenart einen oder zwei Kontrollpunkte. Neuer aktueller Punkt nach dem Zeichnen ist in beiden Fällen die Koordinate x/y.

5.5.3 Kreisbögen

Etwas schwieriger zu verstehen sind mit Sicherheit die Methoden zum Konstruieren von Kreisbögen, den sogenannten arcs. Die erste davon definiert sich über zwei Koordinaten und einen Radius:

```
context.arcTo(x1, y1, x2, y2, radius)
```

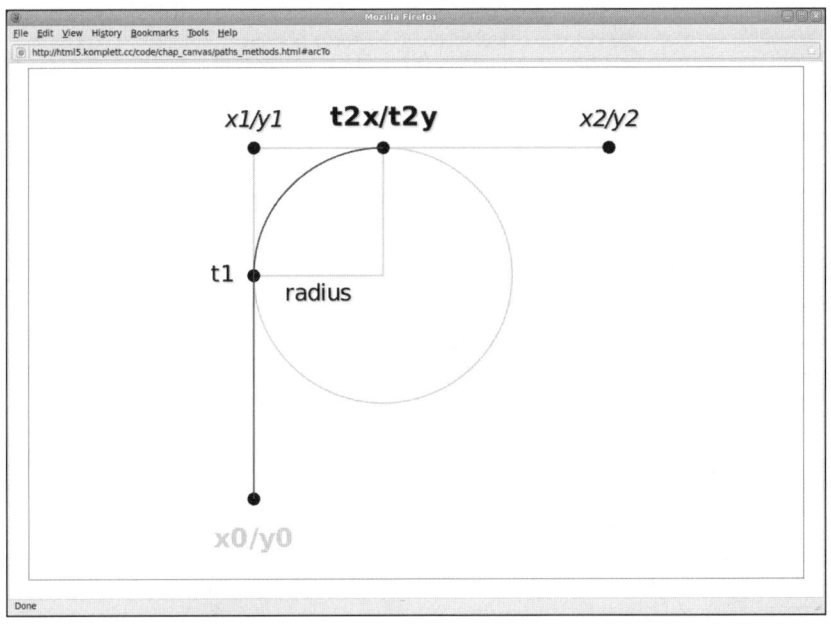

Abbildung 5.10: Die Pfadmethode »arcTo()«

Wie aus Abbildung 5.10 erkennbar ist, konstruiert arcTo() den neuen Pfad auf folgende Weise: An den Linienzug von x0/y0 über x1/y1 nach x2/y2 wird ein Kreis mit gegebenem Radius so angelegt, dass er die Linien in genau zwei Punkten, der Starttangente t1 und Endtangente t2, schneidet. Der Bogen zwischen diesen beiden Punkten wird Teil des Pfades, und die Endtangente t2 wird zum neuen aktuellen Punkt.

In der Praxis gut einsetzbar ist diese Methode für Rechtecke mit abgerundeten Ecken – eine wiederverwendbare Funktion, die das erledigt, ist da nicht fehl am Platz:

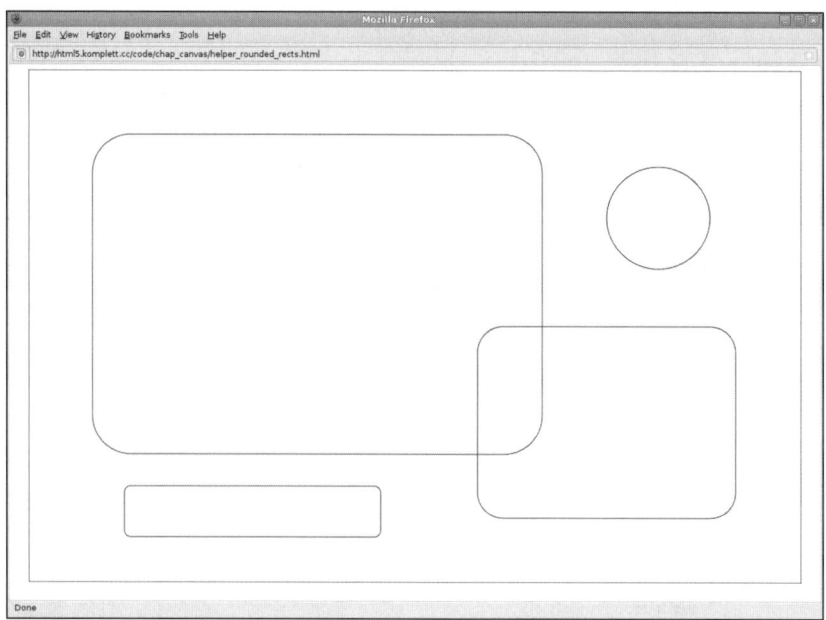

Abbildung 5.11: Vier Rechtecke mit gerundeten Ecken – der Kreis ist der Extremfall eines gerundeten Rechtecks

```
var roundedRect = function(x,y,w,h,r) {
  context.beginPath();
  context.moveTo(x,y+r);
  context.arcTo(x,y,x+w,y,r);
  context.arcTo(x+w,y,x+w,y+h,r);
  context.arcTo(x+w,y+h,x,y+h,r);
  context.arcTo(x,y+h,x,y,r);
  context.closePath();
  context.stroke();
};
roundedRect(100,100,700,500,60);
roundedRect(900,150,160,160,80);
roundedRect(700,400,400,300,40);
roundedRect(150,650,400,80,10);
```

Die Funktion roundedRect() erwartet neben den Basiswerten für das Rechteck selbst den Radius zum Abrunden und zeichnet dann mit einer moveTo()-, vier arcTo()- und einer closePath()-Methode das gewünschte Rechteck. Die

Methode closePath() kennen Sie noch nicht: Sie verbindet den letzten Punkt wieder mit dem Anfangspunkt und bewirkt damit das Schließen des Rechtecks.

Auf den ersten Blick noch komplizierter erscheint die zweite Variante, Kreisbögen zu erstellen: die Methode arc(). Neben Zentrum und Radius müssen jetzt auch noch zwei Winkel und die Drehrichtung übergeben werden.

```
context.arc(x, y, radius, startAngle, endAngle, anticlockwise)
```

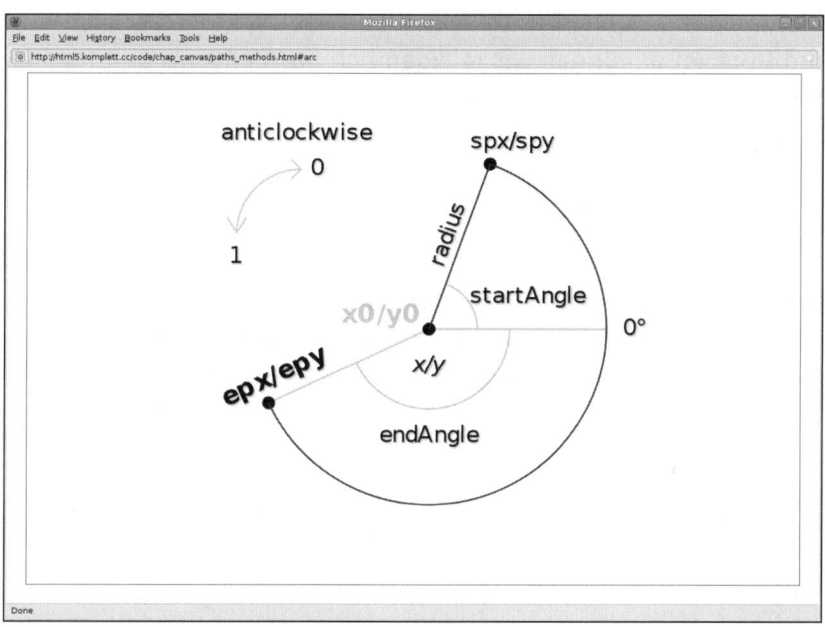

Abbildung 5.12: Die Pfadmethode »arc()«

Der Ausgangspunkt für den arc in Abbildung 5.12 ist das Zentrum eines Kreises mit gegebenem Radius. Von dort aus werden über die Winkel startAngle und endAngle zwei Zeiger konstruiert, die den Kreis in zwei Punkten schneiden. Die Richtung des Kreisbogens zwischen diesen beiden Koordinaten bestimmt der Parameter anticlockwise, wobei 0 für *im Uhrzeigersinn* und 1 für *gegen den Uhrzeigersinn* steht.

Der resultierende arc beginnt somit im Zentrum des Kreises bei x0/y0, verbindet dieses in einer gerade Linie mit dem ersten Schnittpunkt spx/spy und zeichnet von dort aus den Kreisbogen zum Endpunkt epx/epy, der dann zum neuen aktuellen Punkt wird.

Der größte Wermutstropfen bei der Konstruktion von arcs ist, dass alle Winkel in Radiant statt Grad angegeben werden müssen. Ein kurzes Helferlein als Gedächtnisstütze bei der Umrechnung kann also nicht schaden:

```
var deg2rad = function(deg) {
  return deg*(Math.PI/180.0);
};
```

Wenn wir schon bei Hilfsfunktionen sind, können wir gleich noch zwei weitere hinzufügen, die uns das Zeichnen von Kreisen und Kreissektoren erleichtern. Für Kreise zum Beispiel benötigen wir ja eigentlich nur Zentrum und Radius, den Rest soll unsere Funktion circle() erledigen:

```
var circle = function(cx,cy,r) {
  context.moveTo(cx+r,cy);
  context.arc(cx,cy,r,0,Math.PI*2.0,0);
};
```

Bei Kreisdiagrammen, auch Kuchen- oder Tortendiagramme genannt, sind vor allem die Winkelangaben in Radiant wenig intuitiv. Unsere Funktion sector() erledigt die lästige Arbeit der Umrechnung für uns und erlaubt, Start- und Endwinkel in Grad zu übergeben:

```
var sector = function(cx,cy,r,
    startAngle,endAngle, anticlockwise
  ) {
  context.moveTo(cx,cy);
  context.arc(
    cx,cy,r,
    startAngle*(Math.PI/180.0),
    endAngle*(Math.PI/180.0),
    anticlockwise
  );
  context.closePath();
};
```

Wenige Zeilen Code genügen nun schon, um Kreise und Kreisdiagramme zu zeichnen und dabei nicht den Überblick zu verlieren. Abbildung 5.13 zeigt das Ergebnis.

```
context.beginPath();
circle(300,400,250);
circle(300,400,160);
circle(300,400,60);
```

```
sector(905,400,250,-90,30,0);
sector(900,410,280,30,150,0);
sector(895,400,230,150,270,0);
context.stroke();
```

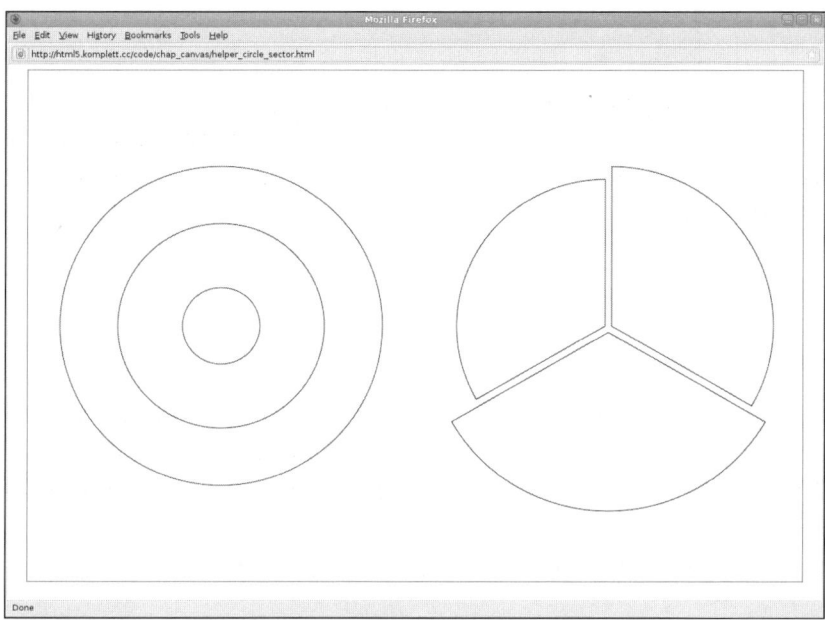

Abbildung 5.13: Kreise und Kreissektoren

5.5.4 Rechtecke

In der Handhabung unseren beiden Helferlein schon ähnlicher ist die Methode rect(), die damit auch etwas aus der Reihe tanzt.

```
context.rect(x, y, w, h)
```

Im Gegensatz zu allen bisherigen Pfadzeichenmethoden wird nämlich bei rect() der aktuelle Punkt x0/y0 beim Zeichnen gänzlich ignoriert und das Rechteck nur über die Parameter x, y, Breite w und Höhe h definiert. Neuer aktueller Punkt nach dem Zeichnen wird der Ursprungspunkt x/y.

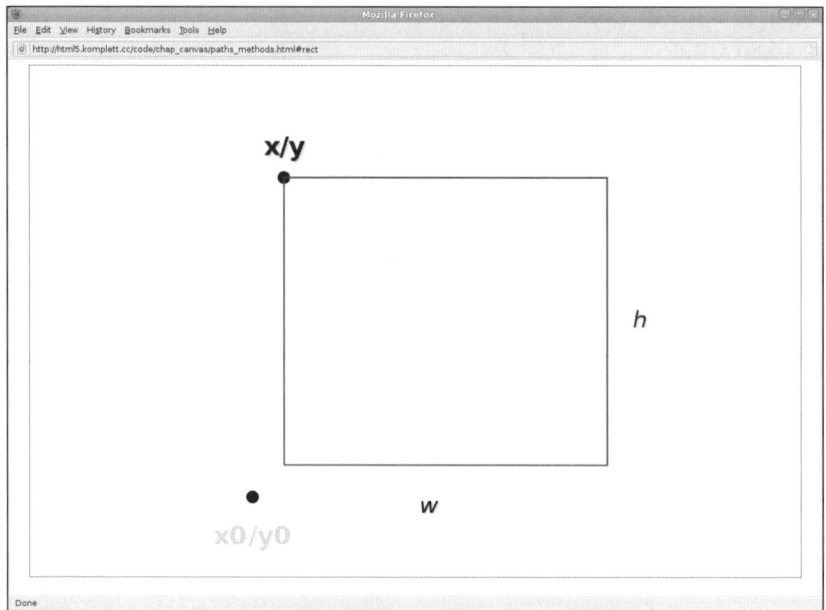

Abbildung 5.14: Die Pfadmethode »rect()«

5.5.5   Umrisse, Füllungen und Clipmasken

Wenn wir uns an die drei Phasen der Pfaderstellung mit Initialisierung, Festlegen der Pfadgeometrie und Zeichnen erinnern, dann sind wir jetzt bei der
dritten und letzten Phase angekommen: dem Zeichnen. Hier fällt die Entscheidung, wie der fertige Pfad aussehen soll. Alle bisherigen Beispiele entschieden
sich an dieser Stelle für eine einfache Umrisslinie, die durch folgende Methode
erzeugt wird:

```
context.stroke()
```

Die Farbe der Linie bestimmt dabei das Attribut strokeStyle. Daneben lassen
sich die Linienstärke (lineWidth), das Aussehen der Linienenden (lineCap) sowie das Erscheinungsbild der Verbindung zwischen Linien (lineJoin) über drei
weitere Canvas-Attribute festlegen (der Stern kennzeichnet Defaultwerte und
wird uns ab jetzt noch öfter begegnen).

```
context.lineWidth = [ Pixel ]
context.lineCap = [ *butt, round, square ]
context.lineJoin = [ bevel, round, *miter ]
```

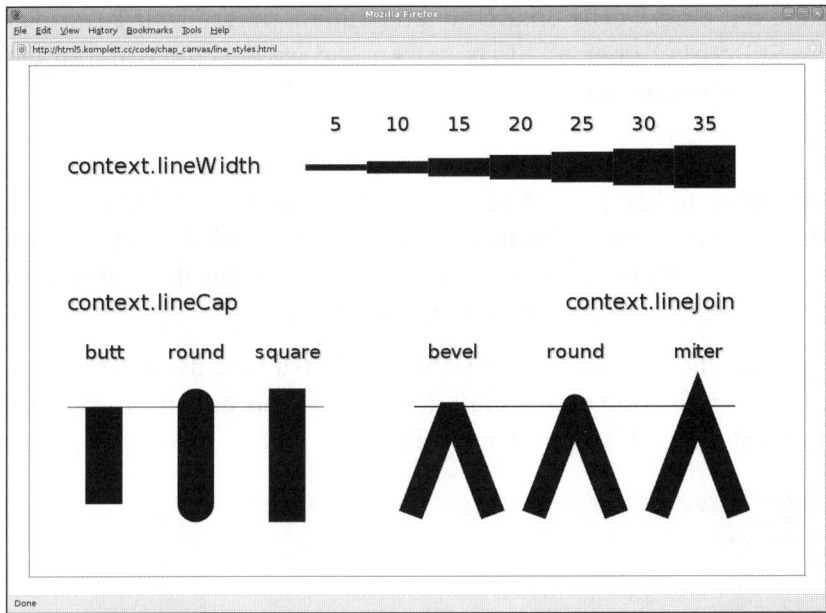

Abbildung 5.15: Attribute für Linienstile

Die Linienbreite lineWidth wird in Pixel angegeben, ihr Defaultwert liegt bei 1.0. Sie gilt, wie die beiden anderen Linienattribute, nicht nur für Linien und Polygone, sondern auch für Rechtecke, die mit strokeRect() erstellt wurden.

Das Linienende lineCap kann entweder gekappt (butt), rund (round) oder quadratisch (square) mit butt als Standardwert sein. Wird round verwendet, erfolgt die Abrundung der Linie durch Hinzufügen eines Halbkreises am Linienende mit halber lineWidth als Radius. Bei der Methode square wird der Halbkreis durch ein Rechteck mit halber Linienbreite als Höhe ersetzt.

Abgeschrägte Linienverbindungen erzeugt das Attribut lineJoin über bevel; für die Abrundung der Ecken steht round zur Verfügung, und spitze Eckverbindungen, vergleichbar einer Gehrung, erhält man durch miter, das gleichzeitig Defaultwert ist. Um zu verhindern, dass über miter verbundene Linien zu spitz werden, hält die Spezifikation das Attribut miterLimit mit Standardwert 10.0 bereit. Dabei handelt es sich um das Verhältnis von Länge der Spitze (das ist der Abstand zwischen dem Schnittpunkt der Linien und der Spitze) zur halben Linienbreite. Wird miterlimit überschritten, erfolgt das Kappen der Spitze, wodurch der gleiche Effekt wie bei bevel entsteht.

Wollen wir Pfade mit einer Farbe oder Gradiente füllen, müssen wir zuvor das entsprechende Stilattribut über fillStyle setzen und im Anschluss daran die folgende Pfadmethode aufrufen:

```
context.fill()
```

So einfach das klingt, so kompliziert kann es werden, wenn sich Pfade selbst schneiden oder ineinander verschachtelt sind. Dann kommt die sogenannte *Nonzero*-Füllregel zum Tragen, die anhand der Laufrichtung der beteiligten Pfadbestandteile entscheidet, ob gefüllt wird oder nicht.

Abbildung 5.16 zeigt die *Nonzero*-Regel in Aktion. Links sind beide Kreise im Uhrzeigersinn gezeichnet, und rechts läuft der innere Kreis gegen den Uhrzeigersinn und bewirkt damit das Loch in der Mitte.

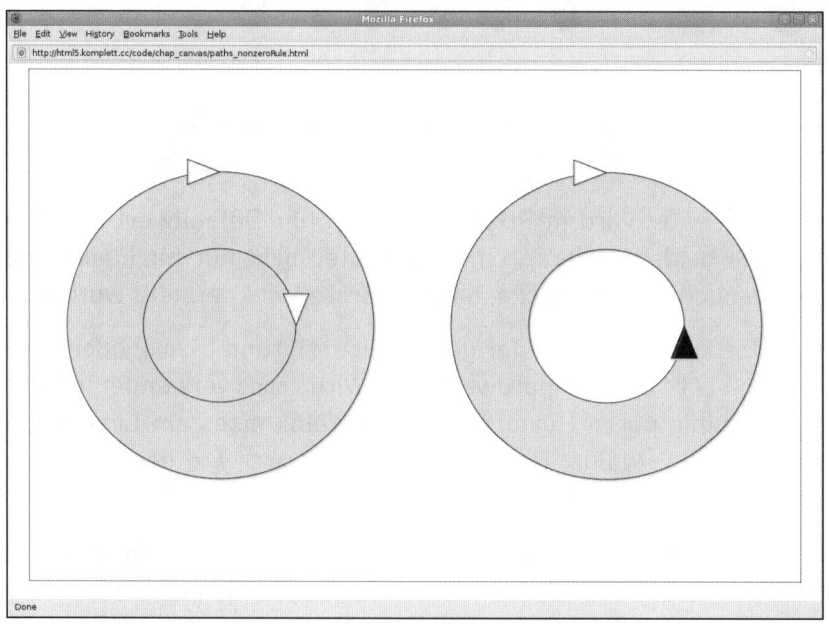

Abbildung 5.16: Die Nonzero-Füllregel bei Pfaden

Beim Zeichnen der gerichteten Kreise hilft uns übrigens wieder das Helferlein aus dem arc()-Abschnitt, diesmal mit einer kleinen Modifikation: Die gewünschte Richtung wird nun als Argument übergeben. Gültige Werte für anticlockwise sind 0 und 1.

```
var circle = function(cx,cy,r,anticlockwise) {
  context.moveTo(cx+r,cy);
  context.arc(cx,cy,r,0,Math.PI*2.0,anticlockwise);
};
```

Der Code für den rechten Kreis mit Loch ergibt sich demnach folgendermaßen:

```
context.beginPath();
context.fillStyle = 'yellow';
circle(900,400,240,0);
circle(900,400,120,1);
context.fill();
context.stroke();
```

Nach stroke() und fill() fehlt uns damit nur noch eine einzige Methode beim Zeichnen von Pfaden, nämlich die Methode:

```
context.clip()
```

So kurz wie ihr Name fällt auch die Erklärung aus: clip() sorgt dafür, dass der definierte Pfad nicht gezeichnet, sondern als Ausstechform für alle weiteren Zeichenelemente verwendet wird. Alles, was innerhalb der Maske liegt, ist sichtbar, der Rest bleibt verborgen. Zurücksetzen kann man diese Maske, indem man eine weitere Clipmaske mit der gesamten Canvas-Fläche als Geometrie erstellt. Eine elegantere Methode wird uns erst viel später in Abschnitt 5.13 bei save() und restore() begegnen.

Als Nächstes wollen wir uns allerdings dem Thema Text zuwenden, einem Thema, das in der Spezifikation gerade einmal vier Seiten einnimmt. Kann es sein, dass es um die Textunterstützung in Canvas nicht gut bestellt ist?

5.6 Text

Auf den ersten Blick lautet die Antwort wohl eher *Ja*, denn die Einsatzmöglichkeiten für Text in Canvas sind begrenzt und beschränken sich auf das Formatieren und Positionieren von einfachen Zeichenketten. Fließtext mit automatischen Zeilenumbrüchen wird man ebenso vermissen wie Absatzformate oder auch die Selektierbarkeit bereits erstellter Texte.

Was bleibt, sind drei Attribute zur Bestimmung der Texteigenschaften, zwei Methoden zum Zeichnen von Texten und eine Methode zur Ermittlung der Textlänge einer Zeichenkette unter Berücksichtigung des aktuell eingestellten

Formats. Das scheint nicht viel zu sein, doch auf den zweiten Blick wird klar, dass sich auch hinter vier Seiten Spezifikation gut durchdachte Details verstecken können.

5.6.1 Fonts

Die Definition des Font-Attributs verweist kurzerhand auf die CSS-Spezifikation und legt fest, dass `context.font` der gleichen Syntax unterliegt wie die CSS-`font`-Kurznotation.

```
context.font = [ CSS font Eigenschaft ]
```

Auf diese Weise können alle Font-Eigenschaften bequem in einem einzigen String spezifiziert werden. Tabelle 5.2 zeigt die einzelnen Komponenten und listet deren mögliche Werte auf.

Eigenschaft	Werte
`font-style`	*normal, italic, oblique
`font-variant`	*normal, small-caps
`font-weight`	*normal, bold, bolder, lighter 100, 200, 300, 400, 500, 600, 700, 800, 900
`font-size`	xx-small, x-small, small, *medium, large, x-large, xx-large, larger, smaller em, ex, px, in, cm, mm, pt, pc, %
`line-height`	*normal, <Nummer>, em, ex, px, in, cm, mm, pt, pc, %
`font-family`	Schriftfamilie oder generische Schriftfamilie wie serif, sans-serif, cursive, fantasy, monospace

Tabelle 5.2: Die Komponenten der CSS-»font«-Eigenschaft

Beim Zusammensetzen des `font`-Attributs sind nur die Eigenschaften `font-size` und `font-family` zwingend anzugeben. Alle anderen können entfallen und nehmen dann ihre in der Tabelle durch einen Stern gekennzeichneten Standardwerte ein. Da Text in Canvas keine Zeilenumbrüche kennt, ist auch das Attribut `line-height` ohne Wirkung und wird in jedem Fall ignoriert. Das bereinigte Muster beim Zusammensetzen der Komponenten lautet damit:

```
context.font = [
  font-style font-variant font-weight font-size font-family
]
```

Bezüglich der font-family gelten dieselben Regeln wie beim Definieren von Schriften in Stylesheets: Es dürfen beliebige Kombinationen von Schriftfamilien und/oder generischen Schriftfamilien ausgewiesen werden. Der Browser pickt sich dann die erste ihm bekannte Schrift aus dieser Prioritätenliste heraus.

Völlige Unabhängigkeit vom Browser beziehungsweise der jeweiligen Plattform und ihren Schriften erzielt man durch die Verwendung von Webfonts. Einmal mittels @font-face in einem Stylesheet eingebunden, stehen sie über den vergebenen Schriftnamen auch in Canvas als font-family zur Verfügung.

```
@font-face {
  font-family: Scriptina;
  src: url('fonts/scriptina.ttf');
}
```

Abbildung 5.17 zeigt kurze Beispiele gültiger CSS-font-Attribute und deren Darstellung in Canvas. Die Quelle für den Webfont *Scriptina* im letzten Beispiel ist *http://www.fontex.org/* – eine übersichtlich aufbereitete Sammlung freier Fonts, die dort zum Download bereitstehen.

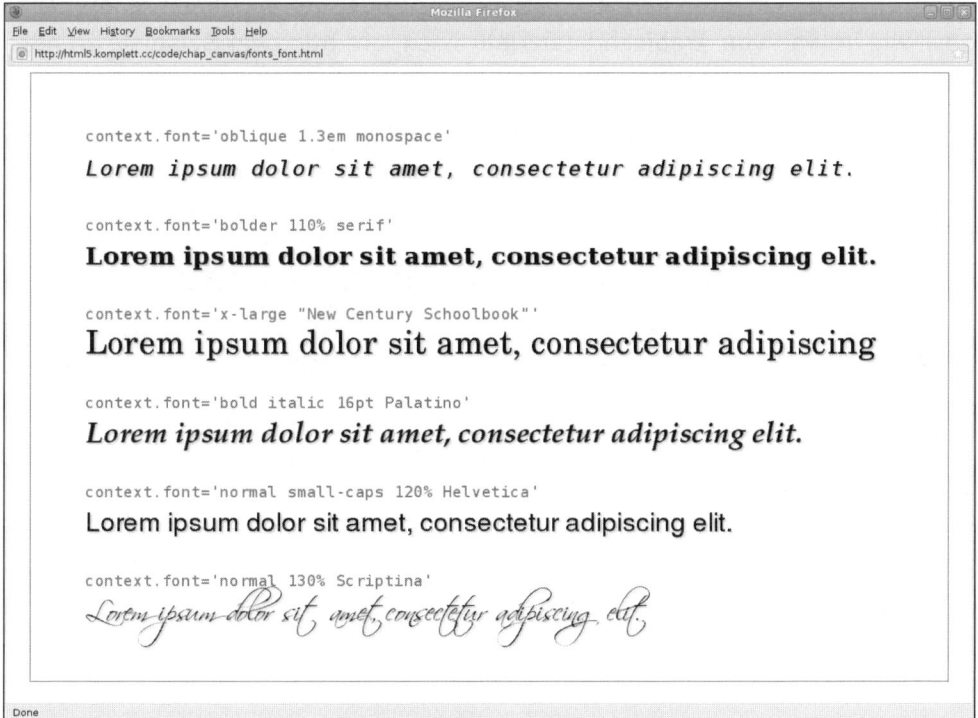

Abbildung 5.17: Schriftformatierungen mit dem »font«-Attribut

Zu dem Zeitpunkt, als dieses Buch geschrieben wurde, unterstützte kein Browser `@font-face` ohne Probleme. So findet bei Firefox der Webfont *Scriptina* in der letzten Zeile nur dann den Weg in den Canvas, wenn er im HTML-Dokument zumindest einmal verwendet wird. Ebenso fehlt bei Firefox die korrekte Umsetzung von `small-caps`, weshalb auch das vorletzte Beispiel nicht richtig angezeigt wird.

5.6.2   Horizontaler Textanfasspunkt

Zum Festlegen des Textanfasspunktes von Canvas-Texten in horizontaler Richtung dient das Attribut `textAlign`.

```
context.textAlign = [
  left | right | center | *start | end
]
```

Sind die Keywords `left`, `right` oder `center` noch vom CSS-Attribut `text-align` bekannt, handelt es sich bei `start` und `end` schon um CSS3-Erweiterungen, die die Laufrichtung des Textes in Abhängigkeit von der jeweiligen Sprache berücksichtigen. Schriften können nämlich nicht nur von links nach rechts, sondern wie im Fall von Arabisch oder Hebräisch, um nur zwei Beispiele zu nennen, auch von rechts nach links laufen.

Abbildung 5.18 präsentiert die horizontalen Textanfasspunkte für Schriften mit Textfluss `ltr` (left to right) und `rtl` (right to left) und verdeutlicht die Auswirkung der Richtungsabhängigkeit auf die Attribute `start` und `end`.

HINWEIS

Im Browser kann die Richtungsabhängigkeit eines Dokumentes über das globale Attribut `document.dir` geändert werden:

```
document.dir = [ *ltr | rtl ]
```

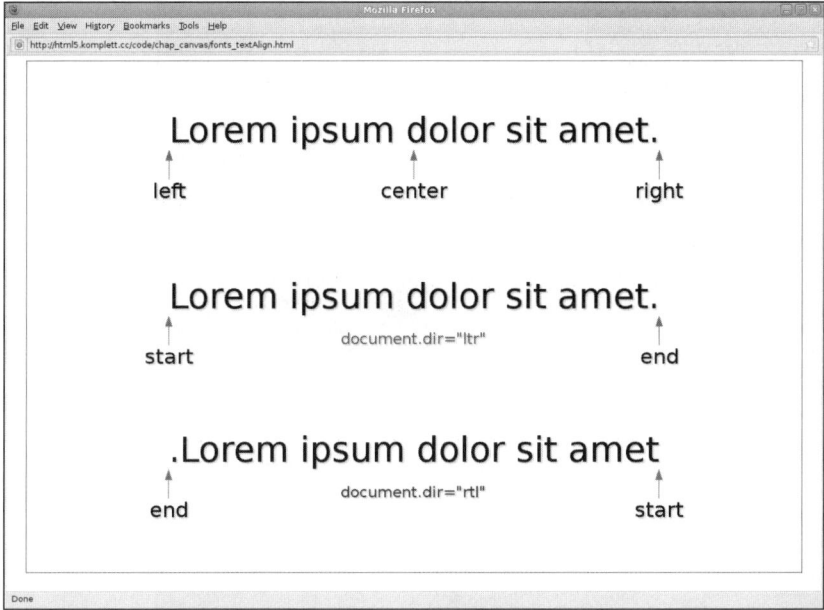

Abbildung 5.18: Horizontale Textanfasspunkte mit »textAlign«

5.6.3 Vertikaler Textanfasspunkt

Den Textanfasspunkt in vertikaler Richtung und damit die Grundlinie, an der alle Glyphen ausgerichtet werden, bestimmt das dritte und letzte textbezogene Attribut, textBaseline.

```
context.textBaseline = [
  top | middle | *alphabetic | bottom | hanging | ideographic
]
```

Oben, *Mitte*, *alphabetisch*, *unten*, *hängend* und *ideografisch* lautet die Übersetzung der gültigen textBaseline-Keywords, wobei die ersten vier davon wohl selbsterklärend sind. Eine hängende Grundlinie benötigen Devanagari, Gurmukhi und Bengali, drei indische Schriften, in denen die Sprachen Sanskrit, Hindi, Marathi, Nepali beziehungsweise Panjabi und Bengalisch geschrieben werden. Zur Gruppe der ideografischen Schriften zählen Chinesisch, Japanisch, Koreanisch und Vietnamesisch.

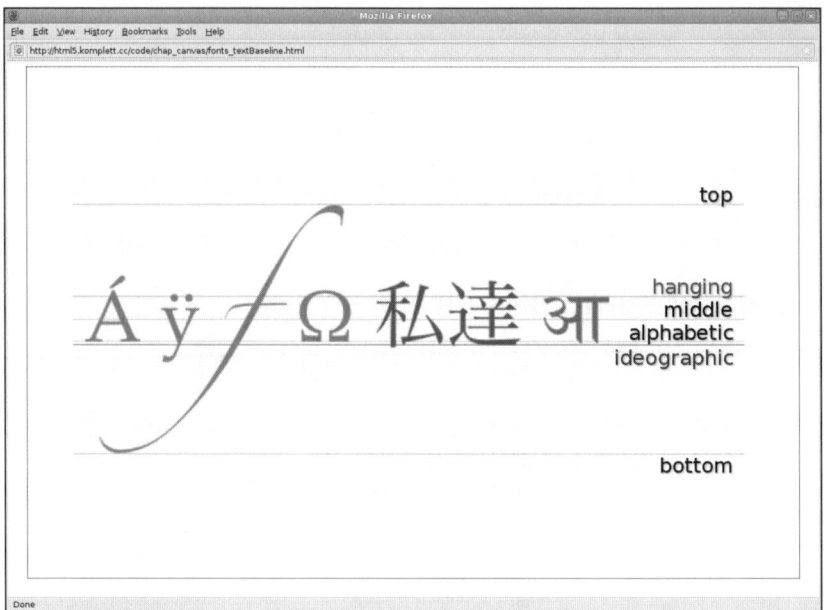

Abbildung 5.19: Vertikale Textanfasspunkte mit »textBaseline«

5.6.4   Text zeichnen und messen

Sind Font und Anfasspunkt erst einmal festgelegt, muss nur noch der Text gezeichnet werden. Ähnlich wie bei Rechtecken können Sie sich für eine Füllung und/oder Randlinie entscheiden und sogar die erlaubte Breite des Textes durch einen optionalen Parameter maxwidth beschränken.

```
context.fillText(text, x, y, maxwidth)
context.strokeText(text, x, y, maxwidth)
```

Zum Messen der Dimension eines Textes steht zu guter Letzt noch die Methode measureText() zur Verfügung, die zumindest die Breite unter Berücksichtigung des aktuellen Formats ermitteln kann. Im Beispiel aus Abbildung 5.20 wurde der Wert rechts unten (759) auf diese Art berechnet.

```
Textbreite = context.measureText(text).width
```

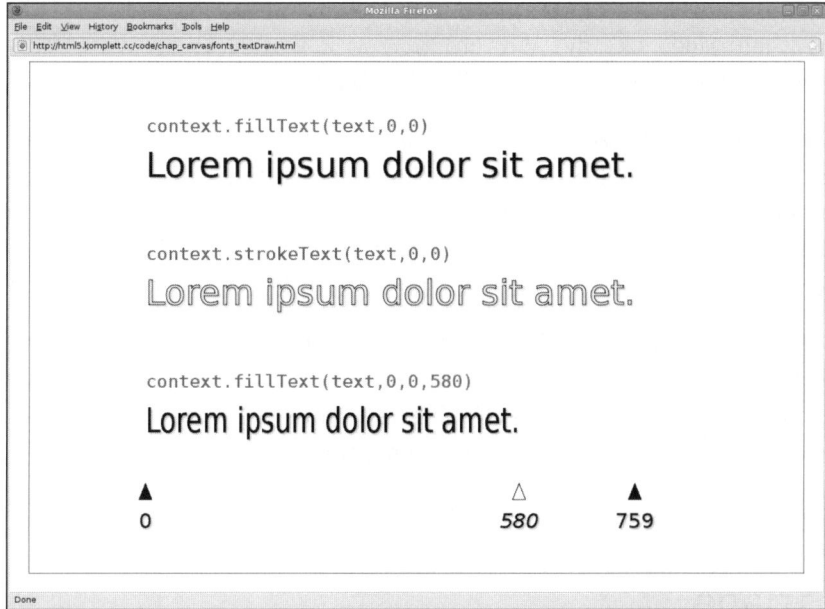

Abbildung 5.20: »fillText()«, »strokeText()« und »measureText()«

Die Bestimmung von Höhe oder Ursprungspunkt des Hüllrechtecks (*Bounding-Box*) ist zum derzeitigen Zeitpunkt nicht möglich, könnte aber in einer zukünftigen Version der Spezifikation ebenso implementiert werden wie mehrzeiliges Text-Layout. Vielversprechend hört sich die letzte Anmerkung im Textkapitel der Canvas-Spezifikation an, wonach in Zukunft durchaus auch Fragmente von Dokumenten (z. B. Absätze mit Formatierungen) über CSS den Weg nach Canvas finden könnten.

Nicht erst in der Zukunft, sondern bereits jetzt bietet die Canvas-API eine Vielzahl an Möglichkeiten, um mit rasterbasierten Formaten in Canvas zu arbeiten. Neben dem Einbinden von Bildern und Videos besteht sogar die Möglichkeit, auf jedes einzelne Pixel der Canvas-Fläche sowohl lesend als auch schreibend zuzugreifen. Wie das geht, zeigt der Abschnitt 5.8, Pixelmanipulation.

5.7   Bilder einbetten

Zum Einbetten von Bildern stellt Canvas die Methode `drawImage()` zur Verfügung, die mit drei unterschiedlichen Parametersätzen aufgerufen werden kann.

```
context.drawImage(image, dx, dy)
context.drawImage(image, dx, dy, dw, dh)
context.drawImage(image, sx, sy, sw, sh, dx, dy, dw, dh)
```

In allen drei Fällen benötigen wir im ersten Parameter ein image-, canvas- oder video-Element, das dynamisch über JavaScript oder statisch im HTML-Code eingebunden sein kann. Animierte Bilder oder Videos werden dabei allerdings nicht bewegt dargestellt, sondern statisch durch ihren ersten Frame beziehungsweise einen Poster-Frame, sofern dieser vorhanden ist.

Alle weiteren Argumente der drawImage() Methode beeinflussen Position, Größe oder Ausschnitt des Quellrasters im Ziel-Canvas. Abbildung 5.21 liefert die grafische Interpretation der möglichen Positionsparameter, wobei die Präfixe s für source (Quelle) und d für destination (Ziel) stehen.

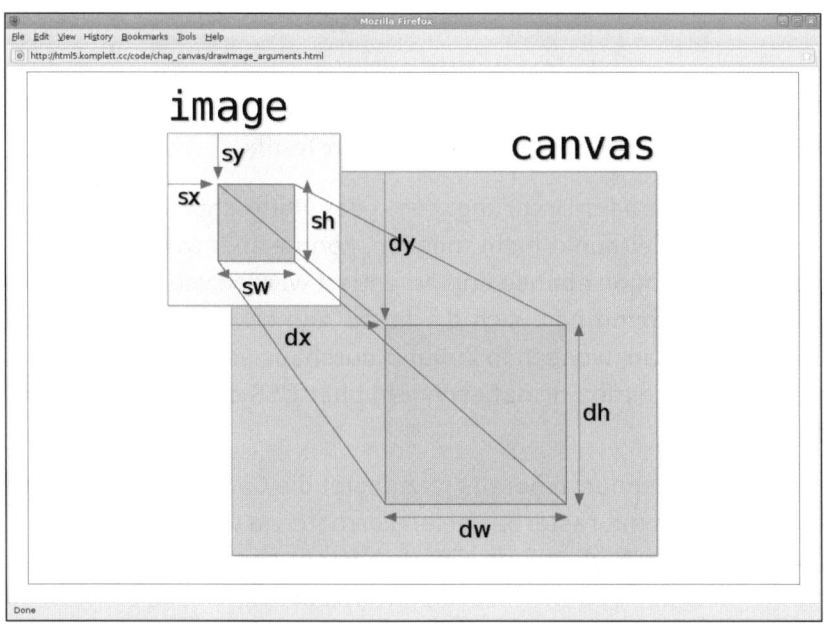

Abbildung 5.21: Positionsparameter der »drawImage()«-Methode

Vergleichen wir nun die einzelnen drawImage()-Methoden anhand von drei einfachen Beispielen. Das gemeinsame Setup besteht aus einem 1200 x 800 Pixel großen Bild, das dynamisch als JavaScript-Objekt erzeugt wird.

```
var image = new Image();
image.src = 'images/yosemite.jpg';
```

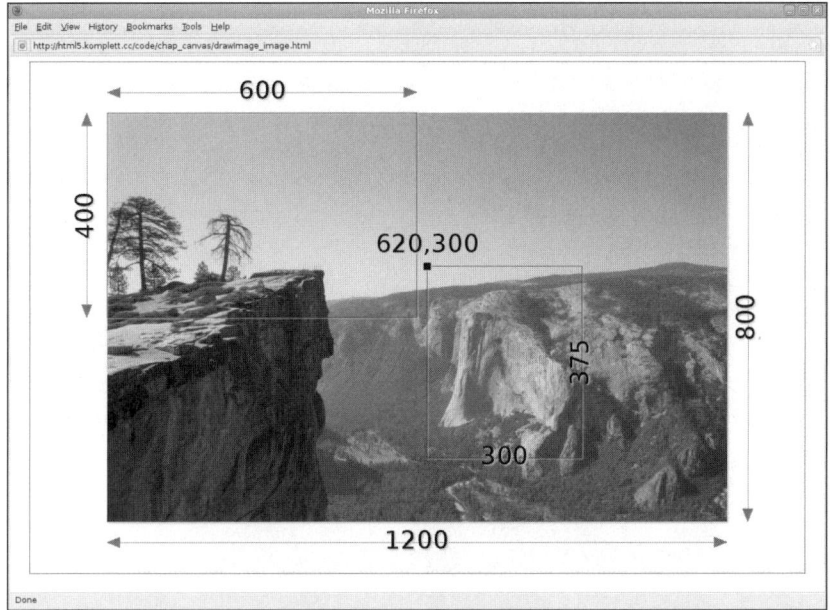

Abbildung 5.22: Das Quellbild für alle »drawImage()«-Beispiele

Neben Pixelangaben, die uns in den Beispielen begegnen werden, zeigt Abbildung 5.22 die imposante, 1000 Meter hohe Felswand von El Capitan im Yosemite Nationalpark, vom Taft Point aus fotografiert. Dieses Bild wird nun onload in einer der drei Arten auf den 600 x 400 Pixel großen Ziel-Canvas gezeichnet. Die erste und einfachste Möglichkeit bestimmt über dx/dy die linke obere Ecke des Bildes im Ziel-Canvas. In unserem Fall ist dies die Position 0/0.

```
image.onload = function() {
  context.drawImage(image,0,0);
};
```

Breite sowie Höhe werden dabei direkt aus dem Originalbild übernommen, und da unser Bild größer als der Ziel-Canvas ist, erscheint wenig überraschend auch nur das linke obere Viertel mit dem Taft Point auf der Canvas-Fläche.

Wollen wir den gesamten Bildausschnitt im Canvas darstellen, müssen wir zusätzlich die gewünschte Breite und Höhe in den Argumenten dw/dh angeben. Die Skalierung des Bildes auf 600 x 400 Pixel übernimmt dann der Browser für uns.

```
image.onload = function() {
  context.drawImage(image,0,0,600,400);
};
```

Abbildung 5.23: Der Taft Point im Yosemite-Nationalpark

Abbildung 5.24: Der Taft Point mit El Capitan im Yosemite-Nationalpark

Die dritte Variante von drawImage() bietet – im Gegensatz zu den beiden bisherigen, die auch mit CSS realisierbar gewesen wären – ganz neue Möglichkeiten, mit Bildern zu arbeiten. Beliebige Ausschnitte des Quellbildes (sx, sy, sw, sh) können jetzt in definierte Bereiche des Ziel-Canvas (dx, dy, dw, dh) kopiert werden. Der Montage von Bildern steht damit nichts mehr im Wege.

```
image.onload = function() {
  context.drawImage(image,0,0);
  context.drawImage(
    image, 620,300,300,375,390,10,200,250
  );
};
```

Abbildung 5.25: Yosemite-Nationalpark-Postkarte

Der erste drawImage()-Aufruf liefert wiederum das linke obere Viertel mit dem Taft Point, der zweite extrahiert den Bereich von El Capitan und zeichnet ihn als Icon in die rechte obere Ecke. Beschriftungen mit Schatten vervollständigen das rudimentäre Layout unserer Postkarte.

Wer lieber El Capitan im Vordergrund und den Taft Point als Briefmarke rechts oben sehen will, der muss nur die drawImage()-Aufrufe leicht modifizieren – in unserem Beispiel passiert dies, wenn man auf den Canvas klickt.

```
canvas.onclick = function() {
  context.drawImage(
    image,600,250,600,400,0,0,600,400
  );
  context.drawImage(
    image,0,0,500,625,390,10,200,250
  );
};
```

Abbildung 5.26: Yosemite-Nationalpark-Postkarte (alternatives Layout)

So viel zum Thema drawImage() mit einem Bild als Quelle. Ein ausführliches Beispiel zur Verwendung des video-Elements als erstem Parameter von draw-Image() wird uns in Abschnitt 5.14.2, Video abspielen mit »drawImage()«, noch begegnen, zuvor allerdings wollen wir uns damit beschäftigen, wie man sowohl lesend als auch schreibend auf Pixelwerte der Canvas-Fläche zugreifen kann.

5.8   Pixelmanipulation

Die Methoden unserer Wahl, um Pixelwerte zu lesen und zu manipulieren, lauten getImageData(), putImageData() und createImageData(). Nachdem in allen dreien der Begriff ImageData heraussticht, gilt es diesen als ersten zu definieren.

5.8.1 Arbeiten mit dem »ImageData«-Objekt

Nähern wir uns dem ImageData-Objekt mit einem 2 x 2 Pixel großen Canvas, auf den wir vier 1 x 1 Pixel große, gefüllte Rechtecke in den benannten Farben navy, teal, lime und yellow zeichnen.

```
context.fillStyle = 'navy';
context.fillRect(0,0,1,1);
context.fillStyle = 'teal';
context.fillRect(1,0,1,1);
context.fillStyle = 'lime';
context.fillRect(0,1,1,1);
context.fillStyle = 'yellow';
context.fillRect(1,1,1,1);
```

Über die Methode getImageData(sx, sy, sw, sh) greifen wir im nächsten Schritt auf das ImageData-Objekt zu, wobei die vier Argumente den gewünschten Canvas-Ausschnitt als Rechteck festlegen.

```
ImageData = context.getImageData(
  0,0,canvas.width,canvas.height
);
```

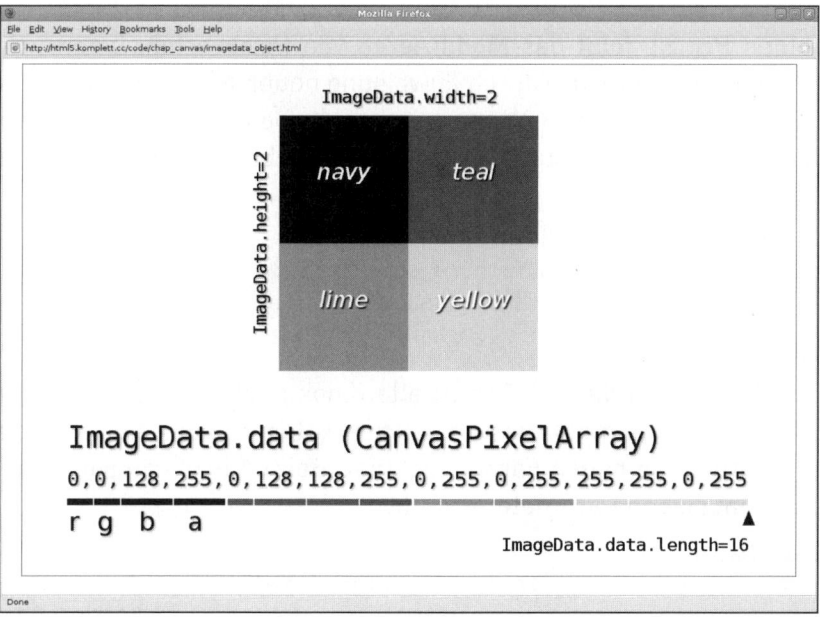

Abbildung 5.27: Das »ImageData«-Objekt

Das `ImageData`-Objekt selbst besitzt die Attribute `ImageData.width`, `ImageData` `.height` und `ImageData.data`, wobei sich hinter Letzterem die tatsächlichen Pixelwerte im sogenannten `CanvasPixelArray` verstecken. Dabei handelt es sich um ein flaches Array mit Rot-, Grün-, Blau- und Alpha-Werten für jedes Pixel im gewählten Ausschnitt, beginnend links oben, von links nach rechts und von oben nach unten. Die Anzahl aller Werte ist im Attribut `ImageData.data.length` gespeichert.

Mithilfe einer einfachen `for`-Schleife können wir nun die einzelnen Werte des `CanvasPixelArray` auslesen und mit `alert()` sichtbar machen. Beginnend bei 0, arbeiten wir uns von Pixel zu Pixel vor, indem wir nach jedem Schleifendurchgang den Zähler um 4 erhöhen. Die RGBA-Werte ergeben sich dann über Offsets von der aktuellen Position aus, wobei Rot beim Zähler `i`, Grün bei `i+1`, Blau bei `i+2` und die Alpha-Komponente bei `i+3` zu finden ist.

```
for (var i=0; i<ImageData.data.length; i+=4) {
  var r = ImageData.data[i];
  var g = ImageData.data[i+1];
  var b = ImageData.data[i+2];
  var a = ImageData.data[i+3];
  alert(r+" "+g+" "+b+" "+a);
}
```

Genau demselben Prinzip folgt das Modifizieren von Pixelwerten, indem wir jetzt das `CanvasPixelArray` *in-place* durch Zuweisung neuer Werte verändern. In unserem Beispiel werden die RGB-Werte mit `Math.random()` auf Zufallszahlen zwischen 0 und 255 gesetzt; die Alpha-Komponente bleibt unberührt.

```
for (var i=0; i<ImageData.data.length; i+=4) {
  ImageData.data[i] = parseInt(Math.random()*255);
  ImageData.data[i+1] = parseInt(Math.random()*255);
  ImageData.data[i+2] = parseInt(Math.random()*255);
}
```

Der Canvas erscheint nach diesem Schritt allerdings noch unverändert. Erst durch Zurückschreiben des modifizierten `CanvasPixelArray` über die Methode `putImageData()` werden die neuen Farben sichtbar. Beim Aufruf von `putImage-Data()` sind maximal sieben Parameter erlaubt.

```
context.putImageData(
  ImageData, dx, dy, [ dirtyX, dirtY, dirtyWidth, dirtyHeight ]
)
```

Die ersten drei Argumente sind verpflichtend anzugeben und beinhalten neben dem ImageData-Objekt die Koordinate des Ursprungspunktes dx/dy, von dem aus das CanvasPixelArray über seine width- und height-Attribute aufgetragen wird. Die optionalen dirty-Parameter dienen dazu, einen bestimmten Bereich des CanvasPixelArray auszuschneiden und nur diesen mit reduzierter Breite und Höhe zurückzuschreiben. Abbildung 5.28 zeigt unseren 4-Pixel-Canvas vor und nach der Modifikation und listet die jeweiligen Werte des CanvasPixelArray auf.

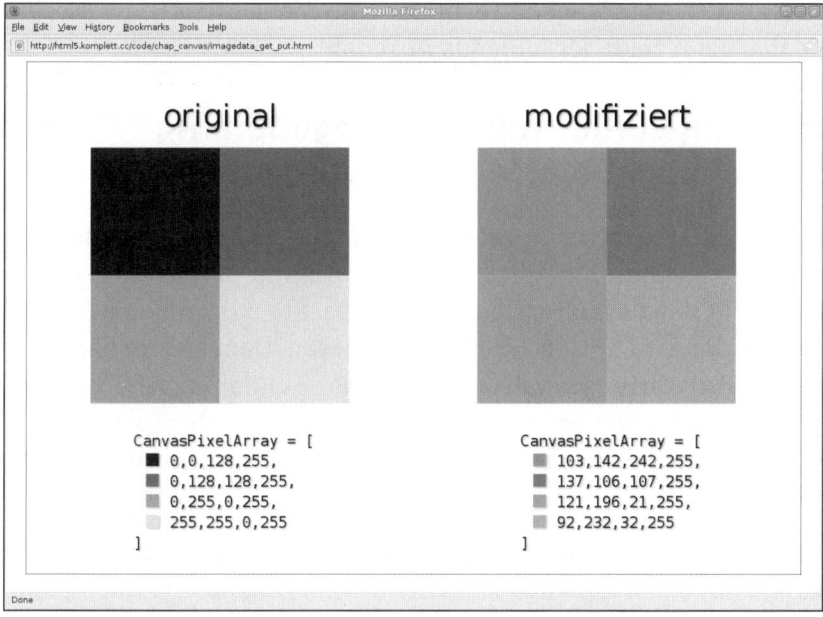

Abbildung 5.28: Modifizieren von Farben im »CanvasPixelArray«

Auf direktem Weg lässt sich ein leeres ImageData-Objekt über die Methode createImageData() initialisieren. Breite und Höhe entsprechen dabei den Argumenten sw/sh oder den Dimensionen eines beim Aufruf übergebenen ImageData- Objekts. In beiden Fällen werden alle Pixel des CanvasPixelArray auf transparent/schwarz, also rgba(0,0,0,0), gesetzt.

```
context.createImageData(sw, sh)
context.createImageData(imagedata)
```

Den 2 x 2 Pixel großen, modifizierten Canvas in Abbildung 5.28 könnten wir mithilfe von createImageData() demnach auch direkt erzeugen und über put-ImageData() zeichnen:

```
var imagedata = context.createImageData(2,2);
for (var i=0; i<ImageData.data.length; i+=4) {
  imagedata.data[i] = parseInt(Math.random()*255);
  imagedata.data[i+1] = parseInt(Math.random()*255);
  imagedata.data[i+2] = parseInt(Math.random()*255);
}
context.putImageData(imagedata,0,0);
```

So viel zur nüchternen CanvasPixelArray-Theorie, die Praxis ist viel spannender, denn mit getImageData(), putImageData(), createImageData() und etwas Mathematik lassen sich sogar eigene Farbfilter zum Manipulieren von Bildern schreiben. Wie das geht, zeigt der folgende Abschnitt.

5.8.2 Farbmanipulation mit »getImageData()«, »createImageData()« und »putImageData()«

Das Musterbild für alle Beispiele ist wieder die Aufnahme aus dem Yosemite-Nationalpark, die onload mit drawImage() auf den Canvas gezeichnet wird. In einem zweiten Schritt definieren wir über getImageData() das originale Canvas-PixelArray, das wir dann im dritten Schritt modifizieren. Dabei werden in einer for-Schleife die RGBA-Werte jedes Pixels nach einer mathematischen Formel neu berechnet und in ein zuvor über createImageData() erzeugtes CanvasPixel-Array eingetragen, das wir am Ende mit putImageData() wieder auf den Canvas zurückschreiben.

Listing 5.1 liefert das JavaScript-Grundgerüst für alle Filter, die in Abbildung 5.29 Verwendung finden. Die Funktion grayLuminosity() ist nicht Teil des Code-Beispiels, sondern wird, wie alle anderen Filter, im Anschluss behandelt.

```
var image = new Image();
image.src = 'images/yosemite.jpg';
image.onload = function() {
  context.drawImage(image,0,0,360,240);
  var modified = context.createImageData(360,240);
  var imagedata = context.getImageData(0,0,360,240);
  for (var i=0; i<imagedata.data.length; i+=4) {
    var rgba = grayLuminosity(
      imagedata.data[i+0],
      imagedata.data[i+1],
      imagedata.data[i+2],
      imagedata.data[i+3]
    );
```

```
    modified.data[i+0] = rgba[0];
    modified.data[i+1] = rgba[1];
    modified.data[i+2] = rgba[2];
    modified.data[i+3] = rgba[3];
  }
  context.putImageData(modified,0,0);
};
```

Listing 5.1: JavaScript-Grundgerüst für die Farbmanipulationen

Das Server-Icon in der rechten unteren Ecke von Abbildung 5.29 signalisiert, dass dieses Beispiel bei Verwendung von Firefox als Browser nur über einen Server mit dem `http://`-Protokoll aufgerufen werden kann. Warum dem so ist, wird Abschnitt 5.15.3, Sicherheitsaspekte, näher erklären.

HINWEIS

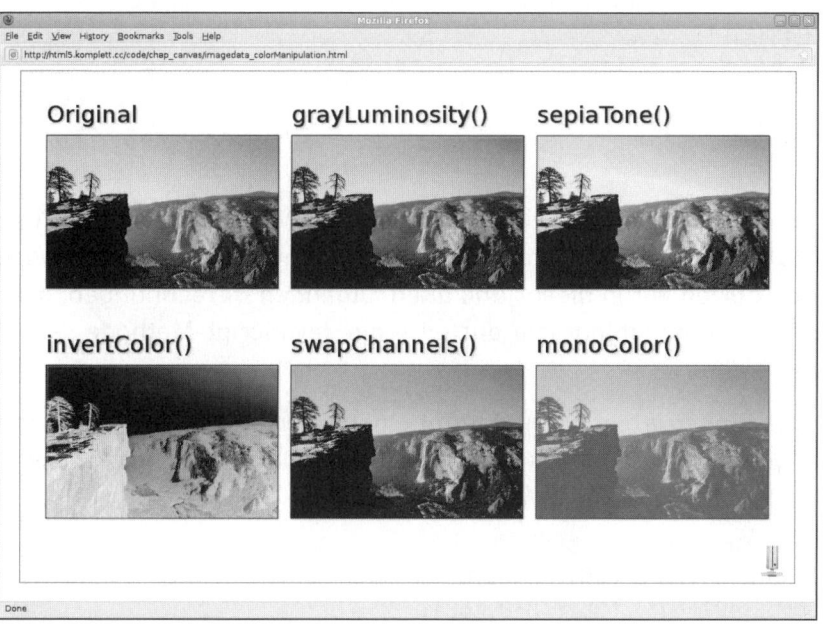

Abbildung 5.29: Farbmanipulation mit »getImageData()« und »putImageData()«

Zum Umwandeln der Farbe in Graustufen liefert die Dokumentation des freien Bildbearbeitungsprogramms GIMP im Kapitel *Entsättigen* (siehe den Weblink *http://docs.gimp.org/de/gimp-tool-desaturate.html*) drei Formeln, um den Grauwert über Helligkeit (*Lightness*), Leuchtkraft (*Luminosity*) oder durchschnittliche Helligkeit (*Average*) zu berechnen. Setzen wir diese Formeln in JavaScript um, erhalten wir unsere ersten drei Farbfilter:

169

```
var grayLightness = function(r,g,b,a) {
  var val = parseInt(
    (Math.max(r,g,b)+Math.min(r,g,b))*0.5
  );
  return [val,val,val,a];
};

var grayLuminosity = function(r,g,b,a) {
  var val = parseInt(
    (r*0.21)+(g*0.71)+(b*0.07)
  );
  return [val,val,val,a];
};

var grayAverage = function(r,g,b,a) {
  var val = parseInt(
    (r+g+b)/3.0
  );
  return [val,val,val,a];
};
```

Mit `grayLuminosity()` verwenden wir in Abbildung 5.29 die zweite Formel und ersetzen die RGB-Komponenten jedes Pixels durch den neu berechneten Wert. Nicht vergessen dürfen wir in dieser und allen folgenden Berechnungen, dass RGBA-Werte nur Integerzahlen sein dürfen – die JavaScript-Methode `parseInt()` stellt dies sicher.

Der Algorithmus für `sepiaTone()` entstammt einem Artikel von Zach Smith mit dem Titel *How do I ... convert images to greyscale and sepia tone using C#?* (siehe den verkürzten Weblink *http://bit.ly/a2nxl6*).

```
var sepiaTone = function(r,g,b,a) {
  var rS = (r*0.393)+(g*0.769)+(b*0.189);
  var gS = (r*0.349)+(g*0.686)+(b*0.168);
  var bS = (r*0.272)+(g*0.534)+(b*0.131);
  return [
    (rS>255) ? 255 : parseInt(rS),
    (gS>255) ? 255 : parseInt(gS),
    (bS>255) ? 255 : parseInt(bS),
    a
  ];
};
```

Durch Aufsummieren der multiplizierten Komponenten können in jeder der drei Berechnungen natürlich auch Werte größer als 255 entstehen – in diesen Fällen wird 255 als neuer Wert eingesetzt.

Sehr einfach ist das Invertieren von Farben im Filter invertColor(), denn jede RGB-Komponente muss nur von 255 abgezogen werden.

```
var invertColor = function(r,g,b,a) {
  return [
    (255-r),
    (255-g),
    (255-b),
    a
  ];
};
```

Der Filter swapChannels() modifiziert die Reihenfolge der Farbkanäle. Dazu müssen wir als vierten Parameter die gewünschte Neuanordnung in einem Array definieren, wobei 0 für Rot, 1 für Grün, 2 für Blau und 3 für den Alpha-Kanal anzugeben ist. Beim Vertauschen der Kanäle hilft uns das Array rgba mit den entsprechenden Eingangswerten, das wir in neuer Reihung zurückliefern. Ein Wechsel von RGBA nach BRGA, wie in unserem Beispiel, lässt sich mit order=[2, 0, 1, 3] realisieren.

```
var swapChannels = function(r,g,b,a,order) {
  var rgba = [r,g,b,a];
  return [
    rgba[order[0]],
    rgba[order[1]],
    rgba[order[2]],
    rgba[order[3]]
  ];
};
```

Die letzte Methode, monoColor(), setzt die RGB-Komponente jedes Pixels auf eine bestimmte Farbe und verwendet den Grauwert des Ausgangspixels als Alpha-Komponente. Der vierte Parameter beim Aufruf definiert die gewünschte Farbe als Array von RGB-Werten – in unserem Fall ist dies Blau mit color= [0, 0, 255].

```
var monoColor = function(r,g,b,a,color) {
  return [
    color[0],
    color[1],
```

```
    color[2],
    255-(parseInt((r+g+b)/3.0))
  ];
};
```

Die vorgestellten Filter sind noch sehr einfach gestrickt, da sie Farbwerte einzelner Pixel immer ohne Berücksichtigung der Nachbarpixel verändern. Bezieht man diese in die Berechnung ein, sind komplexere Methoden wie Schärfen, Unschärfemasken oder Kantenerkennung möglich.

HINWEIS

Um den Rahmen dieses Buches nicht zu sprengen, sei an dieser Stelle auf die *Pixastic Image Processing Library* von Jacob Seidlin verwiesen (*http://www .pixastic.com/lib/*). Über 30 unter der Mozilla Public License stehende JavaScript-Filter warten darauf, entdeckt zu werden.

Wir wenden uns derweil Thomas Porter und Tom Duff zu, zwei Gurus der Pixar Studios, die schon im Jahr 1984 mit ihrem Artikel über Alpha-Blending-Techniken Furore machten. Die von ihnen beschriebenen digitalen Compositing-Techniken erhielten nicht nur einen Preis der *Academy of Motion Picture Arts and Sciences,* sondern fanden auch Einzug in die Canvas-Spezifikation.

5.9   Compositing

So vielfältig die Möglichkeiten für Compositing in Canvas sind, so spärlich gesät sind gute Beispiele für den Einsatz derselben im Netz. Die meisten beschränken sich auf eine Darstellung der Methoden per se, und genau das wollen wir zu Beginn ebenso tun. Abbildung 5.30 zeigt gültige Keywords des globalCompositeOperation-Attributs, deren Entsprechung bei Porter-Duff (kursive Beschriftungen mit *A,B*) sowie das Resultat nach dem Zeichnen.

Zuerst wird jeweils das blaue Rechteck als Hintergrund gezeichnet, dann die gewünschte Composite-Methode gesetzt und zum Schluss der rote Kreis hinzugefügt. Für die erste Methode, source-over, die auch der Defaultwert für das globalCompositeOperation-Attribut ist, lautet der Code demnach:

```
context.beginPath();
context.fillStyle = 'cornflowerblue';
context.fillRect(0,0,50,50);
context.globalCompositeOperation = 'source-over';
context.arc(50,50,30,0,2*Math.PI,0);
context.fillStyle = 'crimson';
context.fill();
```

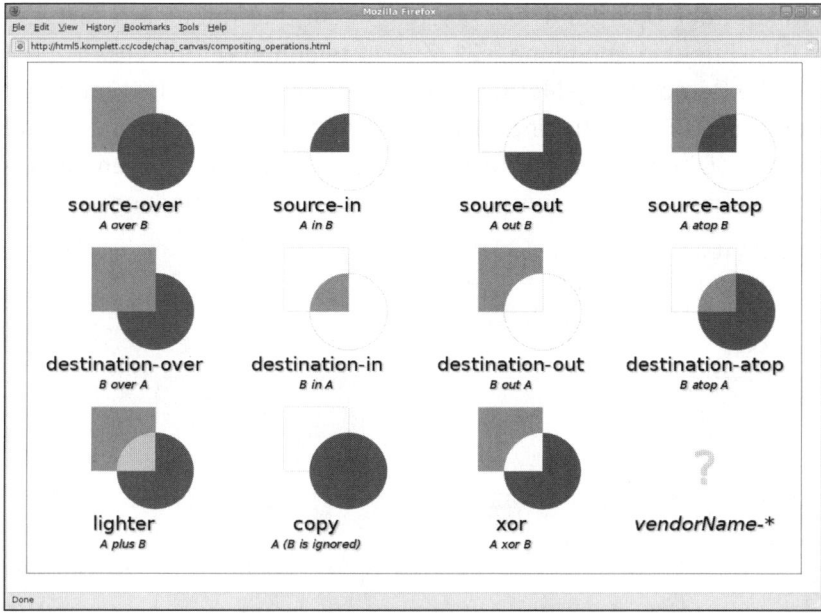

Abbildung 5.30: Werte des »globalCompositeOperation«-Attributs

Der Kreis steht damit für *source* (A), das Rechteck für *destination* (B). Bei der Erklärung der einzelnen Methoden greifen wir besser auf die Bezeichnungen von Porter-Duff zurück, da sie wesentlich intuitiver sind und genauer beschreiben, was eigentlich passiert.

Bei source-over wird A über B gezeichnet, bei source-in nur jener Teil von A, der sich in B befindet, bei source-out nur jener Teil von A, der sich außerhalb von B befindet, und bei source-atop sowohl A als auch B mit der Einschränkung, dass nur jener Teil von A gezeichnet wird, der B überlappt. In der zweiten Zeile wird das Ganze einfach umgedreht – die wörtliche Erklärung kann damit wohl entfallen.

Die Methode lighter addiert Farben im Überlappungsbereich und hellt sie damit auf, copy eliminiert B und zeichnet nur A, und xor entfernt die Schnittmenge von A und B. Das Fragezeichen deutet an, dass ähnlich wie bei der getContext()-Methode auch herstellerspezifische Compositing-Operationen erlaubt sind.

Leider ist die Compositing-Implementierung noch in keinem Browser vollständig, weshalb es schwierig ist, alle Methoden sinnvoll zu präsentieren. Greifen wir zwei heraus, und sehen wir uns Beispiele für die Verwendung der Operationen destination-in und lighter an.

173

Kombinieren wir mit der Operation destination-in ein Bild mit einem Text, erhalten wir den Clip-Effekt in Abbildung 5.31. Zuerst zeichnen wir mit drawImage()
das Bild, setzen die Compositing-Methode und fügen danach den Text mit einer
maximalen Breite von 1080 Pixeln hinzu. Die Formatierung des Textes entspricht
einer font-size von 600 px mit einem Textanfasspunkt in der Mitte oben und einer 60 Pixel breiten Randlinie mit runden Linienenden und -verbindungen.

```
context.drawImage(image,0,0,1200,600);
context.globalCompositeOperation = 'destination-in';
context.strokeText('HTML5',600,50,1080);
```

Abbildung 5.31: Compositing-Operation »destination-in« mit Bild und Text

Der hellgraue Text ist wieder mit der Default-Compositing-Methode source-
over geschrieben und daher auch nicht vom Effekt betroffen. Mehrere Texte
zugleich als Ausstechform zu definieren, ist derzeit aufgrund der bereits angesprochenen Defizite bei der Browser-Implementierung leider nicht möglich.

Ein zweites Beispiel verwendet die Methode lighter, um die bisher gezeigten
Möglichkeiten zur Farbmanipulation von Bildern zu erweitern. Abbildung 5.32
kombiniert über lighter das Yosemite-Bild mit 16 Rechtecken in den benannten
Standardfarben und liefert damit eine CPU-schonende Alternative zum Farbfilter monoColor() in Abschnitt 5.8.2, Farbmanipulation mit »getImageData()«,

»createImageData()« und »putImageData()«. Das dort angeführte Beispiel könnten wir demnach mit ähnlichem Resultat auch so realisieren:

```
context.drawImage(img,0,0,210,140);
context.globalCompositeOperation = 'lighter';
context.fillStyle = 'blue';
context.fillRect(0,0,210,140);
```

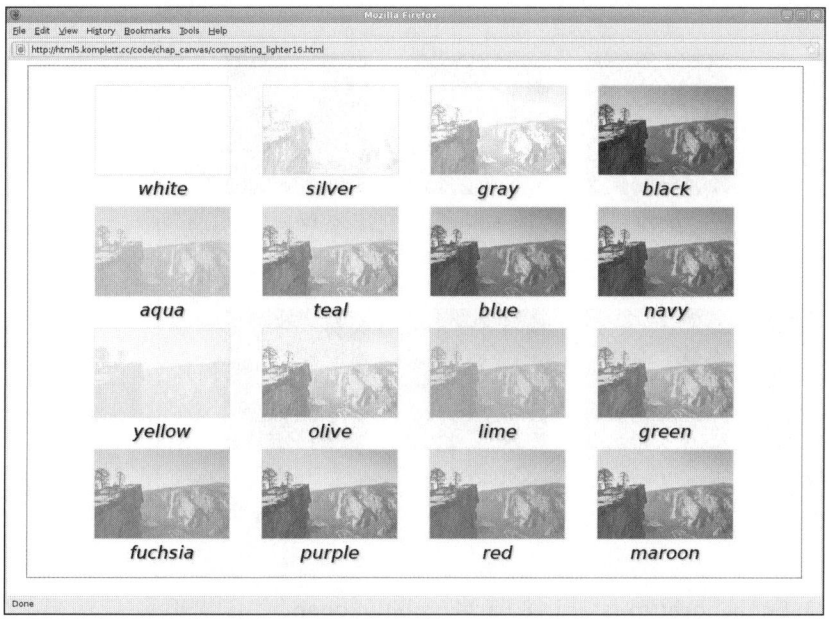

Abbildung 5.32: Compositing-Operation »lighter« mit 16 Grundfarben

Der Compositing-Operator destination-out wird uns später noch beim Spiegeleffekt aus Abbildung 5.37 in Abschnitt 5.11, Transformationen, begegnen, zuvor wollen wir uns aber noch mit benutzerdefinierten Mustern in Canvas beschäftigen.

5.10 Muster

Zur Festlegung eigener Muster für Füllungen und Linien stellt die Spezifikation die Methode createPattern() zur Verfügung, die ähnlich wie drawImage() sowohl image- als auch canvas- oder video-Elemente als Input akzeptiert und im Parameter repetition die Art der Musterwiederholung definiert.

```
context.createPattern(image, repetition)
```

Gültige Werte für das repetition-Argument sind, wie schon vom background-color-Attribut der CSS-Spezifikation her bekannt, repeat, repeat-x, repeat-y, und no-repeat. Verwenden wir wieder die 16 benannten Grundfarben, können wir über ein paar Zeilen Code Schachbrettmuster mit jeweils zwei zusammen-passenden Farbpaaren erzeugen.

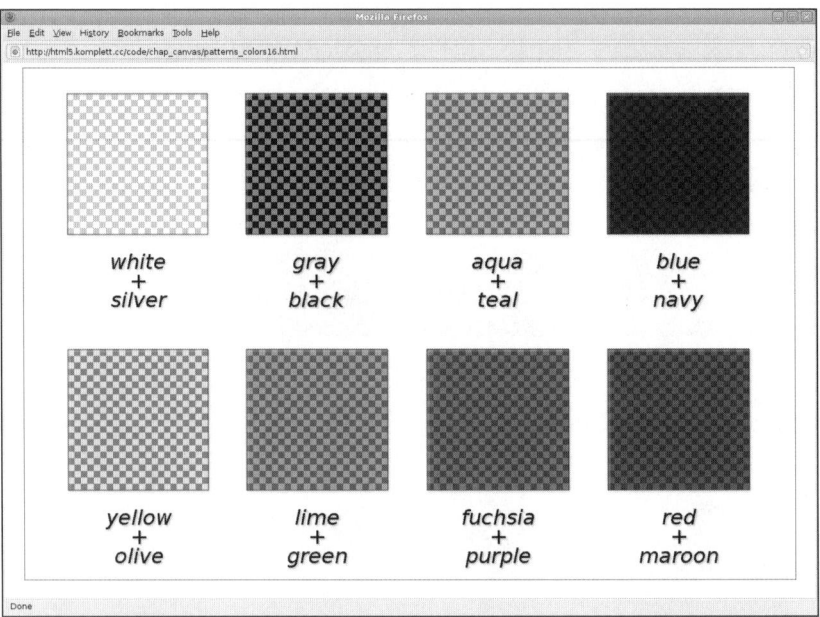

Abbildung 5.33: Schachbrettmuster in 8 Farbkombinationen

Das Pattern selbst erzeugen wir als in-memory-Canvas mit 20 x 20 Pixeln Breite und vier 10x10 Pixel großen Quadraten. Am Beispiel des grünen Musters sieht dieser Schritt folgendermaßen aus:

```
var cvs = document.createElement("CANVAS");
cvs.width = 20;
cvs.height = 20;
var ctx = cvs.getContext('2d');
ctx.fillStyle = 'lime';
ctx.fillRect(0,0,10,10);
ctx.fillRect(10,10,10,10);
ctx.fillStyle = 'green';
ctx.fillRect(10,0,10,10);
ctx.fillRect(0,10,10,10);
```

Mit `createPattern()` definieren wir dann den Canvas cvs als sich wiederholendes Muster, weisen ihn dem Attribut fillStyle zu und füllen damit das Quadrat.

```
context.fillStyle = context.createPattern(cvs,'repeat');
context.fillRect(0,0,220,220);
```

Patterns sind am Koordinatenursprung verankert und werden ab dort aufgetragen. Würden wir im obigen Beispiel fillRect() nicht bei 0/0, sondern um zehn Pixel nach rechts versetzt bei 10/0 beginnen, wäre dementsprechend Dunkelgrün (green) und nicht Hellgrün (lime) die erste Farbe links oben.

Neben selbst gestalteten canvas-Elementen können auch Bilder als Quelle für Patterns verwendet werden. Abbildung 5.34 zeigt ein kleines Beispiel dafür und verwendet `createPattern()` zur Füllung des Hintergrundes, als Muster für die Titelschrift und zum Ausstechen einzelner Ausschnitte aus dem bereits bestens bekannten Yosemite-Bild. Die beiden anderen Bilder, *pattern_107.png* und *pattern_125.png*, sind Teil der *Squidfinger*-Pattern-Bibliothek, in der 160 weitere ansprechende Muster zum Download bereitstehen – *http://www.squidfingers.com/patterns/*.

Abbildung 5.34: Muster mit Bildern als Quelle

Sehen wir uns zuerst an, wie der Hintergrund zustande kommt:

```
var bg = new Image();
bg.src = 'icons/pattern_125.png';
bg.onload = function() {
  context.globalAlpha = 0.5;
  context.fillStyle = context.createPattern(bg,'repeat');
  context.fillRect(0,0,canvas.width,canvas.height);
};
```

Die ersten beiden Zeilen erzeugen wieder ein neues Image-Objekt und setzen dessen src-Attribut auf das Bild pattern_125.png im Verzeichnis icons. Genau wie bei drawImage() müssen wir vor dem Definieren des Patterns sicherstellen, dass das gewünschte Bild auch wirklich geladen ist. Die Funktion bg.onload() enthält dabei den eigentlichen Code zum Generieren des sich wiederholenden Musters, das wir mit 50 % Opazität auf der gesamten Canvas-Fläche auftragen. Über das gleiche Prozedere füllen wir den Titeltext *Yosemite!* mit *pattern_107 .png*.

Für die überlappenden Bildausschnitte setzen wir kurzerhand das ganze Yosemite-Bild *yosemite.jpg* als Muster ein und arbeiten dann in einer for-Schleife das Input-Array extents ab, in dem sich x-, y-, width- und height-Werte der gewünschten Ausschnitte befinden. Über den Aufruf von fillRect() wird der entsprechende Bildbereich als Füllmuster gezeigt und mittels strokeText() mit einem zusätzlichen Rahmen versehen.

```
var extents = [
  { x:20,y:50,width:120,height:550 } // und 7 weitere ...
];
var image = new Image();
image.src = 'images/yosemite.jpg';
image.onload = function() {
  context.fillStyle = context.createPattern(
    image,'no-repeat'
  );
  for (var i=0; i<extents.length; i++) {
    var d = extents[i]; // short-cut
    context.fillRect(d.x,d.y,d.width,d.height);
    context.strokeRect(d.x,d.y,d.width,d.height);
  }
};
```

Da in Abbildung 5.34 drei verschiedene Bilder zum Zuge kommen und alle drei vor ihrer Verwendung vollständig geladen sein müssen, bleibt uns nichts anderes übrig, als die drei `onload`-Funktionen ineinander zu verschachteln. Nur so behalten wir die Kontrolle über die Reihenfolge beim Zeichnen. Der Pseudo-Code für eine mögliche Schachtelung sieht so aus:

```
// alle Bilder erzeugen
bg.onload = function() {
  // Hintergrund zeichnen
  image.onload = function() {
    // Bildausschnitte hinzufügen
    pat.onload = function() {
      // Titel mit Muster füllen
    };
  };
};
```

Die einzige Möglichkeit, dieses Verschachteln zu vermeiden, wäre, alle beteiligten Bilder im HTML-Code der Seite als über `visibility:hidden` versteckte img-Elemente zu verlinken und mit `getElementById()` oder `getElementsByTag-Name()` nach dem Laden der Seite in `window.onload()` zu referenzieren.

Bevor wir uns mit einem weiteren Abschnitt der Canvas-Spezifikation, den *Transformationen* beschäftigen, bleibt abschließend noch festzuhalten, dass bei der Verwendung eines video-Elements als Quelle für `createPattern()` analog zur `drawImage()`-Methode der erste Frame des Videos beziehungsweise der Poster-Frame, sofern vorhanden, als Muster zum Einsatz kommt.

5.11 Transformationen

Canvas-Transformationen manipulieren direkt das Koordinatensystem. So wird beim Verschieben eines Rechtecks nicht nur das Element selbst bewegt, sondern gleich das gesamte Koordinatensystem neu gesetzt und erst dann das Rechteck gezeichnet. Die drei einfachen Grundtransformationen sind `scale()`, `rotate()` und `translate()`.

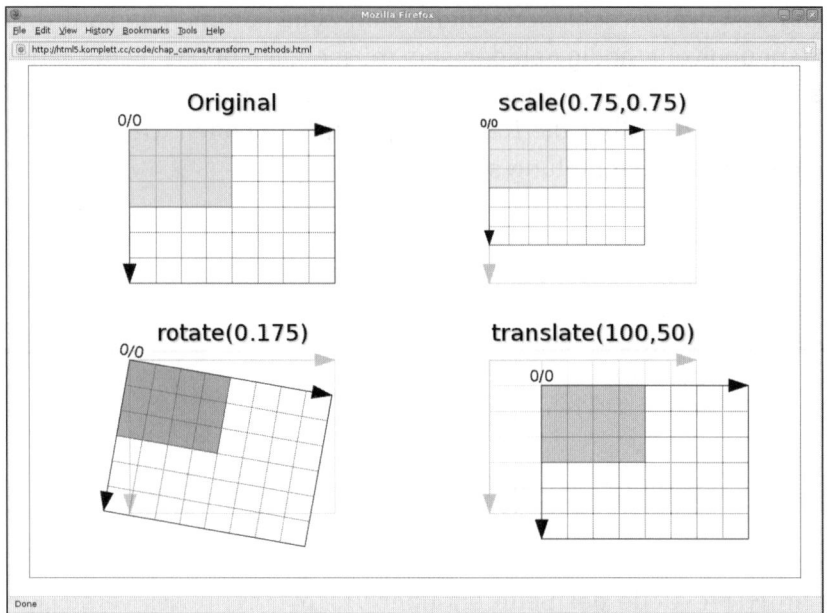

Abbildung 5.35: Die Grundtransformationen »scale()«, »rotate()« und »translate()«

```
context.scale(x, y)
context.rotate(angle)
context.translate(x, y)
```

Beim Skalieren über `scale()` benötigen wir zwei Multiplikanden als Argumente für die Größenänderung der x- und y-Dimension, Rotationen mit `rotate()` verlangen den Drehwinkel im Uhrzeigersinn in Radiant, und Verschiebungen durch `translate()` definieren Offsets in x- und y-Richtung in Pixel. Bei Kombination der Methoden müssen die einzelnen Transformationen in umgekehrter Reihenfolge ausgeführt werden – aus Sicht des JavaScript-Codes also quasi von hinten nach vorne gelesen werden:

Um zuerst zu skalieren und dann zu rotieren, schreiben wir:

```
context.rotate(0.175);
context.scale(0.75,0.75);
context.fillRect(0,0,200,150);
```

Wollen wir zuerst rotieren und dann verschieben, lautet der JavaScript-Code:

```
context.translate(100,50);
context.rotate(0.175);
context.fillRect(0,0,200,150);
```

Vorsicht ist in jedem Fall geboten, wenn Rotationen im Spiel sind, denn diese werden immer mit dem Ursprungspunkt 0/0 als Drehmittelpunkt ausgeführt. Als Faustregel für die Reihenfolge der JavaScript-Aufrufe gilt: rotate() ist meist die letzte Aktion. Abbildung 5.36 zeigt ein Beispiel, das alle drei Grundmethoden verwendet und unser Yosemite-Bild einmal aus anderer Perspektive, quasi als Sprungschanze darstellt.

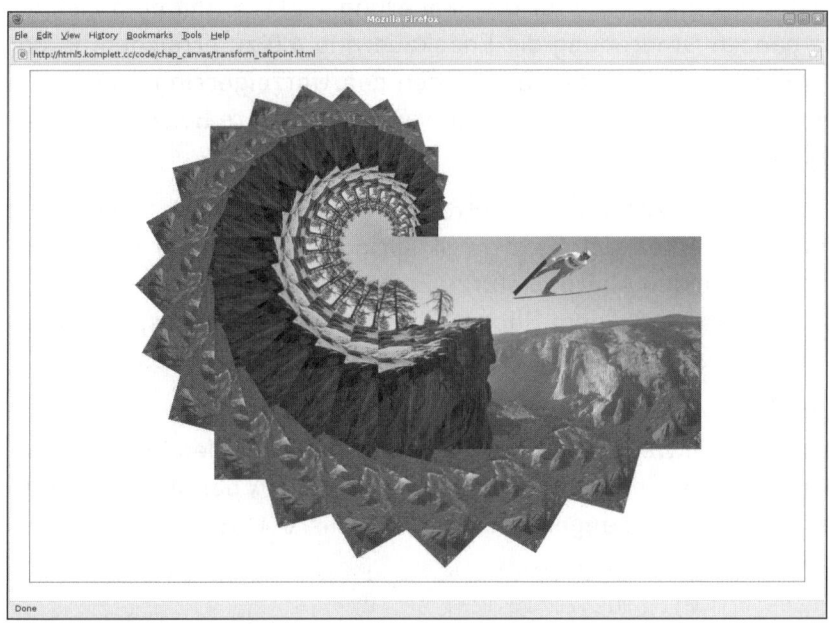

Abbildung 5.36: Rotieren, skalieren und verschieben

Werfen wir einen kurzen Blick auf den ebenso kurzen Quellcode für Abbildung 5.36:

```
image.onload = function() {
  var rotate = 15;
  var scaleStart = 0.0;
  var scaleEnd = 4.0;
  var scaleInc = (scaleEnd-scaleStart)/(360/rotate);
  var s = scaleStart;
  for (var i=0; i<=360; i+=rotate) {
    s += scaleInc;
    context.translate(540,260);
    context.scale(s,s);
    context.rotate(i*-1*Math.PI/180);
    context.drawImage(image,0,0,120,80);
```

```
    context.setTransform(1,0,0,1,0,0);
  }
};
```

Listing 5.2: Quellcode für die Transformationen der Abbildung 5.36

Sobald das Bild geladen ist, definieren wir den Rotationswinkel `rotate` mit 15°, die Start- und Endskalierungen `scaleStart` mit 0.0 sowie `scaleEnd` mit 4.0 und daraus abgeleitet das Inkrement für die Skalierung `scaleInc` mit dem Ziel, innerhalb einer ganzen Umdrehung die Endskalierung 4.0 zu erreichen. In der `for`-Schleife rotieren wir dann das Bild gegen den Uhrzeigersinn jeweils um 15°, skalieren es von 0.0 bis 4.0 und setzen seine linke obere Ecke auf die Koordinate 540/260.

Offen bleibt, was es mit der Methode `setTransform()` am Ende der `for`-Schleife auf sich hat und um wen es sich bei dem Skispringer handelt, der sich wagemutig vom Taft Point in den Abgrund stürzt. Ersteres werden wir gleich klären, Zweiteres wird sich erst bei einem Blick in den Quellcode des Beispiels auflösen – Danke an *Swiss-Ski.ch* für das Zurverfügungstellen des Bildes ...

Neben den drei Grundtransformationen `scale()`, `rotate()` und `translate()` stellt Canvas noch zwei weitere Methoden zur Veränderung des Koordinatensystems und damit der sogenannten *Transformationsmatrix* bereit: `transform()` und das bereits in Listing 5.2 angesprochene `setTransform()`:

```
context.transform(m11, m12, m21, m22, dx, dy);
context.setTransform(m11, m12, m21, m22, dx, dy);
```

Beiden gemeinsam sind die Argumente `m11`, `m12`, `m21`, `m22`, `dx` und `dy`, die folgende Tranformationseigenschaften repräsentieren:

Komponente	Inhalt
m11	Skalierung in x-Richtung
m12	Horizontaler Scherfaktor
m21	Vertikaler Scherfaktor
m22	Skalierung in y-Richtung
dx	Verschiebung in x-Richtung
dy	Verschiebung in y-Richtung

Tabelle 5.3: Komponenten einer Canvas-Matrix-Transformation

Der Hauptunterschied zwischen beiden liegt darin, dass `transform()` die zum Zeitpunkt des Aufrufs bestehende Transformationsmatrix durch Multiplikation weiter verändert, wohingegen `setTransform()` die bestehende Matrix mit der neuen überschreibt.

Die drei Grundmethoden könnten ebenso als Attribute für `transform()` oder `setTransform()` formuliert werden und sind im Grunde genommen nichts anderes als bequeme Kürzel für entsprechende Matrixtransformationen. Tabelle 5.4 zeigt diese Attribute und listet noch weitere nützliche Matrizen zum Spiegeln (`flipX/Y`) und Neigen (`skewX/Y`) auf. Gradangaben beim Neigen erfolgen wieder in Radiant.

Methode	Transformationsmatrix (m11, m12, m21, m22, dx, dy)
`scale(x, y)`	x,0,0,y,0,0
`rotate(angle)`	cos(angle),sin(angle),-sin(angle), cos(angle),0,0
`translate(x, y)`	1,0,0,1,x,y
`flipX()`	-1,0,0,1,0,0
`flipY()`	1, 0, 0, -1, 0, 0
`skewX(angle)`	1,0,tan(angle),1,0,0
`skewY(angle)`	1,tan(angle),0,1,0,0

Tabelle 5.4: Matrizen der Grundtransformationen und weiterer nützlicher Transformationsmethoden

Bevor wir uns einem ausführlichem Beispiel zuwenden, muss noch erwähnt werden, dass sowohl `getImageData()` als auch `putImageData()` gemäß Spezifikation von Transformationen unabhängig sind. Der Aufruf `getImageData(0,0,100,100)` greift immer auf das 100 x 100 Pixel große Quadrat in der linken oberen Ecke des Canvas zu, egal ob das Koordinatensystem verschoben, skaliert oder rotiert wurde. Ebenso verhält es sich bei `putImageData(imagedata,0,0)`, wo wiederum die linke obere Ecke als Anfasspunkt zum Auftragen des Inhalts von `imagedata` dient.

Widmen wir uns jetzt dem angekündigten Beispiel, in dem wir alle gelernten Methoden zum Transformieren noch einmal anwenden. Abbildung 5.37 zeigt das ansprechende Resultat – eine Collage von drei Bildausschnitten unseres Yosemite-Bildes mit Spiegeleffekt im Pseudo-3D-Raum.

Abbildung 5.37: Foto-Collage mit Spiegeleffekt im Pseudo-3D-Raum

Beginnen wir mit dem Ausstanzen der drei quadratischen Ausschnitte für Taft Point, Merced River und El Capitan. Das Ergebnis speichern wir im Array icons.

```
var icons = [
  clipIcon(image,0,100,600,600),
  clipIcon(image,620,615,180,180),
  clipIcon(image,550,310,400,400)
];
```

Das Zuschneiden und Anpassen der unterschiedlich großen Ausschnitte erledigt die Funktion clipIcon(). In ihr wird zuerst ein neuer *In-memory*-Canvas mit 320 x 320 Pixeln Größe erzeugt, auf den wir dann mit drawImage() das entsprechend verkleinerte (oder vergrößerte) Icon kopieren und mit einem 15 Pixel breiten, weißen Rahmen versehen.

```
var clipIcon = function(img,x,y,width,height) {
  var cvs = document.createElement("CANVAS");
  var ctx = cvs.getContext('2d');
  cvs.width = 320;
  cvs.height = 320;
  ctx.drawImage(img,x,y,width,height,0,0,320,320);
  ctx.strokeStyle = '#FFF';
  ctx.lineWidth = 15;
```

```
  ctx.strokeRect(0,0,320,320);
  return cvs;
};
```

Für jeden dieser drei Ausschnitte erzeugen wir in einem zweiten Schritt den Spiegeleffekt und speichern ihn im Array effects.

```
var effects = [];
 for (var i=0; i<icons.length; i++) {
  effects[i] = createReflection(icons[i]);
 }
```

Die Hauptarbeit findet dabei in der Funktion createReflection() statt, deren leicht modifizierter Code einem Posting in Charles Yings *blog about art, music, and the art of technology* über den *CoverFlow*-Effekt des iPhones entstammt (siehe den verkürzten Weblink *http://bit.ly/b5AFW6*).

```
var createReflection = function(icon) {
  var cvs = document.createElement("CANVAS");
  var ctx = cvs.getContext('2d');
  cvs.width = icon.width;
  cvs.height = icon.height/2.0;

  // flip
  ctx.translate(0,icon.height);
  ctx.scale(1,-1);
  ctx.drawImage(icon,0,0);

  // fade
  ctx.setTransform(1,0,0,1,0,0);
  ctx.globalCompositeOperation = "destination-out";
  var grad = ctx.createLinearGradient(
    0,0,0,icon.height/2.0
  );
  grad.addColorStop(0,'rgba(255,255,255,0.5)');
  grad.addColorStop(1,'rgba(255,255,255,1.0)');
  ctx.fillStyle = grad;
  ctx.fillRect(0,0,icon.width,icon.height/2.0);
  return cvs;
};
```

In createReflection() wird zuerst über einen weiteren *In-memory*-Canvas die untere Hälfte des in icon übergebenen Bildausschnitts umgeklappt. Erinnern wir uns an die Kürzel für Transformationsmatrizen, könnten wir das Umklappen mit der Matrix für flipY() realisieren. In diesem Fall verwenden wir allerdings eine weitere Variante zum Spiegeln, und zwar jene über die Methode scale(). Dabei entspricht scale(1,-1) der Methode flipY() und scale(-1,1) der Methode flipX(). Der Fade-out-Effekt entsteht durch eine Gradiente von semi-transparentem Weiß zu opakem Weiß, die mithilfe der Compositing Methode destination-out über das Icon gelegt wird.

Damit sind die einzelnen Bildausschnitte definiert, und wir können mit dem Zeichnen beginnen. Eine Gradiente von Schwarz nach Weiß mit beinahe Schwarz in der Hälfte des Verlaufs erweckt den Eindruck eines Raums, in dem wir die drei Ausschnitte anschließend platzieren.

```
var grad = context.createLinearGradient(
  0,0,0,canvas.height
);
grad.addColorStop(0.0,'#000');
grad.addColorStop(0.5,'#111');
grad.addColorStop(1.0,'#EEE');
context.fillStyle = grad;
context.fillRect(0,0,canvas.width,canvas.height);
```

Am einfachsten können wir das mittlere Bild vom Merced River über setTransform() positionieren und dann mit einem Spiegeleffekt zeichnen.

```
context.setTransform(1,0,0,1,440,160);
context.drawImage(icons[1],0,0,320,320);
context.drawImage(effects[1],0,320,320,160);
```

Die Breite des El-Capitan-Bildes skalieren wir für einen besseren 3D-Eindruck um den Faktor 0.9, neigen das Resultat mit der Matrix für skeyY() um 10° nach unten und positionieren das Resultat rechts von der Mitte.

```
context.setTransform(1,0,0,1,820,160);
context.transform(1,Math.tan(0.175),0,1,0,0);
context.scale(0.9,1);
context.drawImage(icons[2],0,0,320,320);
context.drawImage(effects[2],0,320,320,160);
```

Etwas komplizierter ist dann das Zeichnen des Taft-Point-Bildes links, denn nachdem beim Neigen die linke obere Ecke des Ausschnitts den Ankerpunkt bildet, müssen wir um 10° nach oben neigen und das Resultat dann wieder nach unten schieben. Der Satz des Pythagoras hilft uns beim Ermitteln des nötigen dy-Wertes: Er ergibt sich als Tangens des Drehwinkels in Radiant mal der Länge der Ankathete, die der Breite des Icons entspricht, also Math.tan(0.175)*320.

Zusätzlich muss noch die Skalierung der Bildbreite um 0.9 durch Verschiebung um 320*0.1 nach rechts ausgeglichen werden.

```
context.setTransform(1,0,0,1,60,160);
context.transform(1,Math.tan(-0.175),0,1,0,0);
context.translate(320*0.1,Math.tan(0.175)*320);
context.scale(0.9,1);
context.drawImage(icons[0],0,0,320,320);
context.drawImage(effects[0],0,320,320,160);
```

Damit wäre unser bisher schwierigstes Canvas-Beispiel geschafft – das Ergebnis kann sich sehen lassen und verlangt geradezu danach, im JPEG- oder PNG-Format gespeichert zu werden. Firefox kommt uns da im Gegensatz zu den anderen Browsern entgegen – klicken Sie mit der rechten Maustaste auf den Canvas, und schon können Sie unsere Komposition speichern. Wählen Sie BILD ANZEIGEN aus, erscheint eine seltsam anmutende, sehr, sehr, sehr lange Adresse im URL-Feld, die mit *data:image/png;base64,...* beginnt und uns direkt zum nächsten Abschnitt bringt – `canvas.toDataURL()`.

5.12 Base64-Kodieren mit »canvas.toDataURL()«

Base64 beschreibt ein Verfahren zur Kodierung von Binärdaten als ASCII-Zeichenfolgen und wird in Canvas dazu verwendet, um aus dem Canvas-Inhalt, der ja eigentlich nur als Raster im Speicher existiert, eine weiter verarbeitbare, sogenannte `data:` URL zu erzeugen. Die Methode dazu lautet dementsprechend:

```
canvas.toDataURL(type, args)
```

Als `type` übergeben wir den MIME-Type des gewünschten Output-Formats und verwenden dazu entweder `image/png` oder `image/jpeg`. Ersteres steht für das Default-Format beim Kodieren und kommt auch dann zum Einsatz, wenn wir `type` weglassen oder ein Format spezifizieren, mit dem der Browser nichts anfangen kann. Im optionalen Argument `args` finden gegebenenfalls zusätzliche Parameter Platz – so zum Beispiel die Bildqualität bei der Wahl von `image/jpeg` mit gültigen Zahlenwerten von 0.0 bis 1.0.

Das Ergebnis von `toDataURL()` ist ein Base64-kodierter String, der im Fall des 2 x 2 Pixel großen Canvas in den benannten Farben `navy`, `teal`, `lime` und `yellow` aus Abbildung 5.27 so aussieht:

```
data:image/png;base64,iVBORw0KGgoAAAANSUhEUg
AAAAIAAAACCAYAAABytgOkAAAAFOlEQVQImQXBAQEAAA
CCIKb33ADLFq10PuYIemXXHEQAAAAASUVORK5CYII=
```

Derart kodierte Zeichenketten können mitunter ganz schön lang werden – so besteht die Base64-Version unserer Foto-Collage mit Spiegeleffekt aus nicht weniger als 1.298.974 Zeichen und würde bei 50 Zeilen pro Buchseite mit jeweils 80 Zeichen glatt 325 Seiten dieses Buches füllen.

Worin besteht nun der Nutzen von `toDataURL()`? Wieso sollten wir binäre Bilddaten in Zeichenketten umformatieren? Die Antwort ist einfach: `toDataURL()` erlaubt es uns, den flüchtigen *In-memory*-Canvas persistent in HTML zur Verfügung stellen und damit dem Benutzer oder einer Applikation zum Speichern zugänglich zu machen.

Der erste Anwendungsfall für `todataURL()` ist das Kopieren einer Canvas-Grafik in ein `HTMLImageElement`. Ermöglicht wird dies dadurch, dass das `src`-Attribut auch eine `data:` URI sein darf. Der Code dazu ist kurz und benötigt neben einem dynamisch erzeugten Canvas ein leeres Bild:

```
<!DOCTYPE html>
<title>Canvas auf ein Bild kopieren</title>
<img src="" alt="kopierter Canvas-Inhalt, 200x200 Pixel">
<script>
  var canvas = document.createElement("CANVAS");
  canvas.width = 200;
  canvas.height = 200;
  var context = canvas.getContext('2d');
  context.fillStyle = 'navy';
  context.fillRect(0,0,canvas.width,canvas.height);
  document.images[0].src = canvas.toDataURL();
</script>
```

Die entscheidende Zeile im Listing ist fett gedruckt und zeigt, wie einfach das Kopieren ist – Referenz auf das erste Bild im Dokument festlegen und dessen `src`-Attribut mit `canvas.toDataURL()` belegen. Als Resultat erhalten wir ein reguläres `img`-Element, das wir wie jedes andere Bild im Browser behandeln und so auch als PNG speichern können.

Mit einem einfachen `onclick`-Handler auf das `canvas`-Element demonstrieren wir den nächsten Anwendungsfall für `toDataURL()` – das direkte Zuweisen als URL, wobei die Ausgabe diesmal nicht als PNG, sondern als JPEG erfolgt:

```
document.images[0].onclick = function() {
  window.location = canvas.toDataURL('image/jpeg');
};
```

Der Nachteil dieser Methode sind die zum Teil empfindlich langen URLs (wir erinnern uns an die 1,3 Millionen Zeichen ...) und die Tatsache, dass Bilder dieser Form nicht im Cache landen und damit bei jedem Aufruf neu erzeugt werden müssen. Weitere Einsatzmöglichkeiten für toDataURL() bieten sich bei localstorage oder XMLHttpRequest und erlauben das Speichern sowie Abfragen von erstellten Canvas-Grafiken sowohl auf dem Client als auch auf dem Server. Auch beim Erstellen von CSS-Stilen mit background-image oder list-style-image leistet toDataURL() gute Dienste und darf als url()-Wert eingesetzt werden.

5.13 „save()« und »restore()«

Unsere Reise durch den CanvasContext2D nähert sich schon langsam dem Ende, denn mit context.save() und context.restore() warten nur noch zwei Methoden darauf, erklärt zu werden. Ohne sie könnte wohl kaum eine komplexere Canvas-Grafik auskommen – wer schon den einen oder anderen Blick in den Source-Code der Abbildungen gewagt hat, der kann dies sicher bestätigen. Damit Sie context.save() und context.restore() besser verstehen können, müssen wir allerdings kurz ausholen.

Mit dem Definieren des Zeichenkontextes durch canvas.getContext('2d') werden für alle Attribute Defaultwerte gesetzt, die dann beim Zeichnen unmittelbar wirksam sind:

```
context.globalAlpha = 1.0;
context.globalCompositeOperation = 'source-over';
context.strokeStyle = 'black';
context.fillStyle = 'black';
context.lineWidth = 1;
context.lineCap = 'butt';
context.lineJoin = 'miter';
context.miterLimit = 10;
context.shadowOffsetX = 0;
context.shadowOffsetY = 0;
context.shadowBlur = 0;
context.shadowColor = 'rgba(0,0,0,0)';
context.font = '10px sans-serif';
context.textAlign = 'start';
context.textBaseline = 'alphabetic';
```

Gleichzeitig wird das Koordinatensystem auf die Einheitsmatrix initialisiert und eine Clipmaske erzeugt, die die ganze Canvas-Fläche umfasst:

```
context.setTransform(1, 0,0,1,0,0);
context.beginPath();
context.rect(0,0,canvas.width,canvas.height);
context.clip();
```

Ändern wir Attribute, Transformationen oder Clipmasken, bleiben diese so lange gültig, bis wir sie erneut verändern. Bei komplexen Grafiken kann man da schon leicht den Überblick verlieren. Genau an dieser Stelle kommen context .save() und context.restore() ins Spiel.

Durch context.save() erzeugen wir nämlich zu jedem beliebigen Zeitpunkt einen Schnappschuss, der die bis dahin gesetzten Attribute und Transformationen unter Berücksichtigung der aktuellen Clipmaske speichert. Diesen Schnappschuss können wir zu einem späteren Zeitpunkt bequem über context.restore() wieder abrufen. Die Spezifikation spricht in diesem Zusammenhang vom *stack of drawing states*, denn Schnappschüsse dürfen auch verschachtelt sein.

Gut einsetzbar ist diese Technik, wenn Transformationen oder Clipmasken im Spiel sind. Auch bei Schatteneffekten ist es einfacher, mit context.save() und context.restore() die vier Schattenkomponenten gleichzeitig wieder auf ihre Defaultwerte zurückzusetzen, als jede Komponente einzeln zu setzen. Beinahe unerlässlich sind context.save() und context.restore() im nun folgenden Abschnitt, bei den Animationen.

5.14 Animationen

Anders als SVG- oder SMIL-Animationen sind Canvas-Animationen reine Handarbeit. Ingredienzen dafür sind eine Funktion zum Zeichnen plus ein Timer, der diese in regelmäßigen Abständen aufruft. Für den Zeitgeber stellt JavaScript window.setInterval() zur Verfügung, der Rest ist dem Einfallsreichtum des Canvas-Programmierers überlassen.

5.14.1 Animation farbiger Kugeln

Unsere Animations-Premiere besteht aus Kugeln in verschiedenen Farben, die an zufälligen Positionen der Canvas-Fläche erscheinen, langsam verblassen und währenddessen durch neue Kugeln überdeckt werden. Das Tempo der Animation soll mit circa 60 Schlägen pro Minute dem Ruhepuls eines Erwachsenen entsprechen, und als Zusatz-Feature soll bei jedem Klick auf den Canvas die Animation gestoppt beziehungsweise neu gestartet werden.

Knapp 50 Zeilen JavaScript-Code reichen dafür aus, doch bevor wir uns näher mit der Analyse des Listings beschäftigen, sehen wir uns gleich einen statischen Screenshot des Ergebnisses an.

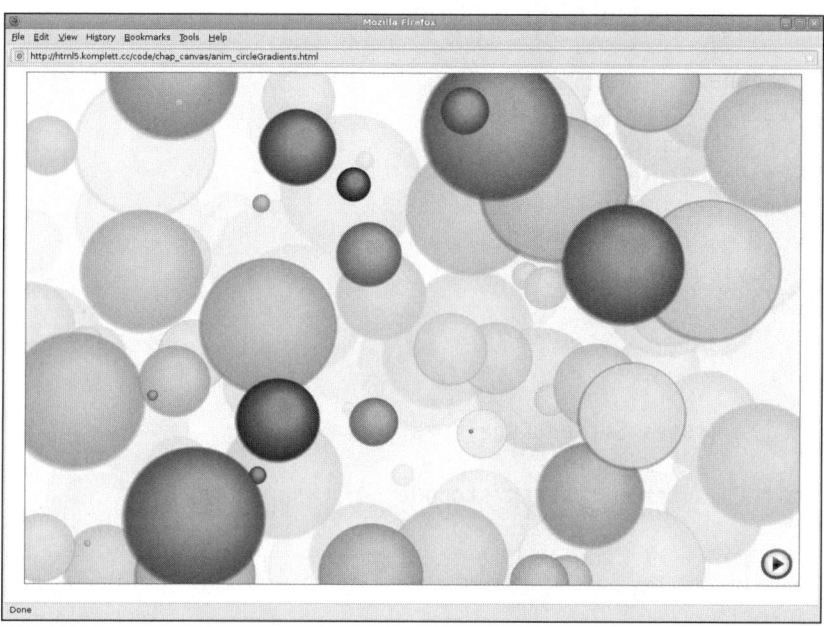

Abbildung 5.38: Animation mit farbigen Kugeln

```
var canvas = document.querySelector("canvas");
var context = canvas.getContext('2d');
var r,cx,cy,radgrad;

var drawCircles = function() {
  // Bestehendes verblassen
  context.fillStyle = 'rgba(255,255,255,0.5)';
  context.fillRect(0, 0,canvas.width,canvas.height);

  // neue Kugeln zeichnen
  for (var i=0; i<360; i+=15) {
    // Zufallsposition und Größe
    cx = Math.random()*canvas.width;
    cy = Math.random()*canvas.height;
    r = Math.random()*canvas.width/10.0;
```

```
    // radiale Gradiente mit Lichtpunkt
    radgrad = context.createRadialGradient(
      0+(r* 0.15),0-(r* 0.25),r/3.0,
      0,0,r
    );
    radgrad.addColorStop(0.0,'hsl('+i+',100%,75%)');
    radgrad.addColorStop(0.9,'hsl('+i+',100%,50%)');
    radgrad.addColorStop(1.0,'rgba(0,0,0,0)');

    // Kugel zeichnen
    context.save();
    context.translate(cx,cy);
    context.beginPath();
    context.moveTo(0+r,0);
    context.arc(0,0,r,0,Math.PI*2.0,0);
    context.fillStyle = radgrad;
    context.fill();
    context.restore();
  }
};
drawCircles();  // erstes Set an Kugeln zeichnen

// Animation mit Puls-Tempo starten/stoppen
var pulse = 60;
var running = null;
canvas.onclick = function() {
  if (running) {
    window.clearInterval(running);
    running = null;
  }
  else {
    running = window.setInterval(
      "drawCircles()",60000/pulse
    );
  }
};
```

Listing 5.3: JavaScript-Code für die Animation mit farbigen Kugeln

Nachdem canvas, context und ein paar weitere Variablen vordefiniert sind, beginnt in der Funktion drawCircles() die eigentliche Arbeit. Ein semi-transparentes, weißes Rechteck verblasst bestehenden Inhalt aus früheren drawCircles()-Aufrufen, bevor die for-Schleife für das Zeichnen neuer Kugeln sorgt. Die Position jeder Kugel sowie deren Radius wird mithilfe von Math.random() wieder zufällig berechnet, wodurch das Zentrum in jedem Fall innerhalb der Canvas-Fläche zu liegen kommt und der Radius ein Zehntel der Canvas-Breite nicht übersteigt.

Den Kugeleffekt erzielen wir durch eine radiale Gradiente, deren Geometrie aus einem Lichtpunkt im oberen rechten Bereich und dem Gesamtkreis besteht. Die Wahl des Inkrements der for-Schleife spiegelt den Wunsch nach Farben im HSL-Farbraum für die colorStops der Gradiente wider. Bei jedem Durchlauf erhöht sich der Farbwinkel um 15° und bedingt damit den Farbwechsel von Rot über Grün und Blau zurück nach Rot.

Über die Helligkeit lassen sich dann jeweils zwei zusammenpassende Farben ableiten: Die erste repräsentiert den Lichtpunkt, die zweite die dunklere Farbe am Kugelrand. Der dritte Aufruf von addColorStop() bewirkt, dass direkt am Kugelrand zu transparentem Schwarz ausgeblendet wird. Insgesamt werden auf diese Weise 24 Kreise erzeugt, deren Farbpaare zum besseren Verständnis in Abbildung 5.39 dargestellt sind.

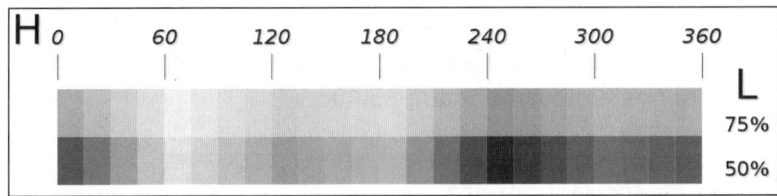

Abbildung 5.39: HSL-Farben für die Animation mit farbigen Kugeln

Daran anschließend wird die Kugel schließlich als Kreis mit dem definierten Farbverlauf gezeichnet. Das Einbetten in context.save() und context.restore() stellt sicher, dass sich die temporäre Verschiebung mit translate() nicht auf nachfolgende Kreise überträgt. Damit ist die Funktion drawCircles() komplett, und wir können ein erstes Set an Kugeln zeichnen und uns dann dem Timer widmen.

Knapp fünfzehn Zeilen reichen aus, um das Starten und Stoppen der Animation über einen onclick-EventListener zu implementieren. Beim ersten Klick auf den Canvas starten wir die Animation mit window.setInterval() und speichern die eindeutige Intervall-ID in der Variablen running. Da Zeitangaben bei window.setInterval() in Millisekunden erfolgen, müssen wir natürlich die Schläge pro Minute in der Variablen pulse entsprechend umwandeln.

Läuft die Animation, ist `running` beim nächsten Klick mit der eindeutigen Intervall-ID belegt, und wir können sie über `window.clearInterval(running)` un-
terbrechen. Setzen wir `running` dann wieder auf `null`, signalisiert der nächste
Klick auf den Canvas: *Keine Animation läuft.* In diesem Fall starten wir wieder,
und das Spiel beginnt von Neuem.

5.14.2 Video abspielen mit »drawImage()«

Wie Sie bereits aus Abschnitt 5.7, Bilder einbetten, wissen, kann bei `drawImage()`
auch ein `HTMLVideoElement` als Quelle verwendet werden. Wer allerdings hofft,
dass sich derart eingebundene Videos automatisch abspielen lassen, wird
enttäuscht, denn die Logik dafür muss zur Gänze in JavaScript implementiert
werden. Dass das gar nicht so schwer ist, zeigt das letzte Canvas-Animations-
beispiel, eine Erweiterung unserer *Yosemite-Nationalpark-Postkarte* aus Abbildung 5.25. Anstelle des statischen Ausschnitts von El Capitan platzieren wir
nun in der rechten oberen Ecke ein dynamisches Video mit einem 360°-Pano-
ramaschwenk, der vom Taft Point aus gefilmt wurde. Zusätzlich kopieren wir
während des Abspielens 10 verkleinerte Schnappschüsse des laufenden Videos
als Leiste in den unteren Bereich des Canvas. Nach Beendigung des Videos
ergibt sich das Erscheinungsbild aus Abbildung 5.40.

Abbildung 5.40: Yosemite-Nationalpark-Videopostkarte

Im Gegensatz zu Bildern, die bisher immer über die JavaScript-Methode new Image() ihren Weg in den Canvas gefunden haben, bauen wir den Schwenk als video-Element direkt in der HTML-Seite ein. Als Zusatzattribute benötigen wir preload zum Vorladen, oncanplay als Event-Listener, der uns den Zeitpunkt liefert, zu dem wir die Postkarte layouten und das Starten und Stoppen vorbereiten können, sowie eine style-Anweisung zum Verstecken des eingebetteten Originalvideos. Dieses benutzen wir nur dazu, um während des Abspielens in kurzen Intervallen den aktuellen Video-Frame auf den Canvas zu kopieren. Der alternative Text für Browser ohne Videounterstützung weist noch kurz auf den Inhalt des Videos hin.

```
<video src="videos/yosemite_320x240.webm"
  preload="auto"
  oncanplay="init(event)"
  style="display:none;"
>
Rundblick vom Taft Point aus ins Yosemite Valley
</video>
```

Um sicherzustellen, dass die Funktion init(event) beim Verweis im oncanplay-Attribut auch tatsächlich existiert, setzen wir das script-Element vor unser video-Element. Der schematische Aufbau dieser zentralen Funktion, die sowohl das Layout als auch die Funktionalität der Videopostkarte implementiert, ergibt sich damit folgendermaßen:

```
var init = function(evt) {
  // Referenz zum video-Element speichern
  // Hintergrundbild erzeugen
  image.onload = function() {
    // Hintergrundbild zeichnen
    // Titel hinzufügen
    // ersten Frame zeichnen
    canvas.onclick = function() {
      // Starten und Stoppen implementieren
      // beim Abspielen Video-Frames kopieren
      // beim Abspielen regelmäßig Icons erzeugen
    };
  }
};
```

Die Referenz zum Video-Objekt des `video`-Elements finden wir in `evt.target` und speichern sie in der Variablen `video`. Ein neues Hintergrundbild erzeugen wir, wie schon so oft, über `new Image()`, und sobald das Bild vollständig geladen ist, geht es weiter ans Zeichnen von Hintergrund und Titel. Die Schritte bis hierher müssen wir wohl nicht mehr näher erklären, das Zeichnen des ersten Frames vielleicht schon.

```
context.setTransform(1,0,0,1,860,20);
context.drawImage(video,0,0,320,240);
context.strokeRect(0,0,320,240);
```

Zuerst positionieren wir durch `setTransform()` das Koordinatensystem in der rechten oberen Ecke und zeichnen dann über `drawImage()` den ersten Frame mit Randlinie. Diesen Vorgang werden wir später beim Abspielen ständig wiederholen, wobei entscheidend ist, dass das `HTMLVideoElement video` der `drawImage()`-Methode immer das Bild des aktuellen Frames bereitstellt.

Das Stoppen, Starten und danach das Kopieren der aktuellen Frames des im Hintergrund laufenden Originalvideos auf den Canvas sowie das Erzeugen von verkleinerten Bildausschnitten implementieren wir beim Klicken auf den Canvas in der Funktion `canvas.onclick()`:

```
var running = null;
canvas.onclick = function() {
  if (running) {
    video.pause();
    window.clearInterval(running);
    running = null;
  }
  else {
    var gap = video.duration/10;
    video.play();
    running = window.setInterval(function () {
      if (video.currentTime < video.duration) {
        // update video
        context.setTransform(1,0,0,1,860,20);
        context.drawImage(video,0,0,320,240);
        context.strokeRect(0,0,320,240);
        // update icons
        var x1 = Math.floor(video.currentTime/gap)*107;
        var tx = Math.floor(video.currentTime/gap)*5;
        context.setTransform(1,0,0,1,10+tx,710);
        context.drawImage(video,x1,0,107,80);
```

```
      context.strokeRect(x1,0,107,80);
    }
    else {
      window.clearInterval(running);
      running = null;
    }
  },35);
  }
};
```

Listing 5.4: Code zur Animation der Videopostkarte

Wie im ersten Animationsbeispiel enthält die Variable running die eindeutige Intervall-ID von window.setInterval() und erlaubt die Steuerung der Animation. Ist running belegt, stoppen wir das versteckte Video mit video.pause(), beenden durch Entfernen des Intervalls das Kopieren von Frames und setzen running wieder auf null.

Im Gegenzug starten wir beim ersten oder nächsten Klick das Video mit video .play() und kopieren in der Callback-Funktion des Intervalls alle 35 Millisekunden den aktuellen Video-Frame auf den Canvas. Das Ganze setzen wir so lange fort, bis das Video zu Ende ist oder ein weiterer Klick auf den Canvas erfolgt. Bei der Überprüfung, ob die aktuelle Abspielposition noch kleiner als die Gesamtdauer des Videos ist, helfen uns die beiden Attribute video.currentTime und video.duration des Video-Objekts in der Variablen video.

Das Zeichnen des kopierten Videos rechts oben geschieht analog zum Zeichnen des ersten Frames. Für die Leiste mit verkleinerten Schnappschüssen ermitteln wir hingegen aus der Gesamtlänge des Videos und der gewünschten Anzahl an Ausschnitten jenes Zeitintervall gap, nach dem wir den Anfasspunkt x1 mit einer kleinen Lücke tx weiter nach rechts verschieben müssen. Solange x1 denselben Wert besitzt, läuft die Animation auch beim verkleinerten Ausschnitt mit. Wird x1 nach rechts verschoben, bleibt der letzte Frame statisch zurück und die Animation läuft an der neuen Stelle weiter. Nach zirka 40 Sekunden Laufzeit ist das Video beendet, zehn verkleinerte Ausschnitte sind gezeichnet, und wir können die Sequenz durch einen Klick auf den Canvas neu starten.

So viel zu unserer Videopostkarte. Mit einem letzten Abschnitt wollen wir das Canvas-Kapitel ausklingen lassen, wobei Themen wie Barrierefreiheit, Sicherheit oder Browser-Unterstützung auf dem Programm stehen.

5.15 Was fehlt noch?

5.15.1 »isPointInPath(x, y)«

Wie der Methodenname vermuten lässt, liefert `isPointInPath()` den Wahrheits-
wert *true* oder *false* zurück, je nachdem, ob der über die Koordinate x/y angegebene Punkt innerhalb oder außerhalb des aktuellen Pfads liegt. Ein kurzes
Beispiel zeigt die Anwendung und gibt in diesem Fall true beim `alert()` aus:

```
context.beginPath();
context.rect(50,50,100,100);
alert(
  context.isPointInPath(75,75)
);
```

Praktisch einsetzbar ist `isPointInPath()` beim Ermitteln, ob der Benutzer auf
einen bestimmten Bereich des Canvas geklickt hat. Alles, was wir dazu benötigen, ist ein `onclick`-EventHandler, der über die Mausposition in `clientX`/
`clientY` und die Position des `canvas`-Elements in `offsetLeft`/`offsetTop` die
aktuelle x/y-Position in Bezug auf den Canvas-Bereich berechnet:

```
canvas.onclick = function(evt) {
  context.beginPath();
  context.rect(50,50,100,100);
  alert(
    context.isPointInPath(
      evt.clientX - canvas.offsetLeft,
      evt.clientY - canvas.offsetTop
    )
  );
};
```

Leider nimmt `isPointInPath()` keine Rücksicht auf Transformationen des Pfades: Selbst dann, wenn wir vor der `beginPath()`-Anweisung das Koordinatensystem um 200 Pixel nach rechts verschoben hätten, würde ein Klick auf die
Koordinate 75/75 immer noch true melden. Sehr wohl Berücksichtigung findet die *Nonzero*-Füllregel (vergleiche Abbildung 5.40) beim Ermitteln von In-
nerhalb/Außerhalb; und wie schon in den beiden Code-Beispielen angedeutet
wurde, muss der zu testende Pfad auch nicht unbedingt mit `fill()` oder `stroke()`
gezeichnet werden.

5.15.2 Barrierefreiheit in Canvas?

Das Fragezeichen in dieser Kapitelüberschrift ist absichtlich gewählt, denn beim Thema *Accessibility*, wie Barrierefreiheit im Englischen genannt wird, weist Canvas eindeutig Mängel auf. Dies liegt zum einen daran, dass bei der Konzeption von Canvas der Barrierefreiheit kaum Aufmerksamkeit geschenkt wurde, und zum anderen in der Natur der Sache: Rasterbasierte Formate ohne DOM sind von Haus aus nicht wirklich barrierefrei.

Im Umfeld der HTML5-Spezifikation wäre wohl SVG mit seinem DOM besser geeignet, um barrierefrei Inhalte zu realisieren, dennoch zeigt die Praxis, dass selbst große Projekte wie der Online-Editor *Bespin* (*https://mozillalabs.com/bespin/*) aus Gründen der Performance auf Canvas statt auf SVG setzen und damit eigentlich gegen die zu Beginn der Spezifikation aufgestellte Grundsatzregel *Canvas soll nicht in einem Dokument verwendet werden, wenn ein passenderes Element zur Verfügung steht* verstößt.

Auch die zweite Forderung, dass *jeder Autor eine **nicht** Canvas-basierte Alternative mit gleicher Funktionalität zur Verfügung stellen muss*, geht an der Wirklichkeit vorbei. Der Bereich zwischen Canvas-Start- und End-Tag wäre zwar für solche Alternativen vorgesehen, wird aber meist nur dazu verwendet, um Fallback-Content für Browser mit fehlender Canvas-Unterstützung anzuführen.

Bei interaktiven Canvas-Applikationen schlägt die Spezifikation auch vor, dass im Fallback-Bereich für jeden fokussierbaren Bereich des Canvas ein fokussierbares HTML-Element (zum Beispiel ein input-Element) aufgenommen wird und Autoren mithilfe der Methode drawFocusRing() jene Bereiche im Canvas mit einem Ring markieren, die gerade den Fokus im Fallback haben. Das in diesem Zusammenhang in der Spezifikation angeführte Beispiel mit zwei Checkboxen, die über drawFocusring() im Fallback- und Canvas-Bereich synchron gehalten werden sollen, zeigt, wie kompliziert das Ganze ist, und lässt vermuten, dass diese Lösung noch nicht der Weisheit letzter Schluss ist.

Seit Juli 2009 versucht auch die *Canvas Accessibility Task Force* beim W3C eine Änderung der nicht zufriedenstellenden Situation herbeizuführen. Verbesserung des Fokus- und Cursor-Managements werden ebenso untersucht wie Möglichkeiten, das canvas-Element als Grundlage für Imagemaps über das *usemap*-Attribut zu erlauben. Erste Vorschläge liegen auf dem Tisch, werden eifrig diskutiert und könnten in der einen oder anderen Form auch ihren Weg in die Spezifikation finden.

Bis dahin heißt es aber leider immer noch: *Barrierefreiheit – bitte warten!*

5.15.3 Sicherheitsaspekte

Aus sicherheitstechnischer Sicht ist bei Canvas vor allem der Zugriff von Scripts auf Bilder und deren Inhalte (Pixel) in anderen Domänen problematisch. Die Spezifikation spricht in diesem Zusammenhang von *information leakage* und versucht diesem Informationsleck mit der *origin-clean flag* entgegenzusteuern.

Die Konzeption von *origin-clean* ist zweistufig und beruht im Wesentlichen darauf, dass bestimmte Methodenaufrufe und Attribut-Zuweisungen während des Ablaufs eines Scripts das *origin-clean flag* von `true` auf `false` setzen. Wird dann `getImageData()` oder `todataURL()` aufgerufen, bricht das Skript mit einer `SECURITY_ERR`-Exception ab.

Hauptbeteiligte sind dabei `drawImage()`, `fillStyle` und `strokeStyle`, die immer dann zum Umdefinieren des *origin-clean flag* beitragen, wenn Bilder und Videos aus einer anderen Domäne oder `canvas`-Elemente, die selbst nicht *origin-clean* sind, ins Spiel kommen.

Unter der Voraussetzung, dass in der Variablen `image` eine Referenz zum WHAT-WG-Logo unter *http://www.whatwg.org/images/logo* gespeichert ist und das Script nicht auf dem WHATWG-Server läuft, setzt der folgende `drawImage()`-Aufruf das *origin-clean flag* auf `false`:

```
context.drawImage(image,0,0);
```

Verwenden wir das Logo als Pattern, haben die Zuweisungen `fillStyle` und `strokeStyle` dasselbe Ergebnis – *orgin-clean* wird `false`:

```
var pat = context.createPattern(image);
context.fillStyle = pat;
context.strokeStyle = pat;
```

Jeder Aufruf von `getImageData()` oder `toDataURL()` ab diesem Zeitpunkt führt unweigerlich zum Script-Abbruch.

Noch restriktiver wird dieser Mechanismus im Firefox-Browser gehandhabt, der alle über das `file://`-Protokoll geladenen Bilder als nicht *origin-clean* einstuft. Die Konsequenz für unser Kapitel? Alle Grafiken mit einem Server-Icon rechts unten funktionieren im Firefox nicht, wenn sie lokal über `file://` geöffnet werden, sondern benötigen einen Webserver bei der Darstellung.

TIPP

Wer keinen Apache-Server installieren will oder kann und Python zur Verfügung hat, der kann mit einem Einzeiler einen rudimentären Webserver im aktuellen Verzeichnis auf Port 8000 starten und dann den Inhalt dieses Verzeichnisses über die Adresse *http://localhost:8000/* im Browser ansprechen:

```
python -m SimpleHTTPServer
```

5.15.4 Browserunterstützung

Sowohl die aktuellen Versionen von Firefox als auch von Safari, Chrome und mit Abstrichen auch Opera unterstützen einen Großteil der Canvas-Spezifikation. Wer Canvas im IE sehen will, muss auf IE9 warten, denn spätestens mit diesem Browser-Release will Microsoft Canvas hardware-beschleunigt unterstützen. Workarounds wie Googles Chrome Frame Plugin (*http://code.google .com/chrome/chromeframe/*) oder der JavaScript-Shim *explorercanvas* (*http:// code.google.com/p/explorercanvas/*) sind damit obsolet.

Beim Implementierungsgrad jener Browser, die Canvas schon jetzt unterstützen, gibt es erwartungsgemäß leichte Unterschiede. Als wertvolle Quelle zur Bestimmung des jeweiligen Implementierungsgrads dient die *Canvas Testsuite* von Philip Taylor mit rund 800 Tests sowie einer tabellarischen Aufstellung der Testergebnisse für die wichtigsten Browser:

http://philip.html5.org/tests/canvas/suite/tests/

Alle Beispiele in diesem Canvas-Kapitel wurden, wie an den Screenshots zu erkennen ist, mit Firefox entwickelt und liefen zum Zeitpunkt der Manuskripterstellung im Sommer 2010 mit Ausnahme zweier Bugs bei der Compositing-Methode copy und dem Darstellen von Fonts mit small-caps in Firefox einwandfrei. Auch Safari und Chrome schneiden bei den Beispielen recht gut ab, Safari dabei besser als Chrome. Schlecht bestellt ist es leider um Opera, dem die fehlende Text-Implementierung zum Verhängnis wird. Jeder Aufruf von fillText() oder strokeText() führt zum sofortigen Abbruch des Scripts – ein Umstand, der sich aufgrund der Tatsache, dass fast alle Grafiken Text benötigen, fatal auswirkt.

Da sich bei den gängigen Browsern mit jedem neuen Release Verbesserungen in der Canvas-Implementierung ergeben können, werden Details über die Lauffähigkeit der Beispiele laufend im Inhaltsverzeichnis der Beispiele aktualisiert – der Link dorthin lautet: *http://html5.komplett.cc/code/chap_canvas/*.

5.15.5 Weiterführende Links

Ein guter Startpunkt zum Erkunden von Canvas ist ein Portal, das sich selbst als *Home to applications, games, tools and tutorials that use the HTML 5 <canvas>* bezeichnet und auf *http://www.canvasdemos.com/* eine Vielzahl interessanter Links bereitstellt. Sehenswert sind auch das umfangreiche Canvas-Tutorial im *developer center* von Mozilla unter *https://developer.mozilla.org/en/canvas_ tutorial* sowie *http://hacks.mozilla.org/category/canvas/*, ein Blog der Mozilla-Gemeinde mit Fokus auf fortgeschrittene Anwendungsbeispiele.

Wer sich mit den Details von Canvas auseinandersetzen will, wird um die Canvas-Spezifikation nicht herumkommen. Die Basis für den Inhalt des Canvas-Kapitels ist die zweigeteilte Version des W3C vom Juni 2010. Die aktuellen Versionen dieser beiden Dokumente beim W3C liegen unter:

» *http://www.w3.org/TR/html5/the-canvas-element.html*

» *http://www.w3.org/TR/2dcontext/*

Wer eine interaktive Version mit Implementierungsstatus und der Möglichkeit, direkt Kommentare oder Fehler-Reports zu den einzelnen Abschnitten abzugeben, bevorzugt, der wird bei der WHATWG unter folgender Adresse fündig:

» *http://www.whatwg.org/specs/web-apps/current-work/multipage/the-canvas-element.html*

Damit endet unsere Reise durch die Welt von Canvas. Es war ein weiter Weg vom Zeichnen zweier überlappender Rechtecke in Rot und Gelb bis hin zum Programmieren einer Videopostkarte, und wenngleich dieses Kapitel das umfangreichste im Buch ist, kann es nur einen gerafften Einblick in die Möglichkeiten geben, die sich über Canvas erschließen. Viele eindrucksvolle Beispiele warten im Netz – entdecken Sie sie!

6

SVG und MathML

Gerade einmal zwei Absätze widmet die HTML5-Spezifikation dem Vektorstandard *SVG* und der mathematischen Auszeichnungssprache *MathML*, und dennoch ist die Integration dieser beiden XML-Dialekte ein weiterer Meilenstein auf dem Weg zu Webapplikationen der Zukunft. Erfreut MathML hauptsächlich den Wissenschaftsbereich, so profitiert von SVG jeder, denn die Aufnahme eines standardisierten Vektorformats in den Browser war schon längst überfällig. Allein das Thema SVG füllt ganze Bücher und würde, genau wie eine detaillierte Anleitung zu MathML, den Rahmen dieses Buchs sprengen. Deshalb wollen wir uns jetzt nur mit den Einbau von SVG und MathML in ein HTML5-Dokument beschäftigen.

Grundvoraussetzung für die Verwendung von SVG und MathML in HTML5 ist natürlich die Implementierung beider Komponenten im Browser. Darüber hinaus muss der *Parser* svg- und math-Elemente auch erkennen und deren Inhalt an die *Layout-Engine* zur grafischen Umsetzung weiterleiten können. Zu dem Zeitpunkt, als dieses Buch geschrieben wurde, erfüllte nur die Beta-Version von Firefox 4 alle Voraussetzungen – Abbildung 6.1 zeigt das Resultat am Beispiel von drei MathML-Formeln mit den dazugehörigen SVG-Grafiken.

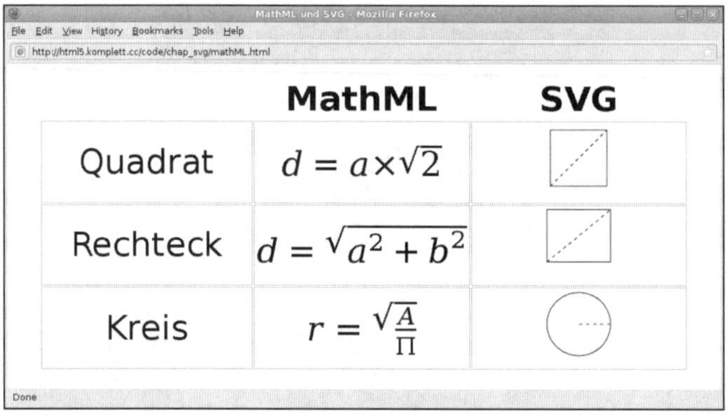

Abbildung 6.1: MathML und SVG in Aktion

Ziehen wir zur Erklärung des nötigen Markups das Beispiel mit dem Kreis heran: Listing 6.1 zeigt den Quellcode für die Formel zur Berechnung des Radius r eines Kreises bei gegebener Fläche A.

```
<math>
  <mrow>
    <mi>r</mi>
    <mo>=</mo>
    <msqrt>
      <mfrac>
        <mrow>
          <mi>A</mi>
        </mrow>
        <mrow>
          <mn>&Pi;</mn>
        </mrow>
      </mfrac>
    </msqrt>
  </mrow>
</math>
```

Listing 6.1: MathML-Markup für die Formel des Kreisradius bei gegebener Fläche

Jeder MathML-Block innerhalb eines HTML-Dokuments beginnt mit $und endet mit$. Dazwischen stehen beliebige Tags zur Definition der Formel – in unserem Fall sind es sechs verschiedene, die in der Reihenfolge ihres Erscheinens in Tabelle 6.1 kurz vorgestellt werden.

Element	Namensgebung	Bedeutung
mrow	*row* wie *Reihe*	Element zur Gruppierung von Ausdrücken
mi	*i* wie *identifier*	Variable, Funktionsname oder Konstante
mo	*o* wie *operator*	Gleichheits-, Plus-, Minus-, Malzeichen oder Ähnliches
msqrt	*sqrt* wie *square root*	Quadratwurzel-Ausdruck
mfrac	*frac* wie *fraction*	Gewöhnlicher Bruch, Division
mn	*n* wie *number*	Zahl

Tabelle 6.1: Die MathML-Tags aus Listing 6.1 und ihre Bedeutung

Das Element mrow zur Gruppierung von Ausdrücken begegnet uns insgesamt dreimal: einmal für den ganzen Ausdruck und dann noch zweimal zur Unterscheidung zwischen Zähler und Nenner in der Division mfrac. Radius r und Fläche A sind als mi-Elemente ausgewiesen, das Gleichheitszeichen als mo-Element, und der Wurzelausdruck wird mit einem msqrt-Element gebildet. Für die Kreiszahl *Pi* kommt schließlich das mn-Element in Kombination mit der MathML-Entity Π zum Einsatz – einer von mehr als 2000 MathML-Entities, die wir auch als Unicode-Symbol Π (*GREEK CAPITAL LETTER PI*) hätten schreiben können.

> **HINWEIS**
>
> Die Tabelle zur Umsetzung der benannten MathML-Entities in Unicode-Zeichen finden Sie bei der MathML-Spezifikation unter:
>
> *http://www.w3.org/TR/REC-MathML/chap6/byalpha.html*

Die Formel zur Berechnung der Diagonalen des Quadrats in Abbildung 6.1 enthält als Multiplikationszeichen eine weitere Entity, × (als Unicode-Symbol × MULTIPLICATION SIGN), und zum Quadrieren der Rechteckseiten a, b im mittleren Beispiel dient das msup-Element (*sup* wie *superscript*).

Natürlich zeigen diese drei MathML-Beispiele nur die Spitze des Eisbergs. Einstiegspunkte in die Welt von MathML finden Sie auf den folgenden Seiten. Versäumen Sie nicht die *MathML Basics*-Beispiele auf der Demo-Seite des Mozilla-Projekts – Sie werden überrascht sein, was mit MathML alles möglich ist!

» Die MathML-Spezifikation: *http://www.w3.org/TR/MathML/*

» Die *MathML Working Group*: *http://www.w3.org/Math/*

» *Planet MathML*: *http://www.w3.org/Math/planet/*

» *Demos*: *http://www.mozilla.org/projects/mathml/demo/*

Rechts neben der jeweiligen MathML-Formel findet sich zum besseren Verständnis die dazugehörige SVG-Grafik. Bleiben wir wieder beim Beispiel Kreis, und sehen wir uns den SVG-Code für die Kreis-Grafik in Abbildung 6.1 an.

```
<svg width="100" height="100">
  <circle cx="50" cy="50" r="45"
          fill="none" stroke="black" />
  <path d="M 50 50 h 45"
        stroke="black" stroke-dasharray="5,5"/>
</svg>
```
Listing 6.2: Der SVG-Quellcode für die Kreis-Grafik

Am Beginn des SVG-Blocks steht jetzt <svg>, an seinem Ende </svg>. Im Unterschied zu MathML werden im Start-Tag noch zusätzlich die Breite width und die Höhe height der Grafik festgelegt und damit entsprechend viel Platz auf der HTML-Seite reserviert. Der Kreis selbst ist ein circle-Element mit dem Mittelpunkt cx/cy und dem Radius r. Das Aussehen des Kreises bestimmen die Attribute fill und stroke – Füllung und Linie.

Die gestrichelte Linie zur Anzeige des Radius entsteht durch ein path-Element, dessen Geometriedaten in seinem d-Attribut bestimmt sind. Ähnlich wie beim canvas-Element sind in SVG nicht nur Linien, sondern auch komplexe Kurven in offener und geschlossener Form als Flächen möglich. Die Syntax für Geometrieanweisungen im d-Attribut verwendet neben Zahlen für Koordinaten auch Buchstaben zur Identifikation des Pfadtyps, der direkt auf das jeweilige Kürzel folgt: d="M 50 50 h 45" bedeutet damit so viel wie: *»Gehe zum Punkt 50/50, und zeichne von dort eine horizontale Linie mit der Länge 45 nach rechts.«*

Dass auch andere Notationen möglich sind, sehen wir beim Quadrat und beim Rechteck. Die Diagonale des Quadrats entsteht mit d="M 10 90 L 90 10". Das wäre die Anweisung *»Gehe zum Punkt 10/90, und zeichne von dort eine Linie zum Punkt 90/10«*, und bei der Diagonale des Rechtecks kommt d="M 5 80 l 90 -75" zum Einsatz, was so viel heißt wie: *»Gehe zum Punkt 5/80, und zeichne von dort eine Linie zu jenem Punkt, der um 90 Pixel weiter rechts und 75 Pixel weiter oben liegt.«*

Die gestrichelten Linien für den Kreisradius und die Diagonalen von Quadrat und Kreis erzeugt das Attribut `stroke-dasharray`, ein Feature, das die Canvas-Spezifikation leider vermissen lässt. Sein Attribut-Wert legt dabei den Wechsel zwischen *Strich zeichnen* und *Leerraum einfügen* fest, ein Wechsel, der so lange wiederholt wird, bis die Linie zu Ende ist. Für komplexe Muster dürfen beliebig viele komma-getrennte Werte angeführt werden.

Die geometrischen Formen Quadrat und Rechteck sind schließlich zwei `rect`-Elemente mit `x-`, `y-`, `width-` und `height`-Attributen, womit alle im SVG-Code der Grafiken vorkommenden Elemente und Attribute erklärt wären. Natürlich gilt auch hier wie bei MathML: Das ist nur die Spitze des Eisbergs, und diesmal wirklich nur die oberste Spitze. Darunter verbergen sich geometrische Grundformen aller Art, mächtige Pfadzeichen-Methoden, Textlayout, Transformationen, frei definierbare Koordinatensysteme, Filter, Gradienten, Symbole, Masken, Muster, Compositing, Clipping, Scripting, Styling und sogar Animationen.

Wenn Sie sich näher mit dem Thema SVG beschäftigen wollen, sollten Sie sich in jedem Fall ein SVG-Buch zulegen. Die folgenden Links bieten weitere Online-Einstiegspunkte:

» Die SVG-Spezifikation: *http://www.w3.org/TR/SVG11/*

» Ein umfassender *SVG-Primer* von David Dailey bei der *SVG Interest Group*: *http://www.w3.org/Graphics/SVG/IG/resources/svgprimer.html*

» Die *SVG Working Group*: *http://www.w3.org/Graphics/SVG/*

» SVG Tutorial: *http://svg.tutorial.aptico.de/*

Mit der Veröffentlichung von IE9 weisen nach zehn Jahren Vektorstandard endlich alle Browser eine native SVG-Unterstützung auf. Für MathML ist Ähnliches zu erwarten, denn die Verankerung in der HTML5-Spezifikation wird, wie bei SVG, ihren Teil dazu beitragen. Als wesentliche Komponenten der neuen Webplattform werden MathML und vor allem SVG in Zukunft eine noch größere Rolle als jetzt spielen.

7
Geolocation

Die Geolocation-API wurde zwar aus dem Kern der HTML5-Spezifikation entfernt und befindet sich nach der W3C-Nomenklatur erst in einem frühen Stadium, sie ist aber vor allem bei mobilen Browsern schon weitgehend implementiert. Ein Grund für die rasche Umsetzung liegt sicher in der Kürze und der Abstraktion der Schnittstelle: Mit nur drei JavaScript-Aufrufen wird der gesamte Funktionsumfang abgedeckt. Die Spezifikation schreibt nicht vor, auf welche Art der Browser die Position zu bestimmen hat, sondern nur das Format, in dem das Ergebnis zurückgegeben wird.

Nach einer kurzen Einführung in das Wesen geografischer Daten stellen wir die neuen Funktionen anhand von mehreren kurzen Beispielen vor. Wenn Sie die Beispiele mit einem Smartphone ausprobieren, sollte sich schnell der *Aha-Effekt* einstellen.

7.1   Einleitung

7.1.1   Ein Wort zu geografischen Daten

Vielleicht ist Ihnen schon einmal eine Koordinatenangabe in der Form N47 16 06.6 E11 23 35.9 begegnet. Die Position wird in Grad–Minuten–Sekunden angegeben. In diesem Fall befindet sich der gesuchte Ort bei 47 Grad, 16 Minuten und 6,6 Sekunden nördlicher Breite und 11 Grad, 23 Minuten und 35,9 Sekunden östlicher Länge. Man bezeichnet solche Angaben als geografische Koordinaten. Leider haben diese Werte den großen Nachteil, dass man nur schwer mit ihnen rechnen kann, was nicht nur daran liegt, dass Menschen gewohnt sind, im Dezimalsystem zu denken. Da die Koordinaten eine Position auf dem Rotationsellipsoid Erde beschreiben, muss bei der Berechnung von Entfernungen die Krümmung der Oberfläche miteinbezogen werden.

Um diesen Zustand zu vereinfachen, werden in der Praxis meist projizierte Koordinaten verwendet. Dabei wird das Rotationsellipsoid in Streifen zerschnitten, in denen die Entfernung zwischen Punkten linear gemessen werden kann. Viele Länder verwenden ein eigenes, auf die lokalen Bedürfnisse abgestimmtes Koordinatensystem. In Österreich werden zum Beispiel Daten meist im *Bundesmeldenetz* referenziert. Alle gängigen Koordinatensysteme sind mit einer numerischen Kennung versehen, ihrem *EPSG*-Code (verwaltet von der *European Petroleum Survey Group*).

Natürlich kann die Geolocation-API nicht alle Koordinatensysteme berücksichtigen. Die X- und Y-Koordinaten werden daher nicht projiziert, sondern in geografischen Koordinaten in Dezimalgrad angegeben. Als geodätisches Referenzsystem schreibt der Standard das weit verbreitete *World Geodetic System 1984* (*WGS84*) vor. Es beschreibt im Wesentlichen das darunterliegende Referenzellipsoid. Der Z-Wert wird in Metern über diesem Ellipsoid angegeben. Damit lässt sich jeder Punkt auf der Erde und im erdnahen Raum mit ausreichender Genauigkeit beschreiben.

7.1.2   Online-Kartendienste

Zur Darstellung von geografischen Daten im Browser gibt es mehrere Möglichkeiten: SVG eignet sich durch das flexible Koordinaten-System sehr gut, und mit canvas könnten die Daten als Rasterbild gezeichnet werden. Am bequemsten ist es aber, eine bereits bestehende JavaScript-Bibliothek zu Hilfe zu nehmen. Von den im Internet frei verfügbaren Bibliotheken beschreiben wir im Folgenden Google Maps und OpenStreetMap genauer. Da der Kartendienst von Microsoft, *Bing Maps*, nur nach vorheriger Registrierung verwendet werden kann, gehen wir hier nicht weiter darauf ein.

Die zwei hier vorgestellten Bibliotheken verwenden zur Anzeige eine Mischung aus Raster- und Vektordaten. Um schnelle Ladezeiten zu ermöglichen, werden die Rasterbilder in Kacheln zerlegt und für alle Zoomstufen im Voraus berechnet. Dadurch entsteht der schrittweise Bildaufbau. Vektorinformationen werden je nach Browser in SVG oder für den Internet Explorer im Microsoft-spezifischen Format VML angezeigt.

Google Maps

Google Maps ist zweifellos der am weitesten verbreitete Kartendienst im Internet. Viele Firmen verwenden den kostenlosen Service, um den eigenen Firmenstandort kartografisch darzustellen. Doch Google Maps hat weit mehr zu bieten, als nur Positionsmarker auf eine Karte zu setzen. Wie die Webseite *http://maps.google.com/help/maps/casestudies/* verrät, setzen über 150.000 Webseiten Google Maps ein, unter ihnen auch große Unternehmen wie die *New York Times*.

Die aktuelle Version der Bibliothek, V3, unterscheidet sich stark von vorangegangenen Versionen: Zur Verwendung wird kein API-Schlüssel mehr benötigt (also keine Registrierung bei Google), und die Bibliothek wurde für die Verwendung auf mobilen Endgeräten optimiert. Wie so oft bei Produkten von Google ist der Komfort in der Programmierung sehr hoch. Für eine einfache Straßenkarte von Mitteleuropa reichen diese wenigen Zeilen HTML und JavaScript aus:

```
<html>
 <head>
 <script type="text/javascript"
  src="http://maps.google.com/maps/api/js?sensor=true">
 </script>
 <script type="text/javascript">
  window.onload = function() {
    var map =
      new google.maps.Map(document.getElementById("map"),
        { center: new google.maps.LatLng(47,11),
          zoom: 7,
          mapTypeId: google.maps.MapTypeId.ROADMAP
        }
    );
```

```
  }
</script>
<body>
  <div id="map" style="width:100%; height:100%"></div>
```
Listing 7.1: Straßenkarte von Mitteleuropa mit Google Maps

Beim Laden der Bibliothek muss der `sensors`-Parameter angegeben werden. Wenn dieser Wert auf `true` steht, kann das Endgerät seine Position bestimmen und der Anwendung mitteilen. Das ist vor allem bei mobilen Geräten (zum Beispiel Smartphones mit GPS) von Bedeutung. Ist die gesamte Seite geladen (`window.onload`), wird ein neues Objekt vom Typ `google.maps.Map` erzeugt, dessen Konstruktor als ersten Parameter das HTML-Element entgegennimmt, das zur Anzeige der Karte vorgesehen ist. Der zweite Parameter bestimmt als Liste von Optionen, wie und was auf der Karte dargestellt werden soll. In diesem Fall wird der Kartenmittelpunkt auf 47 Grad Nord und 11 Grad Ost mit der Zoomstufe 7 gesetzt (Zoomstufe 0 entspricht der Ansicht der gesamten Erde) und der Kartentyp über die Konstante `google.maps.MapTypeId.ROADMAP` als Straßenkarte festgelegt.

HINWEIS Da der Konstruktor des Kartenobjekts einen Verweis auf den Inhalt der HTML-Seite enthält, darf er erst aufgerufen werden, wenn die Webseite geladen ist – also zum Zeitpunkt window.onload.

OpenStreetMap / OpenLayers

OpenStreetMap startete im Jahr 2004 mit dem sehr ambitionierten Ziel, eine umfassende und freie Plattform für Geodaten weltweit zu werden. Anknüpfend an die erfolgreiche Methode von Wikipedia wollte man es den Benutzern einfach machen, geografische Elemente im persönlichen Umfeld aufzunehmen und im Internet zu speichern. Wenn Sie bedenken, wie ungleich schwieriger es ist, Geodaten zu editieren, ist der bisherige Stand des Projekts beeindruckend. Tausende User haben ihre GPS-Aufzeichnungen auf die Plattform *openstreetmap.org* hochgeladen und dort korrigiert und kommentiert. Zudem nahm man bereits vorhandene Geodaten, die über eine entsprechende Lizenz verfügten, mit in den Datenbestand auf (zum Beispiel den *TIGER*-Datensatz der US-Bundesstaaten oder die *Landsat 7*-Satellitenbilder).

Im Umfeld des Projekts entstanden unterschiedliche Werkzeuge, mit denen man Daten von den Servern von OpenStreetMap herunterladen und – eine entsprechende Berechtigung vorausgesetzt – hinaufladen und dort speichern kann. Die offenen Schnittstellen machen es für Software-Entwickler einfach, ihre Produkte an das System anzubinden.

Eine wesentliche Komponente für den Erfolg von OpenStreetMap ist eine einfache Möglichkeit für Webentwickler, Karten in ihre Webseiten einzubauen. Darum kümmert sich das Projekt OpenLayers. Die JavaScript-Bibliothek ist nicht auf den Einsatz mit OpenStreetMap beschränkt, kann aber in diesem Zusammenspiel ihre Stärken sehr gut ausspielen. Mit OpenLayers können Sie auch auf die Karten von Google, Microsoft, Yahoo und unzähligen anderen Geodiensten (auf der Basis der Standards *WMS* und *WFS*) zugreifen.

Ein minimales Beispiel für eine Straßenkarte von Mitteleuropa mit OpenLayers und OpenStreetMap sieht folgendermaßen aus:

```
<!DOCTYPE html>
<html>
<head>
<title>Geolocation - OpenLayers / OpenStreetMap</title>
<script src=
"http://www.openlayers.org/api/OpenLayers.js"></script>
<script src=
"http://www.openstreetmap.org/openlayers/OpenStreetMap.js">
</script>
<script>
 window.onload = function() {
    var map = new OpenLayers.Map("map");
    map.addLayer(new
       OpenLayers.Layer.OSM.Osmarender("Osmarender"));
    var lonLat = new OpenLayers.LonLat(11, 47).transform(
       new OpenLayers.Projection("EPSG:4326"),
       map.getProjectionObject()
    );
    map.setCenter (lonLat,7);
 }
</script>
<body>
 <div id="map" style="top: 0; left: 0; bottom: 0;
    right: 0; position: fixed;"></div>
</body>
</html>
```

Listing 7.2: Straßenkarte von Mitteleuropa mit OpenStreetMap und OpenLayers

Für dieses Beispiel muss einerseits die JavaScript-Bibliothek von *openlayers .org* und andererseits die Bibliothek von *openstreetmap.org* geladen werden.

Dem `OpenLayers.Map`-Objekt wird ähnlich wie bei Google Maps ein HTML-`div`-Element zur Darstellung zugewiesen und ein Layer vom Typ `Osmarender` hinzugefügt, der Standard-Kartenansicht von OpenStreetMap (`OSM`). Hier kommt eine Besonderheit von OpenStreetMap ins Spiel: Wie schon in Abschnitt 7.1.1, Ein Wort zu geografischen Daten, erwähnt wurde, müssen dreidimensionale Informationen projiziert werden, um sie am Bildschirm in 2D darzustellen. Während Google Maps den Anwender nicht mit diesen Details belästigt und man ganz einfach die X- und Y-Koordination in Dezimalgrad angibt, verlangt OpenLayers, dass Angaben in Dezimalgrad zuerst in das entsprechende Koordinatensystem projiziert werden. Intern verwendet OpenLayers genauso wie Google Maps, Yahoo! Maps und Microsoft Bing Maps für die Kartendarstellung eine Projektion, die als *Spherical Mercator* (*EPSG*-Code 3785) bezeichnet wird. In Spherical Mercator werden Koordinaten nicht in Dezimalgrad, sondern in Metern verwaltet, weshalb die hier verwendeten Gradangaben mit dem Aufruf `transform()` unter Angabe des *EPSG*-Codes der gewünschten Projektion (`EPSG:4326`) in das in der Karte verwendete Koordinatensystem (ermittelt durch die Funktion `map.getProjectionObject()`) konvertiert werden müssen.

> **ACHTUNG**
> Wird der für HTML5 korrekte `DOCTYPE` am Beginn des Dokuments verwendet, muss das HTML-Element, in dem die Karte angezeigt wird, eine Positionierung von `fixed` oder `absolute` aufweisen. Anderenfalls zeigt die OpenLayers-Bibliothek gar nichts an. Interessanterweise fällt diese Einschränkung weg, wenn kein `DOCTYPE` angegeben wird.
>
> *http://openlayers.org/pipermail/users/2009-July/012901.html*

7.2 Ein erster Versuch: Positionsausgabe im Browser

Um die Geolocation-Funktion des Browsers zu testen, reicht folgender JavaScript-Code aus:

```
function $(id) { return document.getElementById(id); }
window.onload = function() {
  if (navigator.geolocation) {
    navigator.geolocation.getCurrentPosition(
        function(pos) {
          $("lat").innerHTML = pos.coords.latitude;
          $("lon").innerHTML = pos.coords.longitude;
          $("alt").innerHTML = pos.coords.altitude;
        },
```

```
      function() {},
      {enableHighAccuracy:true, maximumAge:600000}
   );
 } else {
   $("status").innerHTML =
     'No Geolocation support for your Browser';
 }
}
```

Listing 7.3: Funktion zur Positionsausgabe mit »navigator.geolocation«

In der ersten Zeile des Listings wird eine Hilfsfunktion mit dem Namen $ definiert, die eine verkürzte Schreibweise der Funktion document.getElementById() erlaubt (ähnlich einem Alias). Dieser Trick wurde aus der bekannten *jQuery*-Bibliothek übernommen und ist für das vorliegende Beispiel sehr angenehm, da die zu befüllenden Elemente auf der Webseite alle mit einem ID-Attribut gekennzeichnet sind. Wie schon in den vorangegangenen Beispielen (siehe Listings 7.1 und 7.2) stellt window.onload sicher, dass die Inhalte der Webseite vollständig geladen sind, bevor Referenzen auf HTML-Elemente gesetzt werden. Die erste if-Abfrage überprüft, ob der Browser die *Geolocation API* unterstützt. Sollte dies nicht der Fall sein, wird eine entsprechende Meldung in das Element mit der ID status geschrieben. Andernfalls kommt die eigentliche Funktion zur Bestimmung der Position zum Einsatz: navigator.geolocation .getCurrentPosition().

Beim Aufruf dieser Funktion muss der Browser laut Spezifikation nachfragen, ob es gewünscht ist, dass die aktuelle Position ermittelt und der Webseite bekannt gegeben wird. Abbildung 7.1 zeigt dieses Dialogfenster in Mozilla Firefox.

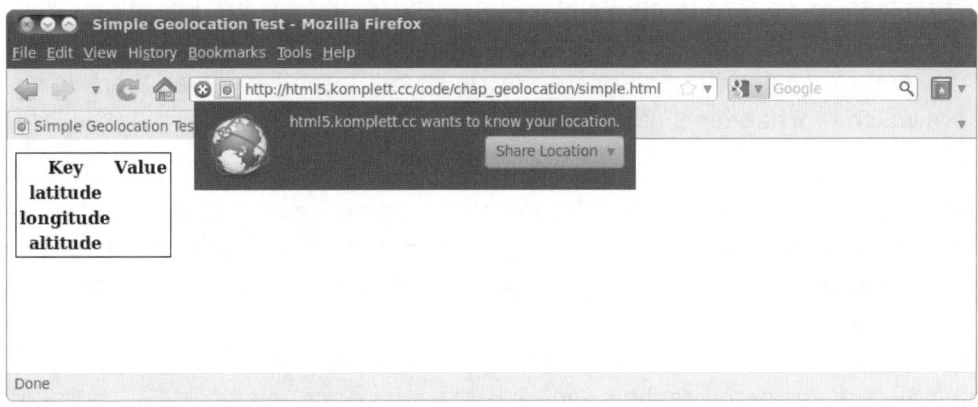

Abbildung 7.1: Mozilla Firefox fragt um die Erlaubnis, den Standort zu ermitteln.

Dem Funktionsaufruf werden drei Argumente übergeben:

» eine Funktion, die nach erfolgreicher Positionsbestimmung ausgeführt werden soll (*Success-Callback*),

» eine Funktion, die auf Fehler nach einer gescheiterten Positionsbestimmung reagieren kann (*Error-Callback*) sowie

» Wertepaare, die die Art der Positionsbestimmung beeinflussen.

Laut Spezifikation sind die beiden letzten Argumente optional, das *Success-Callback* muss immer angegeben werden. Um den JavaScript-Ablauf nicht zu blockieren, muss getCurrentPosition() asynchron, sozusagen im Hintergrund ausgeführt werden, und erst nachdem die Position bekannt ist oder ein Fehler aufgetreten ist, kann die entsprechende Callback-Funktionen aufgerufen werden.

In diesem sehr kurzen Beispiel sind beide Callback-Funktionen als *anonyme Funktionen* implementiert, wobei der Fehlerfall nicht weiter behandelt wird. Das Wertepaar enableHighAccuracy: true weist den Browser an, eine möglichst genaue Positionsbestimmung durchzuführen. Bei einem Android-Mobiltelefon bewirkt diese Einstellung zum Beispiel die Aktivierung des internen GPS-Sensors (mehr dazu finden Sie in Abschnitt 7.3, Technischer Hintergrund der Positionsbestimmung). maximumAge legt schließlich die Zeit in Millisekunden fest, in der eine bereits bestimmte Position wieder verwendet werden darf. Nach Ablauf dieser Zeitspanne muss die Position neu bestimmt werden – in unserem Fall alle zehn Minuten.

Nach erfolgreicher Positionsbestimmung enthält die Variable pos des Success-Callbacks im sogenannten Position-Interface Angaben zur Koordinate (pos .coords) sowie einen Zeitstempel in Millisekunden seit 1970 (pos.timestamp). Abbildung 7.2 zeigt die verfügbaren Attribute mit ihren jeweiligen Werten, sofern welche vorhanden sind.

Zusätzlich zu latitude, longitude und altitude liefert pos.coords auch noch Informationen zur Genauigkeit der Position (accuracy, altitudeAccuracy) sowie zu möglicher Geschwindigkeit (speed) und Richtung (heading). Während Google-Chrome sich auf die in der Spezifikation geforderten Attribute beschränkt, gibt Firefox (hier in der Version 3.6.3) eine ganze Reihe zusätzlicher Informationen aus – unter anderem sogar Angaben zur Adresse, wie Listing 7.4 zeigt, das einen Auszug aus dem Ergebnis von JSON.stringify(pos) bietet:

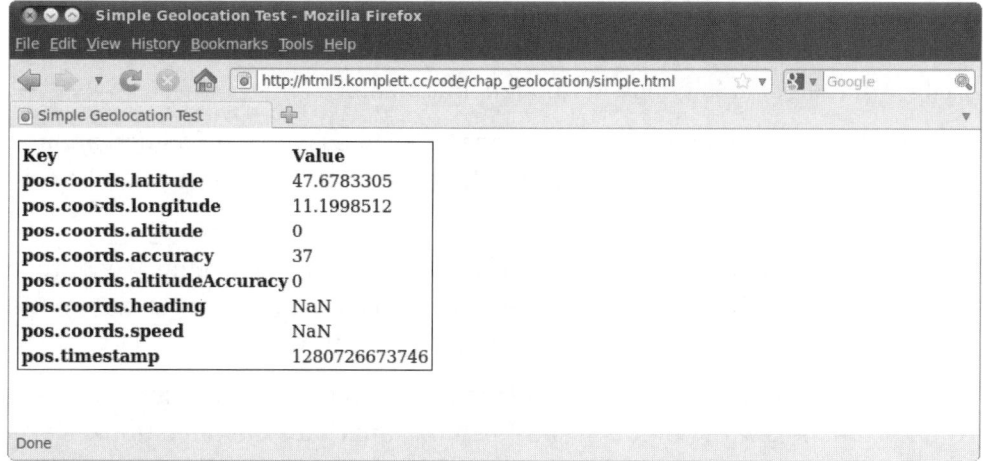

Abbildung 7.2: Ausgabe der geografischen Position in Mozilla Firefox

```
{"coords":
..// ...
  "address":
    {"streetNumber":"6","street":"Postgasse",
     "premises":null,"city":"Murnau am Staffelsee",
     "county":"Garmisch-Partenkirchen","region":"Bavaria",
     "country":"Germany","countryCode«":"DE",
     "postalCode":"82418","contractID«":"",
     "classDescription":"wifi geo position address object",
     // ...
    },
  // ...
}
```

Listing 7.4: Auszug aus dem Ergebnis von `JSON.stringify(pos)` für Firefox 3.6.3

Erstaunlich viele Informationen, die der Browser hier zur Verfügung stellt! Woher diese Informationen kommen, erklärt der folgende Abschnitt.

7.3 Technischer Hintergrund der Positionsbestimmung

Wenn Sie im Ausland die Seite *http://www.google.com* aufrufen, werden Sie mehr oder weniger überrascht feststellen, dass Sie zur entsprechenden Landesseite von Google umgeleitet werden. Das funktioniert auch ohne einen Geolocation-fähigen Browser: Google bedient sich eines einfachen Tricks und bestimmt den Aufenthaltsort anhand der IP-Adresse.

Browser, die die Geolocation-API unterstützen, können eine wesentlich höhere Genauigkeit erreichen, indem sie auf weitere technische Möglichkeiten zurückgreifen. Aktuell sind folgende Methoden im Einsatz:

1. Bei PCs mit kabelgebundenem Internetanschluss wird die Position anhand der IP-Adresse bestimmt. Diese Bestimmung ist erwartungsgemäß ziemlich ungenau.

2. Bei einer vorhandenen Wireless-LAN-Verbindung kann eine wesentlich präzisere Positionsbestimmung durchgeführt werden. Google sammelte dazu weltweit Daten von öffentlichen und privaten WLANs.

3. Verfügt die Hardware über einen Mobilfunk-Chip (zum Beispiel bei einem Smartphone), wird versucht, die Position innerhalb des Mobilfunk-Netzwerks zu errechnen.

4. Verfügt die Hardware außerdem über einen GPS-Sensor, kann die Position noch genauer bestimmt werden. GPS ist ein satellitengestütztes Positionierungsverfahren und kann bei günstigen Verhältnissen (außerhalb von Gebäuden, wenig Abschattung des Horizonts, ...) selbst mit billigen Sensoren eine Genauigkeit im Meterbereich erreichen.

Nur der GPS-Sensor funktioniert *offline*, die Methoden 1–3 benötigen Internetzugriff und werden durch einen Serverdienst umgesetzt. Diese Serverdienste gibt es von Google (Google Location Service, verwendet in Firefox, Chrome und Opera) und von einer weiteren amerikanischen Firma namens *Skyhook Wireless* (verwendet in Safari und in frühen Versionen von Opera).

Aber wie kommen diese Dienstleister zu den Standort-Informationen von Wireless- und Mobilfunk-Netzwerken? Parallel zu den Fotos, die Google für den Dienst *Street View* aufnimmt, speichern die Google-StreetView-Aufnahmefahrzeuge auch Informationen zu öffentlichen und privaten WLANs ab. Nachdem im Frühjahr 2010 bekannt wurde, dass dabei nicht nur die MAC-Adresse und die SSID des WLANs, sondern auch Nutzdaten mitprotokolliert wurden, fiel ein schlechtes Licht auf Google, und der Konzern musste sich mehrmals öffentlich entschuldigen.

Damit aber noch nicht genug: Sofern der Browser Zugriff auf die Informationen eines Mobilfunk-Netzwerks oder Wireless-LAN-Routers hat, werden diese bei jedem Aufruf des Dienstes mitgesendet. Für Google betrifft das vor allem Mobilfunkgeräte mit dem Betriebssystem *Android*, Skyhook profitiert hier von den iPhone-Benutzern. Die Kombination der vorgestellten Methoden führt zu einem sehr großen Datensatz von Geodaten, über den diese beiden Dienstleister verfügen und den sie durch Crowdsourcing ständig aktualisieren (auch wenn die Benutzer als Datenlieferanten davon nichts bemerken).

> **TIPP**
>
> Für Firefox gibt es mit dem Add-On Geolocator eine Erweiterung, die vor allem beim Entwickeln von Anwendungen sehr hilfreich ist. Es ermöglicht die Eingabe von Positionen, die Firefox auf den Geolocation-API-Aufruf zurückgibt. Mithilfe eines Pulldown-Menüs kann der Standort ausgewählt werden, ohne jedes Mal den Online-Dienst von Google zu Hilfe nehmen zu müssen.
>
> *https://addons.mozilla.org/en-US/firefox/addon/14046/*

7.4 Anzeige der aktuellen Position auf OpenStreetMap

Im folgenden Beispiel wird die aktuelle Position auf einer Karte von Open-StreetMap dargestellt und mit einem Marker gekennzeichnet. Außerdem werden unterschiedliche Layer und eine Navigationsleiste von OpenStreetMap angezeigt. Abbildung 7.3 zeigt den *Mapnik*-Layer der OpenStreetMap mit dem Positions-Icon in der Mitte des Browsers.

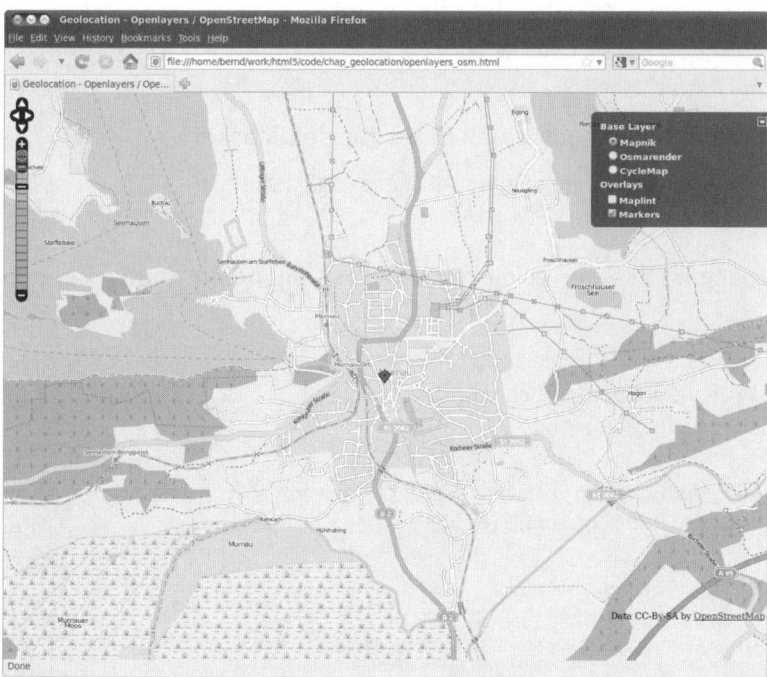

Abbildung 7.3: Der aktuelle Standort, dargestellt mit OpenLayers und OpenStreetMap

Wie schon in Abschnitt 7.1.2, Online-Kartendienste, werden hier die Daten des OpenStreetMap-Projekts mithilfe der OpenLayers-Bibliothek dargestellt. Nachdem die beiden dazu notwendigen JavaScript-Dateien geladen sind, wird in diesem Beispiel die Karte initialisiert und werden die gewünschten Steuerelemente hinzugefügt.

```
// Karte initialisieren und Navigation hinzufügen
var map = new OpenLayers.Map ("map");
map.addControl(new OpenLayers.Control.Navigation());
map.addControl(new OpenLayers.Control.PanZoomBar());
```

Neben dem Navigationselement mit den vier Pfeilen wird die Zoom-Leiste an die Karten-Variable (map) angehängt. Anschließend wird das Auswahl-Element für die unterschiedlichen Layer erzeugt (Control.LayerSwitcher) und werden mehrere Layer zu der Karte hinzugefügt. Der Funktionsaufruf von map.addLayers() nimmt dabei ein Array von neu erzeugten Karten-Objekten entgegen.

```
// Layerauswahl mit vier Kartentypen
map.addControl(new OpenLayers.Control.LayerSwitcher());
map.addLayers([
  new OpenLayers.Layer.OSM.Mapnik("Mapnik"),
  new OpenLayers.Layer.OSM.Osmarender("Osmarender"),
  new OpenLayers.Layer.OSM.Maplint("Maplint"),
  new OpenLayers.Layer.OSM.CycleMap("CycleMap")
]);
```

Abschließend erhält die Karte noch einen Layer für den Marker:

```
var markers = new OpenLayers.Layer.Markers("Markers");
map.addLayer(markers);
```

Das Success-Callback nach einer erfolgreichen Positionsbestimmung sieht so aus:

```
function(pos) {
  var ll = new OpenLayers.LonLat(
    pos.coords.longitude,
    pos.coords.latitude).transform(
      new OpenLayers.Projection("EPSG:4326"),
      map.getProjectionObject()
    );
  map.setCenter (ll,zoom);
  markers.addMarker(
    new OpenLayers.Marker(
    ll,new OpenLayers.Icon(
```

```
'http://www.openstreetmap.org/openlayers/img/marker.png')
           )
        );
     },
```

Wie Ihnen schon aus Abschnitt 7.1.2, Online-Kartendienste, bekannt ist, müssen die Koordinaten aus dem geografischen Koordinatensystem (Lat/Lon) in das *Spherical Mercator*-System transformiert werden (mehr dazu finden Sie auf Seite 214). Abschließend wird der Marker 11 an die ermittelte Position gesetzt, wobei das entsprechende Icon direkt von den OpenStreetMap-Servern geladen wird.

Die Geolocation-Spezifikation sieht einen weiteren Aufruf vor, der sich vor allem bei bewegten Objekten anbietet: `navigator.geolocation.watchPosition()`. Das folgende Beispiel zeigt anhand der Google Maps API, wie sich eine Positionsänderung grafisch darstellen lässt.

7.5   Positionsverfolgung auf Google Maps

Die Verwendung des kurzen Beispiels macht ausschließlich auf mobilen Geräten Sinn. Zwar kann der Anwendung zu Demonstrationszwecken auch künstlich »Beine gemacht« werden, das Erfolgserlebnis stellt sich wahrscheinlich aber erst bei einer präzisen Positionsbestimmung mittels GPS und einem Browser ein, der in Bewegung ist. Versuchsanordnung für das folgende Beispiel war ein Android-Mobiltelefon, das die HTML-Seite während einer Fahrt auf der Autobahn anzeigte.

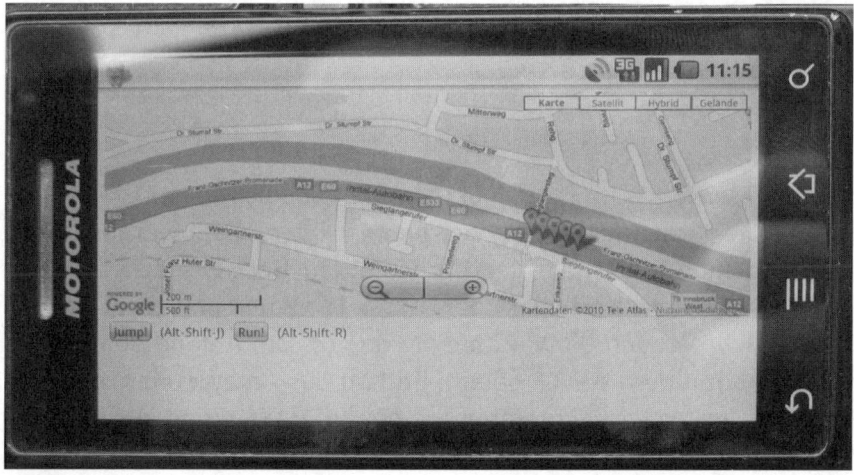

Abbildung 7.4: Die Anwendung auf einem Android-Mobiltelefon

Wie in Abbildung 7.4 zu sehen ist, werden die jeweils letzten fünf ermittelten Positionen auf der Straßenkarte von Google Maps markiert. Sobald der Beobachter den dargestellten Bereich der Karte verlässt, wird die Karte um den nächsten Punkt zentriert. Der Aufruf der Geolocation-API wird wieder in window.onload ausgeführt und sieht folgendermaßen aus:

```
var watchID = navigator.geolocation.watchPosition(
  moveMe, posError, {enableHighAccuracy: true}
);
```

Die eigentliche Arbeit findet in der Funktion moveMe() statt:

```
function moveMe(position) {
  latlng = new google.maps.LatLng(
    position.coords.latitude,
    position.coords.longitude);
  bounds = map.getBounds();
  map.setZoom(16);
  if (!bounds.contains(latlng)) {
    map.setCenter(latlng);
  }
  if (marker.length >= maxMarkers) {
    m = marker.shift();
    if (m) {
      m.setMap();
    }
  }
  marker.push(new google.maps.Marker({
    position: latlng, map: map,
    title: position.coords.accuracy+"m lat: "
      +position.coords.latitude+" lon: "+
      position.coords.longitude
  }));
}
```

Die Variable latlng wird als LatLng-Objekt aus der Google Maps API erzeugt, wobei diesem Objekt die aktuellen Koordinaten übergeben werden. Sollte die aktuelle Position außerhalb des dargestellten Bereichs sein (!bounds .contains(latlng)), wird die Karte über dem aktuellen Punkt neu zentriert. Wie das Array marker wurde auch die Variable maxMarkers am Anfang des Scripts global definiert und mit dem Wert 5 belegt. Enthält das Array marker mehr als fünf Elemente, so wird das erste Element mit der shift-Funktion aus dem Array entfernt und anschließend durch den Aufruf von setMap() ohne weitere Parameter von der Karte gelöscht. Abschließend wird dem Array ein neues Objekt vom Typ `Marker` an der aktuellen Position hinzugefügt.

7.6 Beispiel: Geonotes

Die Idee zum abschließenden Beispiel entstand bei einem Auslandsaufenthalt mit einem neuen Smartphone: Das Programm ist ein digitales (Reise-)Tagebuch, das jeden Eintrag automatisch mit geografischen Koordinaten versieht und alle Einträge auf einer Karte anzeigen kann. Die hohen Daten-Roaming-Gebühren in Europa machten bald die Einbeziehung einer weiteren Technologie aus dem HTML5-Umfeld erforderlich, um die Kosten zu senken: Web Storage. Mithilfe der *Web Storage API* werden die Einträge lokal, in einem persistenten Speicher gehalten, wodurch die Anwendung auch ohne bestehende Datenverbindung funktioniert. Eine ausführliche Erklärung der Web Storage API finden Sie in Kapitel 8, Web Storage und Offline-Webapplikationen.

7.6.1 Bedienung

Die Anwendung ist sehr einfach aufgebaut (siehe Abbildung 7.5): Im linken oberen Bereich befindet sich das Textfeld zur Eingabe der Notiz. Durch das in HTML5 neu eingeführte `placeholder`-Attribut zeigt der Browser eine Aufforderung zum Eingeben einer neuen Nachricht. Sind bereits Einträge vorhanden, erscheint im rechten Bereich ein Kartenausschnitt von Google Maps. Unterhalb folgt die Liste der Einträge, wobei außer dem Nachrichtentext noch die Position, der Zeitpunkt der Eingabe und eine Entfernung zum aktuellen Standort angegeben wird. Außerdem besteht die Möglichkeit, Nachrichten zu löschen oder den Standort vergrößert auf Google Maps darzustellen. Wie in Abbildung 7.5 zu sehen ist, wird bei vergrößerter Darstellung die Position mit einem Google-typischen Marker gekennzeichnet. Der Kreis um den Punkt bezeichnet die Genauigkeit der Positionsmessung.

Da man beim Entwickeln der Anwendung seine Position nicht ständig ändert, hat sich das in Abschnitt 7.3, Technischer Hintergrund der Positionsbestimmung, vorgestellte Firefox-Add-On *Geolocator* als sehr nützlich erwiesen. Durch die Möglichkeit, mehrere Positionen in dem Add-On zu speichern, kann man die Anwendung auch von zu Hause aus testen. Idealerweise aber kommt die Anwendung auf einem Smartphone mit GPS-Unterstützung zum Einsatz. Sowohl Android-basierte Telefone als auch das *iPhone* erfüllen die notwendigen Voraussetzungen.

223

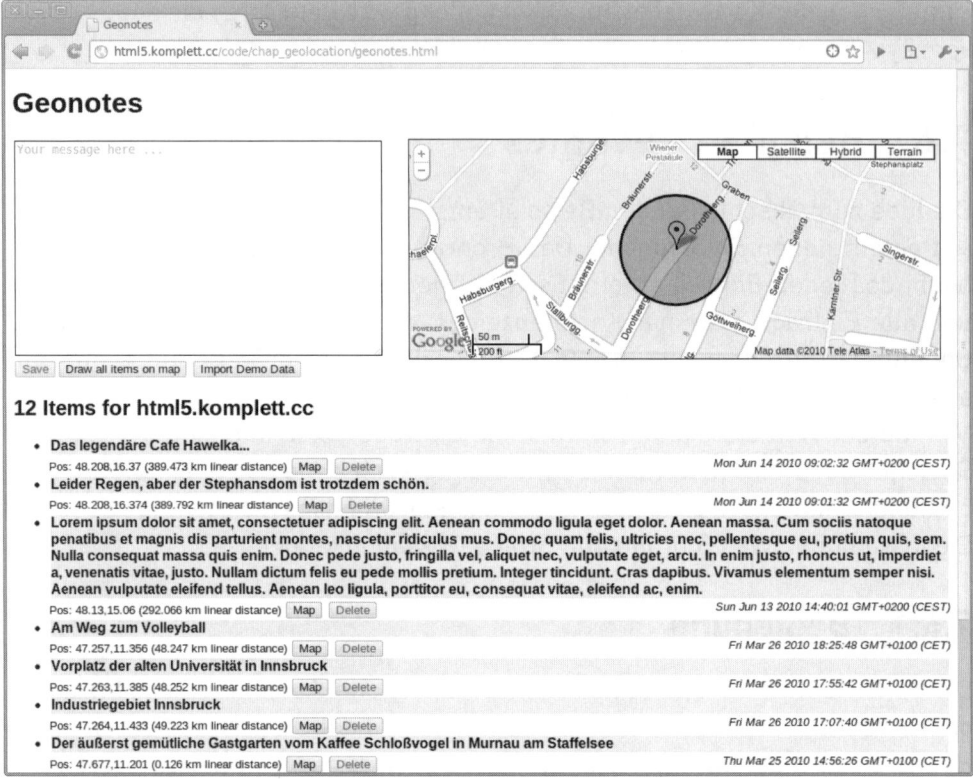

Abbildung 7.5: Notizen mit geografischen Zusatzinformationen

Um die Anwendung gleich ausprobieren zu können, gibt es die Möglichkeit, einen Testdatensatz einzuspielen. Es handelt sich dabei um zum Teil frei erfundene Einträge und um solche, die der Autor während der Entwicklung selbst aufgenommen hat.

7.6.2   Wichtige Code-Fragmente

Der HTML-Code für die Anwendung stellt einige div-Container-Elemente bereit, in denen später die Nachrichten (id='items') und die Karte (id='map') dargestellt werden. Wie schon eingangs erwähnt wurde, enthält das textarea-Element das neue placeholder-Attribut, das Anwendungen deutlich benutzerfreundlicher machen kann. Den drei button-Schaltflächen wird der entsprechende onclick-Event-Listener direkt zugewiesen.

```
<body>
  <h1>Geonotes</h1>
  <div class='text_input'>
```

```
   <textarea style='float:left;margin-right:30px;'
     placeholder='Your message here ...'
     cols="50" rows="15" id="note"></textarea>
   <div class='map' id='map'></div>
   <div style='clear:both;' id='status'></div>
   <button style='float:left;color:green;' id='save'
     onclick='saveItem()'>Save</button>
   <button onclick='drawAllItems()'>Draw all items on
     map</button>
   <button onclick='importDemoData()'>Import Demo Data
   </button>
 </div>
 <div class='items' id='items'></div>
```

Wesentlich interessanter als die wenigen Zeilen HTML-Code ist der dazugehörige JavaScript-Code. Zuerst werden eine Hilfsfunktion und drei globale Variablen definiert:

```
function $(id) { return document.getElementById(id); }
 var map;
 var my_pos;
 var diaryItem = { id: 0, pos: 0, ts: 0, msg: '' }
```

Die Funktion $ ist Ihnen bereits aus Abschnitt 7.2, Ein erster Versuch: Positionsausgabe im Browser, bekannt. Sie erspart Ihnen auch hier Tipparbeit und trägt zur Lesbarkeit des Codes bei. Die Variable map dient als Referenz auf den HTML-Bereich, in dem die Google-Maps-Darstellung Platz finden wird. my_pos wird zur Berechnung der Entfernung benötigt und enthält die aktuelle Position, von der aus das Script aufgerufen wird. diaryItem stellt die Struktur dar, nach der die einzelnen Einträge aufgebaut sind. Jeder Tagebucheintrag enthält eine ID (id), Informationen zur Position (pos), einen Zeitstempel (ts) sowie die eingegebene Nachricht aus dem Textfeld (msg).

Sobald die Seite vollständig geladen ist, beginnen die Bestimmung der aktuellen Position und die Anzeige bestehender Einträge:

```
window.onload = function() {
  if (navigator.geolocation) {
    navigator.geolocation.getCurrentPosition(
      function(pos) {
        my_pos = pos;
        showItems();
      },
      posError,
```

```
    { enableHighAccuracy: true, maximumAge: 60000 }
  );
}
showItems();
if (localStorage.length > 0) {
  drawAllItems();
}
}
```

Für den bereits bekannten Aufruf von getCurrentPosition() wird die Option enableHighAccuracy aktiviert. Die maximale Zeit für die Wiederverwendung einer bereits ermittelten Position ist eine Minute. Bei einer erfolgreichen Positionsbestimmung wird die vorher definierte globale Variable my_pos mit den Werten aus der soeben bestimmten Position belegt und anschließend die Funktion showItems() aufgerufen. Ein Fehler bei der Positionsbestimmung führt zum Aufruf von posError(), einer Funktion, die die entsprechende Fehlermeldung in einem Dialogfenster ausgibt. Ist die Anzahl der Elemente im localStorage größer als 0, wird außerdem noch die Funktion drawAllItems() ausgeführt, die vorhandene Einträge auf Google Maps darstellt.

Die showItems-Funktion setzt eine Zeichenkette aus allen Einträgen zusammen und belegt anschließend das HTML-Element mit der ID items damit.

```
function showItems() {
  var s = '<h2>'+localStorage.length+' Items for '
    +location.hostname+'</h2>';
  s+= '<ul>';
  var i_array = getAllItems();
  for (k in i_array) {
    var item = i_array[k];
    var iDate = new Date(item.ts);
    s+= '<li>';
    s+= '<p class="msg">'+item.msg+'</p>';
    s+= '<div class="footer">';
    s+= '<p class="i_date">'+iDate.toLocaleString();
      +'</p>';
  ...
  $('items').innerHTML = s+'</ul>';
```

Die Variable i_array wird mit dem Ergebnis der Funktion getAllItems() befüllt, die den localStorage ausliest, anschließend die Inhalte als Objekte in einem Array zurückgibt und außerdem eine Sortierung der Objekte nach dem Datum vornimmt.

```
function getAllItems() {
  var i_array = [];
  for (var i=0;i<localStorage.length;i++) {
    var item = JSON.parse(
      localStorage.getItem(localStorage.key(i))
    );
    i_array.push(item);
  }
  i_array.sort(function(a, b) {
    return b.ts - a.ts
  });
  return i_array;
}
```

Der Aufruf localStorage.getItem() holt ein Element aus dem persistenten Speicher, das anschließend mit der Funktion JSON.parse in ein JavaScript-Objekt umgewandelt wird. Voraussetzung dafür ist, dass das Objekt beim Abspeichern mit JSON.stringify in eine Zeichenkette umgewandelt wurde (siehe weiter unten). Die Objekte werden mit i_array.push() an das Ende des Arrays i_array gehängt und im nächsten Schritt nach dem Datum sortiert. Um der JavaScript-Funktion sort mitzuteilen, nach welchen Kriterien sortiert werden soll, wird sie mit einer anonymen Funktion erweitert. Um eine zeitliche Sortierung der Objekte zu ermöglichen, wird die Variable ts aus den Objekten ausgewertet. Sie enthält die Zahl der Millisekunden seit dem 1.1.1970, ein Wert, der durch die JavaScript-Funktion new Date().getTime() erzeugt wird. Liefert die anonyme Funktion einen negativen Wert zurück, so wird a hinter b angereiht, und bei einem positiven Wert kommt a vor b.

Jetzt bleibt noch die Frage zu klären, wie neue Einträge erzeugt und gespeichert werden. Die Funktion saveItem() übernimmt diesen Teil und beginnt mit der Initialisierung einer lokalen Variable d, der die Struktur diaryItem zugewiesen wird.

```
function saveItem() {
  var d = diaryItem;
  d.msg = $('note').value;
  if (d.msg == '') {
    alert("Empty message");
    return;
  }
  d.ts = new Date().getTime();
  d.id = "geonotes_"+d.ts;
  if (navigator.geolocation) {
```

```
$('status').innerHTML = '<span style="color:red">'
    +'getting current position / item unsaved</span>';
navigator.geolocation.getCurrentPosition(
  function(pos) {
    d.pos = pos.coords;
    localStorage.setItem(d.id, JSON.stringify(d));
    $('status').innerHTML =
      '<span style="color:green">item saved. Position'
      +' is: '+pos.coords.latitude
      +','+pos.coords.longitude+'</span>';
    showItems();
  },
  posError,
  { enableHighAccuracy: true, maximumAge: 60000 }
);
} else {
// alert("Browser does not support Geolocation");
localStorage.setItem(d.id, JSON.stringify(d));
$('status').innerHTML =
  "Browser does not support Geolocation/item saved.";
}
showItems();
}
```

Sollte das Textfeld leer sein (d.msg = ''), wird ein entsprechendes Dialogfenster angezeigt und die Funktion mit return abgebrochen. Andernfalls wird der Zeitstempel auf den aktuellen Millisekundenwert gesetzt und die ID des Eintrags aus der Zeichenkette geonotes_ und dem Zeitstempel zusammengesetzt. Sollten von einem Server mehrere Anwendungen auf den localStorage zugreifen, so kann man über die vorangestellte Zeichenkette eine Unterscheidung der Daten vornehmen. Nach erfolgreicher Positionsbestimmung wird die Variable pos innerhalb des diaryItem-Objekts mit Koordinaten und den dazugehörigen Meta-Informationen befüllt und anschließend über JSON.stringify() als JSON-Zeichenkette im localStorage gespeichert.

Sollte der Browser keine Unterstützung für die Geolocation-API haben, speichert die Anwendung den Text dennoch und weist darauf hin, dass die entsprechende Unterstützung fehlt. Der abschließende Aufruf von showItems() sorgt dafür, dass die Liste der Nachrichten aktualisiert wird.

7.7 Browserunterstützung

Wie bereits mehrmals im Text erwähnt wurde, eröffnen die Funktionen zur Positionsbestimmung vor allem auf mobilen Geräten viele neue Möglichkeiten. Die wichtigsten mobilen Plattformen zu dem Zeitpunkt, als dieses Buch geschrieben wurde, waren die Geräte von Apple (*iPhone*, *iPad*, *iPod*) und Android-Mobiltelefone. Sowohl Googles Browser (Standard auf der Android-Plattform) als auch Safari (auf Apple-Geräten) unterstützen die Geolocation API.

Auch die Unterstützung bei Desktop-Browsern ist schon sehr weit gediehen. Safari und Google Chrome enthalten die notwendigen Funktionen ab Version 5, Firefox war ab Version 3.5 – und damit noch früher – Geolocation-fähig. Opera baute die Funktionalität ab Version 10.60 in seinen Browser ein. Einzig von Microsoft fehlt bislang jegliche Unterstützung für eine Positionsbestimmung im Browser, leider auch für die mobile Plattform Windows Phone 7.

8
Web Storage und
Offline-Webapplikationen

8.1 Einführung

Die höhere Komplexität von Webapplikationen führt zu einem gesteigerten Verbrauch an Netzwerk-Bandbreite. Obwohl die Kapazität der Datenleitungen auch konstant vergrößert wird, sucht man nach Wegen, diese Übertragungen zu optimieren, sprich: zu verringern. Bisher gab es nur eine standardisierte Methode, Informationen auf dem Client abzulegen: Cookies. Das RFC 2109 aus dem Jahr 1997 schreibt für Cookies eine maximale Größe von 4 Kbyte vor, eine Beschränkung, die durchaus sinnvoll ist, wird doch jedes Cookie bei jedem Aufruf der Webseite vollständig vom Client zum Server übertragen.

Die Lösungsvorschläge der WHATWG teilen sich in zwei Bereiche auf, die beide in diesem Kapitel behandelt werden. Einerseits sieht die WHATWG ein Storage-Interface mit einem persistenten Speicher für Sessions und einem Speicher vor, der nicht auf eine Session beschränkt ist. Andererseits können, gesteuert von einer zentralen Konfiguration, Dateien definiert werden, die der Browser lokal ablegen soll, um sie auch ohne eine bestehende Netzwerkverbindung zur Verfügung zu haben. Beide Ansätze sind sehr einfach und gleichzeitig sehr robust ausgelegt.

8.2 Storage

Ein strukturierter Speicher auf dem Client, der über die mageren 4 Kbyte hinausgeht, war eine oft geforderte Erweiterung für das World Wide Web. Adobe integrierte im Flash Player ab Version 6 eine Funktion, mit der Daten lokal abgelegt werden konnten, und nannte diese Technik Local Shared Object (LSO). Die Standardeinstellungen für LSOs liegt bei 100 Kbyte, kann aber bei Bedarf (nach Rückfrage beim Benutzer) auf bis zu 10 Mbyte anwachsen. Das Problem mit LSOs, die oft auch als Flash-Cookies bezeichnet werden, besteht darin, dass sie ausschließlich im Zusammenspiel mit Flash verwendet werden können und damit aus dem Sicherheitsmodell des Browsers herausfallen. Auch wenn ein Benutzer alle seine Browser-Cookies löscht, kann eine Webseite über Flash-Cookies den Benutzer verfolgen. Laut Wikipedia setzen mehr als die Hälfte der Top-Webseiten im Internet Flash-Cookies ein, um das Benutzerverhalten zu analysieren.

Die WHATWG schrieb ihre Überlegungen zu diesem Thema unter dem Titel *Web Storage* nieder. Der Web Storage wurde zwar aus dem Kern der HTML5-Spezifikation ausgegliedert, gehört aber eindeutig in das Umfeld von HTML5. Aktuell ist die Spezifikation erst im Status *Editor's Draft;* da die Implementierungen bei allen gängigen Browsern aber schon seit längerer Zeit stabil sind (vergleiche Abschnitt 8.4, Browser-Unterstützung), dürfte sich daran nicht mehr allzu viel ändern.

HINWEIS

Die aktuelle Version der Web-Storage-Spezifikation des W3C finden Sie unter:

http://dev.w3.org/html5/webstorage/

Die Version der WHATWG kann unter folgender Adresse eingesehen werden:

http://www.whatwg.org/specs/web-apps/current-work/complete/webstorage.html

8.2.1   Das »Storage-Interface«

Das »Storage-Interface« definiert die gemeinsamen Attribute und Zugriffs-methoden des persistenten Speichers. Egal ob es sich um ein sessionStorage-oder ein localStorage-Objekt handelt, beide beinhalten folgende Methoden beziehungsweise Attribute:

Attribut/Methode	Rückgabewert	Beschreibung
length	*integer*	Anzahl der Schlüssel/Werte-Paare, die diesem Objekt zugewiesen sind (Zugriff nur lesend)
key(n)	*DOMString*	Name des Schlüssels an der Position *n*
getItem(key)	*data*	Wert zum Schlüssel *key* (ein *DOMString*)
setItem(key,data)	*void*	speichert den Wert *data* zum Schlüssel *key*.
removeItem(key)	*void*	löscht den Inhalt zum Schlüssel *key*.
clear()	*void*	löscht alle Schlüssel/Werte-Paare dieses Objekts.

Tabelle 8.1: Methoden und Attribute des Storage-Interface

Ähnlich den Cookies verwaltet das Storage-Interface Schlüssel/Werte-Paare, wobei die Schlüssel vom Typ DOMString sind. *DOMString*s sind laut W3C-Spe-zifikation in UTF-16 kodierte Zeichenketten, das bedeutet, man könnte sogar Umlaute und andere Sonderzeichen in den Schlüsselwerten verwenden. Der Konjunktiv wurde hier absichtlich gewählt, denn in aller Regel erspart man sich Ärger, wenn man sich bei solchen Bezeichnungen auf Buchstaben und Zahlen aus dem US-ASCII-Zeichensatz beschränkt. Auch eine leere Zeichenkette ist ein gültiger Schlüssel, wobei diese Verwendung meist wohl nicht absichtlich passiert. Wird ein bereits vorhandener Schlüssel in der setItem-Funktion ver-wendet, so wird der bestehende Wert ersetzt.

Außer setItem() und getItem() bietet die *Web Storage API* aber noch eine ande-re Zugriffsmöglichkeit, die in vielen Fällen einfacher zu lesen ist. Will man zum Beispiel den Schlüssel currentTemp mit dem Wert 18 im *localStorage-Speicher* ablegen, so reicht folgende Zeile aus:

```
localStorage.currentTemp = 18;
```

Wenig überraschend kann der Wert auch auf diese Weise wieder ausgelesen werden:

```
alert(localStorage.currentTemp);
```

Befindet sich eine unbekannte Anzahl von Einträgen im *localStorage*, so bewährt sich die Methode key aus dem Storage-Interface:

```
for (var i=0;i<localStorage.length;i++) {
  var item =
    localStorage.getItem(localStorage.key(i));
    alert("Found item "+item);
  }
```

Die Spezifikation sieht vor, dass die Werte von einem beliebigen Typ sein können, die aktuellen Implementierungen der Browser speichern aber alle Werte als Zeichenketten. Um komplexe Datentypen wie Arrays oder Objekte zu speichern, müssen diese vorher in Zeichenketten umgewandelt werden. Mithilfe der *JSON*-Bibliothek gelingt das sehr elegant:

```
JSON.stringify(itemsObject)
```

Wie viel Speicherplatz der Browser der Webseite zur Verfügung stellen soll, wird in der Spezifikation nur ungefähr angedeutet. Fünf Megabyte gelten als Richtwert für den Speicherplatz, der pro *Origin* (vergleiche dazu Abschnitt 8.2.3, »localStorage«) verbraucht werden darf. Die aktuellen Browser-Implementierungen halten sich an diese Vorgabe.

8.2.2 »sessionStorage«

Ein Problem bei der Verwendung von Cookies ist, dass das Cookie in direktem Zusammenhang mit der verwendeten Webseite steht und unabhängig vom Browser-Fenster ist. Das Problem kann in folgendem Beispiel akut werden: Ein Webshop speichert den gewünschten Einkaufswagen in einem Cookie im Browser ab. Wenn man während des Einkaufs ein zweites Browser-Fenster öffnet und in diesem Fenster unter einem anderen Namen einkauft, ändern sich die Produkte im ursprünglichen Fenster möglicherweise auch.

Während Cookies also über mehrere Fenster hinweg gelten, beschränkt sich der Gültigkeitsbereich von *sessionStorage* auf das jeweilige Browser-Fenster, was in vielen Fällen durchaus wünschenswert ist. Abbildung 8.1 zeigt an einem kleinen Beispiel den Unterschied zwischen den beiden Verfahren.

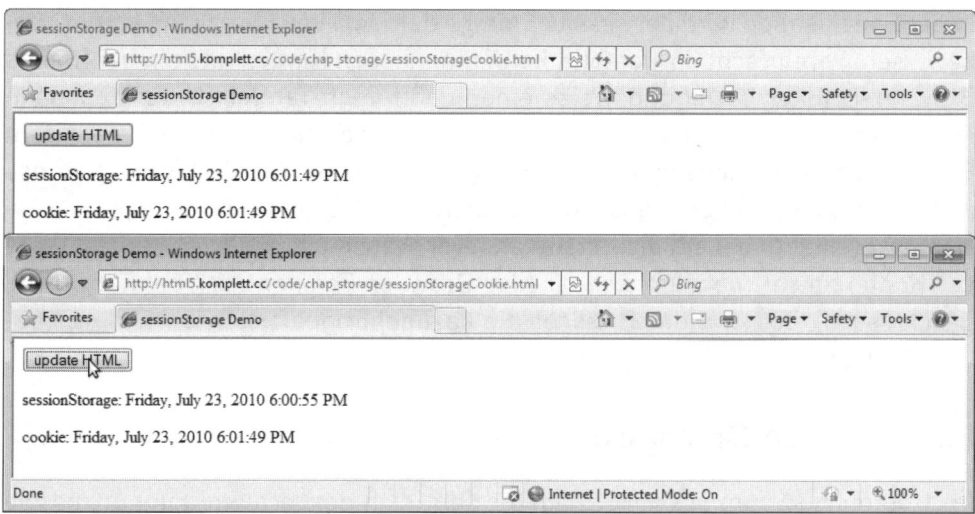

Abbildung 8.1: Unterschiede zwischen »sessionStorage« und Cookies in zwei Fenstern

Der zentrale Teil des JavaScript-Codes für das Beispiel in Abbildung 8.1 sieht wie folgt aus:

```
window.onload = function() {
  var currDate = new Date();
  sessionStorage.setItem("currenttime",
    currDate.toLocaleString());
  document.cookie =
    "currenttime="+currDate.toLocaleString();
  updateHTML();
}
function updateHTML() {
  document.getElementById("currenttime").innerHTML =
    sessionStorage.getItem("currenttime");
  document.getElementById("currtimeCookie").innerHTML
    = getCookie("currenttime");
}
```

Sobald die Webseite geladen ist (window.onload-Funktion), wird sowohl im *sessionStorage* als auch im Cookie das aktuelle Datum (inklusive Uhrzeit) gespeichert. Die updateHTML-Funktion setzt die entsprechenden Werte in zwei HTML-Elementen auf der Webseite ein. Wird die Webseite in zwei verschiedenen Browser-Fenstern geöffnet, so wird beim Öffnen des zweiten Fensters die Cookie-Variable currenttime überschrieben. Beim Aufruf der updateHTML-Funktion im ersten Fenster unterscheiden sich die Inhalte des *sessionStorage* und des Cookies.

In der Spezifikation wird der *sessionStorage* dem top-level browsing context zugewiesen. Vereinfacht dargestellt, kann man diesen Kontext als ein geöffnetes Browser-Fenster beziehungsweise einen geöffneten Tab (ein Unterfenster) in einem Browser-Fenster verstehen. Einen untergeordneten Kontext stellt zum Beispiel ein `iFrame` innerhalb eines HTML-Dokuments dar. Der Browser muss außerdem sicherstellen, dass jede Webseite nur Zugriff auf ihren eigenen *sessionStorage* hat und nicht die Inhalte anderer Webseiten auslesen kann. Ist dieser Kontext nicht mehr erreichbar (das Browser-Fenster oder der Tab wurde geschlossen), so kann der Browser die dazugehörigen Daten unwiederbringlich löschen.

8.2.3   »localStorage«

Im Unterschied zum *sessionStorage* bezieht sich der *localStorage* nur auf die Herkunft der Webseite und nicht zusätzlich auf den Browser-Kontext. Die Herkunft, in der Spezifikation als origin bezeichnet, wird aus der URL abgeleitet und setzt sich aus dem verwendeten Schema in Kleinbuchstaben (zum Beispiel *http*), dem Servernamen (ebenfalls in Kleinbuchstaben) und dem Port zusammen. Sollte der Port nicht explizit angegeben sein, wird der Standard-Port für das verwendete Schema verwendet (für HTTP zum Beispiel 80). Die Herkunft für die URL *http://www.google.com/about* besteht aus den drei Werten `http`, `www` `.google.com` und `80`.

Das bedeutet, dass die *Herkunft* in der soeben beschriebenen Form für alle Webseiten eines Servers gleich ist. Sicherheitstechnisch bedenklich ist das bei Webhosting-Formen, die alle Benutzer unter einer Domain anbieten, wie zum Beispiel der freie Dienst von Google, *sites.google.com*. Da sich die unterschiedlichen Homepages alle im Unterverzeichnis *http://sites.google.com/site/* befinden, haben unterschiedliche Benutzer Zugriff auf den gleichen *localStorage*. Die Spezifikation schlägt vor, dass in solchen Umgebungen auf die Verwendung von *localStorage* verzichtet werden sollte.

8.2.4   Das »Storage-Event«

Bei jeder Veränderung der Daten im Storage wird das »Storage-Event« ausgelöst. Das Storage-Event bietet lesenden Zugriff auf den Schlüssel, den Wert vor und nach der Veränderung, die URL des Scripts, das die Veränderung veranlasste, und einen Verweis auf das Storage-Objekt, in dem die Veränderung durchgeführt wurde.

Die Implementierung des Storage-Events in aktuellen Browsern muss als sehr experimentell bezeichnet werden. So wird in Firefox 3.6 das Event zwar ausgelöst, es enthält aber nicht die erwarteten Werte. In Firefox 4 Beta 3 wurde die *Event-Handler*-Funktion nicht gestartet. Der Internet Exploerer 8 kennt den standardisierten Aufruf zum Anhängen eines Event-Handlers, window.addEventListener, nicht und muss stattdessen mit window.onstorage bedient werden. Das erwartete Event muss dann aber aus dem globalen window.event gelesen werden. Die dritte Vorabversion des Internet Explorer 9 sprach auf keinen der beiden Event-Handler an. Auch Safari 5 brachte keine Ergebnisse zum Storage-Event. Einzig Opera (Version 10.60) und Google Chrome (Version 6) lieferten die erwarteten Angaben für das Storage-Event.

8.2.5   Debugging

Während man eine Web-Applikation entwickelt, ist es sehr hilfreich, wenn man den aktuellen Inhalt des persistenten Speichers betrachten kann. Zwar ist es möglich, einzelne Elemente via getItem() abzufragen und dann in einem alert()-Fenster anzuzeigen, doch manchmal möchte man die Einträge einfach tabellarisch aufgelistet sehen. Die unterschiedlichen Browser bieten hier verschiedene Möglichkeiten.

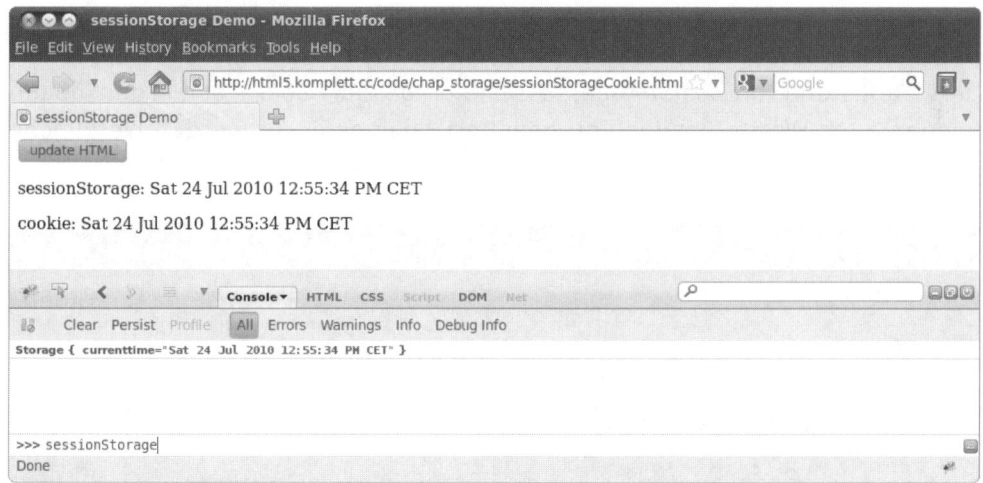

Abbildung 8.2: Das Firefox-Add-On Firebug mit der Anzeige des »sessionStorage«

Firefox bringt dafür keine eigene grafische Oberfläche mit, man benötigt ein kostenloses Add-On. Firebug ist unter Webentwicklern seit Jahren als eine unverzichtbare Erweiterung für den Firefox-Browser bekannt und beherrscht selbstverständlich auch den Umgang mit *localStorage* und *sessionStorage*. Um den Storage zu betrachten, reicht es, in der Konsole das Wort *localStorage* beziehungsweise *sessionStorage* einzugeben, und es erscheint das JavaScript-Objekt, das die aktuellen Werte des Speichers beinhaltet (vergleiche Abbildung 8.2). Wer ohne die Firebug-Erweiterung den Speicherinhalt sehen möchte, der kann auch auf die Firefox-Interna zugreifen. Im Hintergrund werden die Daten in einer SQLite-Datenbank (Version 3) abgelegt, die mit dem Kommandozeilenwerkzeug *sqlite3* betrachtet werden kann. Eine grafische Oberfläche für SQLite gibt es ebenso als Firefox-Add-On: den großartigen sqlite-manager. Die SQLite-Datenbank-datei liegt im Firefox-Profil-Verzeichnis mit dem Namen `webappsstore.sqlite`.

HINWEIS

Die Add-Ons für Firefox gibt es unter folgenden Internet-Adressen zum Download:

Firebug: *http://getfirebug.com/*

sqlite-manager: *http://code.google.com/p/sqlite-manager/*

Apples Safari bietet eine integrierte Debugging-Möglichkeit, die zuerst in den erweiterten Einstellungen aktiviert werden muss. Der nach der Aktivierung neu eingebundene Menüpunkt Entwickler enthält eine Konsole, die die Speicherinhalte genauso wie *Firebug* anzeigen kann.

Auch Google Chrome und Opera haben eingebaute Entwicklerwerkzeuge, die sehr komfortablen Zugriff auf alle Elemente der Webseite bieten. Der Menüpunkt Storage stellt bei beiden Browsern eine sehr übersichtliche und detaillierte Auflistung von *localStorage*, *sessionStorage* und *Cookies* dar. In der Tabelle können auch Werte hinzugefügt, geändert oder gelöscht werden (vergleiche Abbildung 8.3).

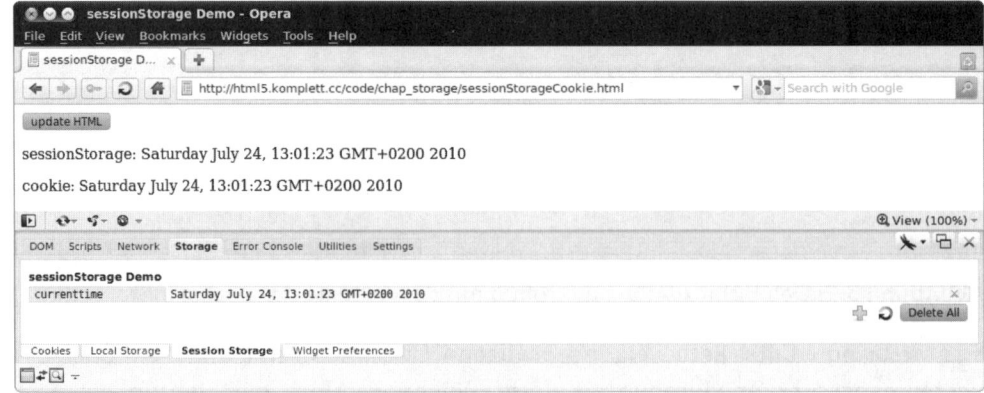

Abbildung 8.3: Opera mit der Anzeige der Entwicklerwerkzeuge

Sogar der Internet Explorer 9 bietet sogenannte *Developer Tools*. Außer dem DOM-Baum, CSS-Eigenschaften, einem Script-Debugger und Netzwerk-Profiling gibt es eine Browser-Konsole, die ähnlich der von Firebug, Safari, Chrome und Opera funktioniert.

> **HINWEIS**
>
> Die Browser-Hersteller übertreffen sich in letzter Zeit geradezu mit den Funktionen ihrer Entwicklerwerkzeuge. Nicht nur Cookies, *sessionStorage* und *localStorage* können genau untersucht werden, auch in vielen anderen Bereichen der Webentwicklung sind diese Werkzeuge eine große Hilfe.

8.3   Offline-Web-Applikationen

Um Applikationen ganz ohne Netzwerk-Zugriff lauffähig zu machen, müssen HTML-, JavaScript- und Multimedia-Dateien zuverlässig auf dem Client gespeichert werden. Bisher verfügten alle Browser über gewisse Funktionen zum Zwischenspeichern von Inhalten, einen standardisierten Zugriff auf diese Inhalte gab es aber nicht. Die HTML5-Spezifikation hat sich dieses Problems angenommen und einen Unterpunkt den *Offline Web applications* gewidmet. Man einigte sich auf einen unabhängigen Offline-Speicher, der mit einer möglichst einfachen Konfiguration gesteuert werden kann. Eine Datei mit der Endung .manifest enthält die Elemente, die im Offline-Speicher abgelegt werden sollen. Sie wird im html-Tag als manifest-Attribut eingebunden:

```
<!DOCTYPE html>
 <html manifest="menu.manifest">
  <head>
```

Der Inhalt einer *Cache-Manifest*-Datei kann so aussehen:

```
CACHE MANIFEST
 menu.html
 menu.js
 menu_data.js
```

Die Datei ist sehr einfach aufgebaut. Sie hat keine XML-Struktur, keine Syntax, wie man sie von den Windows .ini-Dateien kennt, sondern ist nur eine bloße Textdatei. Im einfachsten Fall werden alle Einträge, die in der Datei aufgelistet sind, in den Offline-Speicher befördert und erst dann aktualisiert, wenn sich die .manifest-Datei ändert. Jede Datei, die mit dem html-Element das Manifest referenziert, wird automatisch zwischengespeichert, auch wenn die Spezifikation vorschlägt, diese noch einmal explizit anzugeben. Einige zusätzliche Informationen zu dieser Konfigurationsdatei gibt es aber doch noch.

8.3.1   Die Cache-Manifest-Datei

Es muss sich um eine Textdatei handeln, die mit dem Zeichensatz *UTF-8* kodiert ist, und die erste Zeile muss die Zeichenkette CACHE MANIFEST enthalten.
Außerdem muss der Webserver beim Ausliefern der Datei den MIME-Typ *text/
cache-manifest* verwenden.

In der .manifest-Datei können bei Bedarf drei spezielle Schlüsselwörter vorkommen, die jeweils einen eigenen Abschnitt einleiten. Abermals ein kurzes
Beispiel:

```
CACHE MANIFEST
menu.html
menu.js

# login requires network connection
NETWORK:
login.php

FALLBACK:
/ /menu.html

CACHE:
style/innbar.css
```

Nach dem schon bekannten Beginn der Datei folgt eine Kommentar-Zeile, die
mit dem #-Zeichen eingeleitet wird. Die Zeichenkette NETWORK: markiert den
Beginn eines neuen Abschnitts. Angaben innerhalb dieses Abschnitts werden
auf eine Positivliste (*whitelist*) gesetzt und müssen immer vom Netzwerk geholt werden. Im vorliegenden Beispiel ist das die Datei login.php, da in diesem
Beispiel die Überprüfung der Benutzerkennung nur online möglich sein soll.

Der FALLBACK-Abschnitt wird angewendet, wenn der Browser offline ist und der
gewünschte Eintrag nicht erreicht werden kann, weil er sich nicht im *Offline-
Cache* befindet. In diesem Beispiel wird der gewünschte Eintrag mit der untersten Ebene des Webservers definiert (/) und gilt damit gleichzeitig für alle
Dateien auf diesem Server. Die Seite, die anstelle einer nicht erreichbaren Ressource angezeigt werden soll, ist menu.html.

Abschließend enthält die Konfigurationsdatei noch den Eintrag CACHE:, was einen
weiteren Abschnitt von zu speichernden Inhalten einläutet. In diesem Beispiel
könnte das Stylesheet style/innbar.css genauso gut ganz oben in der Konfigurationsdatei stehen, und man könnte auf den CACHE-Abschnitt verzichten.

Die Spezifikation beschreibt einen interessanten Sonderfall, bei dem eine Cache-Manifest-Datei Folgendes enthält:

```
CACHE MANIFEST
FALLBACK:
/ /offline.html
NETWORK:
*
```

Durch diesen Trick lässt sich so etwas wie ein vollständiger *Offline-Cache* von HTML-Seiten eines Webservers aufbauen: Jede Datei, die das Cache-Manifest referenziert, wird bei ihrem ersten Laden lokal gespeichert und erst dann neu vom Server geholt, wenn sich das Manifest ändert. Die FALLBACK-Sektion leitet alle Anfragen nach HTML-Seiten, die nicht im Cache gefunden werden, auf die Seite /offline.html um. Der Abschnitt NETWORK mit dem Joker-Zeichen (*) ist notwendig, damit die Seite auch ordnungsgemäß angezeigt wird, wenn der Browser im Online-Zustand ist.

8.3.2 Offline-Status und Events

Durch die Programmierschnittstelle (API) für *Offline Web applications* haben Webentwickler die Möglichkeit, den Status des Offline-Speichers abzufragen und ihn bei Bedarf auch manuell zu verändern. Die Status-Abfragen beziehen sich auf die Konstante status, die dem Objekt window.applicationCache zugewiesen ist. Ihr numerischer Inhalt hat folgende Bedeutung:

Wert	Name	Bedeutung
0	UNCACHED	Die Seite befindet sich nicht im Offline-Speicher. Das kann damit zusammenhängen, dass die Seite nicht für den Offline-Speicher vorgesehen ist oder noch nie heruntergeladen worden ist.
1	IDLE	Der Browser hat die neueste Version des Offline-Speichers heruntergeladen.
2	CHECKING	Der Browser versucht herauszufinden, ob sich das Cache-Manifest geändert hat.
3	DOWNLOADING	Nachdem ein geändertes Cache-Manifest gefunden wurde, lädt der Browser die neuen Inhalte des Offline-Speichers herunter.

Wert	Name	Bedeutung
4	UPDATEREADY	Der Browser hat alle nötigen Inhalte für den Offline-Speicher heruntergeladen, aber verwendet den neuen Speicher noch nicht.
5	OBSOLETE	Der Offline-Speicher wird als *obsolete* gekennzeichnet, wenn die Cache-Manifest-Datei nicht geladen werden kann. Der Browser sollte daraufhin den Speicher löschen.

Tabelle 8.2: Bedeutung der Konstante für den Status des Offline-Speichers

Um die aktuellen Werte der Konstante abzufragen, reicht es, in der Browser-Konsole ihren Namen einzugeben: window.applicationCache.status. Ähnlich wie in Abbildung 8.2 wird hier der entsprechende Zahlenwert ausgegeben. Damit das Verhalten des Offline-Speichers genau kontrolliert werden kann, erzeugt der Browser bestimmte *Events*, die in der Programmierung abgefragt werden können.

```
window.applicationCache.addEventListener("progress",
    function(e) {
      alert("New file downloaded");
    }, false);
```

Das *progress-Event* zum Beispiel wird für jede neu geladene Datei ausgelöst. In diesem Fall erscheint für jede heruntergeladene Datei ein alert-Fenster. Tabelle 8.3 zeigt eine Aufstellung aller Events.

Name	Beschreibung
checking	Der Browser überprüft, ob es eine neue Version des Cache-Manifests gibt.
noupdate	Es liegt kein neues Cache-Manifest auf dem Server vor.
downloading	Der Browser lädt eine neue Version der zu speichernden Dateien herunter. Das Event wird auch beim ersten Herunterladen der Dateien ausgelöst.
progress	Das Event wird für jede heruntergeladene Datei aufgerufen.
cached	Alle Elemente für den Offline-Speicher wurden heruntergeladen.
updateready	Alle Elemente für den Offline-Speicher wurden erneut heruntergeladen (die Cache-Manifest-Datei wurde geändert).
obsolete	Die Cache-Manifest-Datei konnte nicht geladen werden.

Name	Beschreibung
error	Beim Herunterladen der Elemente für den Offline-Speicher ist ein Fehler aufgetreten. Der Fehler kann unterschiedliche Gründe haben, zum Beispiel einen fehlerhaften Eintrag in der Cache-Manifest-Datei.

Tabelle 8.3: Die Events für »Offline Web applications«

Vor allem das error-Event kann bei der Fehlersuche hilfreich sein. Eine Datei, die im Cache-Manifest aufgelistet ist und nicht gefunden werden kann, löst zum Beispiel dieses Event im Browser aus. Der Browser bricht ab diesem Zeitpunkt jede Skript-Ausführung ab, eine Situation, an die man beim Debugging nicht als Erstes denkt. Mehr zum Debugging folgt in Abschnitt 8.3.3, Debugging.

Die JavaScript-API bietet zwei zusätzliche Methoden für den Offline-Speicher: update() und swapCache(). Mithilfe dieser Methoden ist es möglich, den Speicher zu aktualisieren, ohne die Seite neu zu laden, zum Beispiel über eine UPDATE-Schaltfläche. Folgendes HTML-Fragment erzeugt die Schaltfläche:

```
<button onclick="window.applicationCache.update();">
  update applicationCache</button>
```

Im JavaScript-Code wird das updateready-Event behandelt:

```
window.applicationCache.addEventListener("updateready",
    function(e) {
      window.applicationCache.swapCache();
      alert("New Cache in action");
    }, false);
```

Sobald das Update erfolgreich heruntergeladen ist, überschreibt die Funktion swapCache() den alten Speicher mit der aktualisierten Version. Die update-Funktion überprüft als Erstes die Cache-Manifest-Datei. Hat sich diese nicht geändert, kommt auch kein Update zustande, egal ob sich einzelne Dateien für den Offline-Speicher geändert haben oder nicht. Das gleiche Ergebnis, das ein Mausklick auf die Schaltfläche auslöst, erreichen Sie durch das Neuladen der Seite.

Es kann aber dennoch Situationen geben, in denen ein manuelles beziehungsweise automatisiertes Steuern des Offline-Speichers sinnvoll ist. Denkbar wäre ein Bildschirm ohne Benutzer-Interaktion, der im öffentlichen Raum steht und dort zum Beispiel aktuelle Nachrichten anzeigt. Über eine sich ständig wiederholende Funktion (setInterval()) lässt sich der Offline-Speicher im

Hintergrund aktualisieren. Das System kann so mit und ohne Netzwerkzugriff zuverlässig HTML-Seiten anzeigen.

Die Spezifikation schreibt ein weiteres Attribut vor, das darüber Auskunft gibt, ob der Browser online oder offline ist. `window.navigator.onLine` sollte dann *false* als Rückgabewert haben, wenn der Browser so eingestellt ist, dass er nicht auf das Netzwerk zugreift, oder sicher weiß, dass der Netzwerk-Zugriff fehlschlagen wird. In allen anderen Fällen enthält die Variable *true*.

HINWEIS

Auch wenn `window.navigator.onLine` *true* enthält, bedeutet das nicht automatisch, dass der Browser Zugriff auf das Internet hat. Auch in privaten Netzwerken ist der Browser *online*, es besteht aber nicht zwangsläufig eine Verbindung zum öffentlichen Internet.

Moderne Browser haben eine Funktion, um in den Offline-Modus zu wechseln. In Mozilla Firefox findet man diese Funktion zum Beispiel im DATEI-Menü als OFFLINE ARBEITEN. Wenn der Browser vom Online- in den Offline-Modus wechselt, wird das Event `offline` erzeugt; im umgekehrten Fall heißt das Event entsprechend `online`.

```
window.addEventListener("online", function() {
 alert("You are now online");
}, false);
window.addEventListener("offline", function() {
 alert("You are now OFFLINE");
}, false);
```

Das kurze Beispiel erzeugt ein `alert`-Fenster, sobald der Browser seinen Online-Zustand verändert. Offline-fähige Applikationen können diese Events verwenden, um aktualisierte Daten vom Server zu laden beziehungsweise um lokal gespeicherte Daten auf den Server zu kopieren.

8.3.3 Debugging

Wer hat das Problem nicht schon einmal kennengelernt: Man verändert Zeile um Zeile im Quellcode, aber obwohl die Seite im Browser jedes Mal neu geladen wird, ändert sich das Ergebnis nicht. Auf dem Weg zwischen Server und Browser gibt es mehrere Stellen, an denen Webinhalte zwischengespeichert werden können. Was in den meisten Fällen eine erwünschte Verbesserung ist und Bandbreite zu sparen hilft, sorgt beim Entwickeln für so manches graue Haar.

Die schlechte Nachricht ist, dass *Offline Web applications* diese Problematik noch komplexer machen. Dadurch, dass eine zusätzliche Cache-Komponente ins Spiel kommt, gibt es naturgemäß mehrere Stellen, an denen die Elemente aktualisiert oder eben auch nicht aktualisiert werden können. Ein strukturiertes Herangehen an das Problem ist unerlässlich und kann viel Zeit sparen.

Als Erstes muss sichergestellt werden, dass der Webserver das Cache-Manifest auch wirklich in der aktuellen Version ausliefert. Hier hilft ein Blick in die Server-Log-Dateien, wie dieses Beispiel vom Apache Webserver zeigt:

```
::1 - - [26/Jul/2010:14:50:46 +0200] "GET
/code/chap_storage/menu.manifest HTTP/1.1" 200 491
"-" "Mozilla/5.0 (X11; U; Linux x86_64; en-US)
AppleWebKit/534.3 (KHTML, like Gecko) Chrome/6.0.472.0
Safari/534.3"
::1 - - [26/Jul/2010:14:50:46 +0200] "GET
/code/chap_storage/menu.manifest HTTP/1.1" 304 253
"-" "Mozilla/5.0 (X11; U; Linux x86_64; en-US)
AppleWebKit/534.3 (KHTML, like Gecko) Chrome/6.0.472.0
Safari/534.3"
```

Ein HTTP-Statuscode 200 bedeutet, dass die Datei vollständig ausgeliefert wurde, 304 bedeutet hingegen, dass die Datei unverändert ist und nicht neu ausgeliefert wird.

Die nächsten Debugging-Möglichkeiten sind in den Browsern integriert. Hier ist der Status recht unterschiedlich, am komfortabelsten sind die Werkzeuge momentan bei Firefox und Google Chrome.

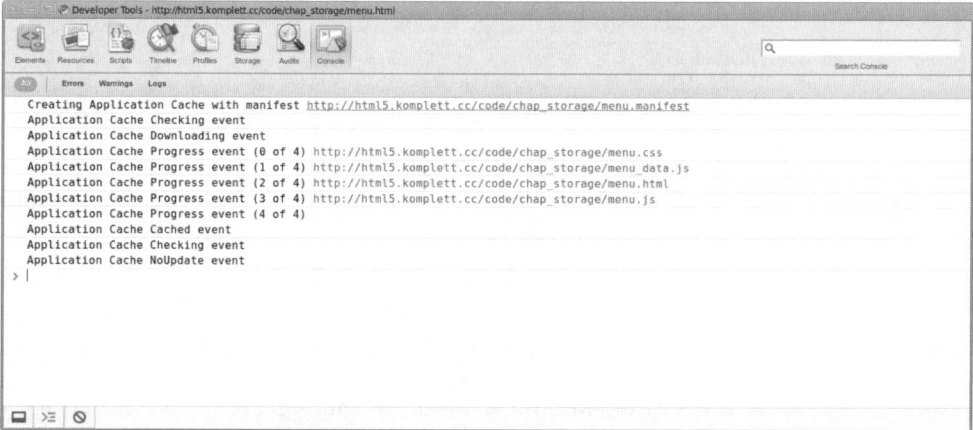

Abbildung 8.4: Google Chrome mit den Statusmeldungen über den Offline-Storage

Google Chrome verfolgt in der Konsole der *Developer Tools* den aktuellen Stand des *applicationCache*-Objekts. Abbildung 8.4 zeigt den erstmaligen Seitenaufruf, bei dem der Browser den Offline-Storage erzeugt. Anschließend werden alle dazugehörigen Dokumente heruntergeladen, wobei jedes Mal das progress-Event ausgelöst wird (vergleiche Abschnitt 8.3.2, Offline-Status und Events). Bei einem neuerlichen Laden der Seite wird das noupdate-Event erzeugt, da sich die Cache-Manifest-Datei inzwischen nicht geändert hat. Es ist wirklich sehr übersichtlich, wie Chrome die Ereignisse untereinander darstellt.

Die Entwickler von Mozilla Firefox haben Informationen zum Offline-Speicher direkt in den Browser eingebaut. Unter der Adresse *about:cache?device=offline* zeigt Firefox alle Elemente in diesem Speicher in Form einer Liste an. Wenn der Browser im Offline-Modus ist, kann man sogar noch ausführlichere Informationen, wie etwa den Speicherort auf der Festplatte, zu jedem Element erhalten (vergleiche Abbildung 8.5).

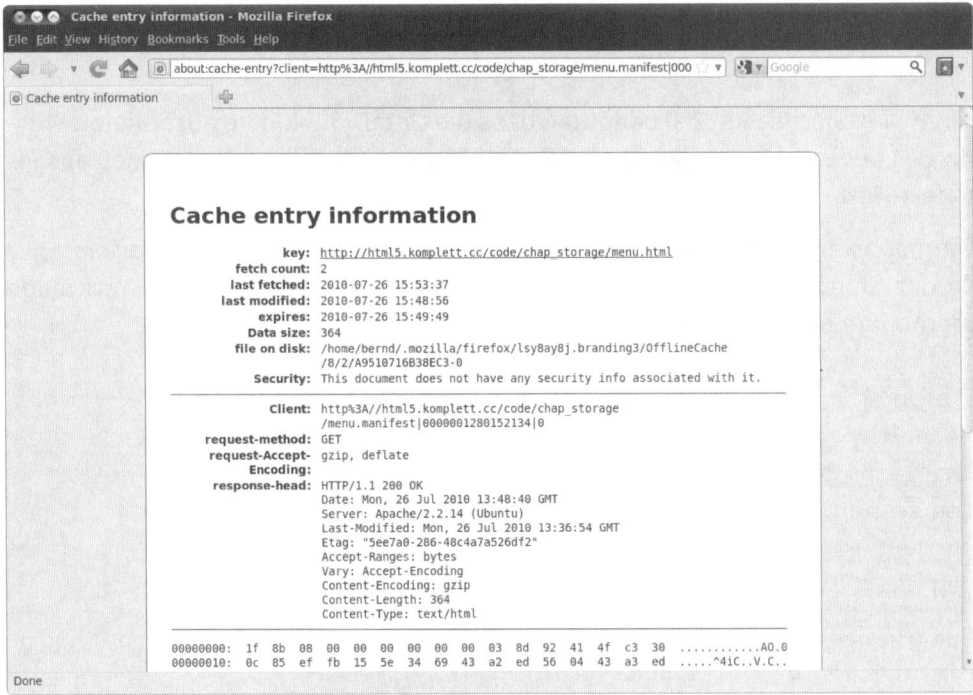

Abbildung 8.5: Firefox-Informationen zu einem Element im Offline-Speicher

Damit ein Browser das Cache-Manifest neu lädt, muss sich dessen Inhalt verändern. Es reicht nicht aus, die Datei mit dem gleichen Inhalt neu abzuspeichern oder das Datum der letzten Änderung mit dem Unix-Kommando touch zu aktualisieren. Beim Entwickeln von Anwendungen führt das dazu, dass man in einer auskommentierten Zeile ein Zeichen hinzufügt, um es für eine neuerliche Neu-Laden-Anforderung wieder zu löschen – ein Zustand, der während der Entwicklung vertretbar ist, aber es stellt sich die Frage, wie das in einer produktiven Umgebung automatisiert werden kann.

Wer eine Versionsverwaltung wie *Subversion* für seine Webapplikationen verwendet, der hat jetzt vielleicht kurz an die Schlüsselwörter wie *ID* oder *revision* gedacht, die Subversion im Falle einer Änderung automatisch austauscht. Ein solches Schlüsselwort wird aber in der Cache-Manifest-Datei auch nur dann geändert, wenn sich deren Inhalt geändert hat – also wieder eine Sackgasse. Ein mögliches Hilfsmittel wäre ein Skript, das beim Verteilen der neuen Applikationsversion die Version des Verzeichnisses ausliest und diese in das Cache-Manifest schreibt. Eine Voraussetzung dafür wäre, dass alle Inhalte in dem Verzeichnis zu dem Offline-Speicher gehören. Ein Shell-Kommando für Unix könnte so aussehen:

```
SVNV=$(svnversion -n) && \
 sed -e "s/^##  svn.*/##  svn repo version $SVNV/" \
 -i menu.manifest
```

Es ersetzt eine vorhandene Kommentarzeile durch die Subversion-Version des aktuellen Verzeichnisses.

8.4   Browser-Unterstützung

Die Unterstützung für Web Storage ist bei allen aktuellen Browsern vorhanden. Sogar der Internet Explorer bietet ab Version 8 diese Funktionalität. Wer noch ältere Versionen des Internet Explorer unterstützen muss, der kann zumindest für den *sessionStorage* auf eine Open-Source-JavaScript-Bibliothek zurückgreifen, die den Session-Speicher über einen Trick emuliert. Nähere Informationen und den Download finden Sie unter *http://code.google.com/p/sessionstorage*.

Für Offline-Applikationen fehlt leider jede Unterstützung des Internet Explorer. Auch in der noch nicht erschienenen Version 9 sind diese Funktionen nicht vorgesehen. Tabelle 8.4 gibt eine Übersicht, welcher Browser in welcher Version Web Storage beziehungsweise Offline-Applikationen implementiert. Den Zusammenhang zwischen Browser-Versionen und Datum finden Sie am Ende des Einführungskapitels oder auf der Webseite *http://html5.komplett.cc/code/chap_intro/timeline.html*.

	Firefox	**Opera**	**Chrome**	**Safari**	**IE**
Web Storage	3.0	10.50	3.0	4.0	8.0
Offline-Apps	3.5	10.60	4.0	4.0	

Tabelle 8.4: Web Storage und Offline-Web-Application-Unterstützung der Browser

8.5   Beispiel: Knapp dran!

Im abschließenden Beispiel werden die beiden in diesem Kapitel vorgestellten Techniken kombiniert. *Kapp dran!* ist ein Lernspiel, das darauf abzielt, Orte oder andere geografische Merkmale anhand einer *stummen Karte* (einer Karte ohne Kartenbeschriftungen) zu finden. Auf dieser Karte versucht der Spieler ein vorgegebenes Ziel möglichst nahe mit einem Mausklick zu markieren. Je mehr Treffer pro Runde erzielt werden, desto mehr Punkte gibt es für die Gesamtwertung.

Damit Kinder das Spiel auch während einer langen Autofahrt auf dem *iPad* spielen können, werden die benötigten Ressourcen, wie Bilder, JavaScript- und HTML-Dateien in dem Offline-Speicher (vergleiche Abschnitt 8.3, Offline-Web-Applikationen) abgelegt. Die Liste mit den besten Ergebnissen wird im *local-Storage* (Abschnitt 8.2, Storage) gespeichert, damit diese Informationen nicht verloren gehen, auch wenn der Computer ausgeschaltet wird. Kann der Computer wieder eine Verbindung zum Internet aufbauen, könnten die neu erreichten Punktezahlen auf den Spielserver geladen werden, eine Funktion, die in Abschnitt 8.5.4, Erweiterungsmöglichkeiten diskutiert wird. Über eine Schaltfläche überprüft der Browser noch, ob es neue Spielziele gibt, und lädt diese bei Bedarf auf den Computer.

Durch die Anwendung der neuen Techniken aus dem HTML5-Umfeld entsteht ein eigenständiges Programm, das den Browser als eine Art Laufzeitumgebung verwendet. Sowohl Hardware als auch Software und Betriebssystem des Endgeräts treten in den Hintergrund; der Browser ist die zentrale Komponente für die Ausführung. Moderne Betriebssysteme wie das von Google entwickelte *ChromeOS* oder *webOS* von der Firma Palm setzen genau auf diese Technik. Durch den Einsatz des Offline-Speichers und der .manifest-Datei wird das Programm mit einer automatischen Update-Funktion ausgestattet – eine wahre Freude für Entwickler.

Die folgende Abbildung 8.6 zeigt das Spiel in Aktion, wobei bei dieser Runde in der Innenstadt von Paris sechs von acht gesuchten Orten gefunden wurden – nicht schlecht!

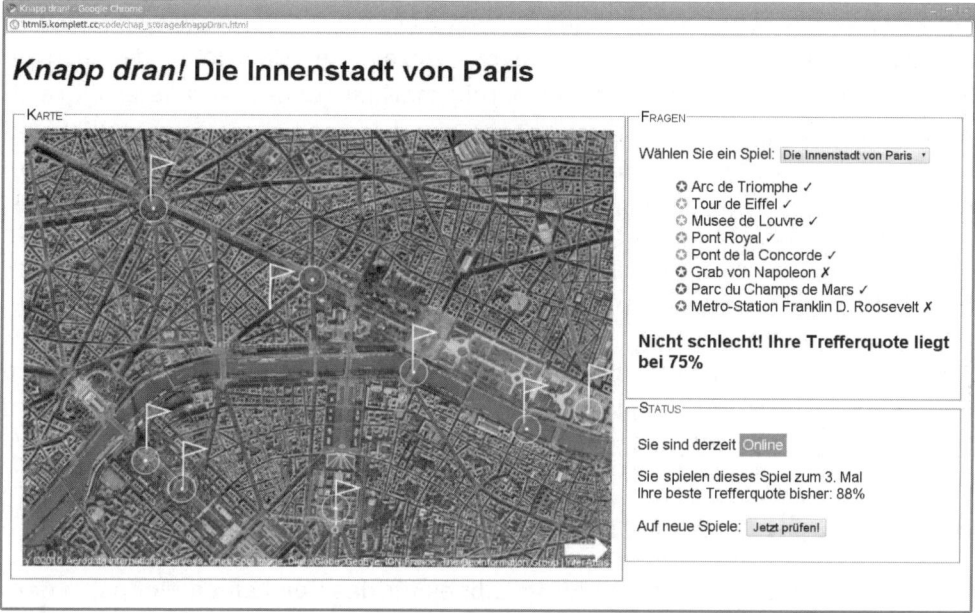

Abbildung 8.6: Das Programm »Knapp dran!« während eines Spiels

8.5.1 Bedienung der Anwendung für Spieler

Beim Start der Anwendung lädt der Browser im linken Teil die Spielfläche mit einem interaktiven Kartenausschnitt, der die gesuchten Ziele enthält. In der rechten Hälfte des Browsers wird eine Auswahlliste aller vorhandenen Spiele und der aktuelle Spielstand angezeigt. Wurde das Spiel schon öfter gespielt, so erscheinen hier auch die maximal erreichte Prozentzahl und die Anzahl der bereits absolvierten Spiele. Wie in Abbildung 8.6 zu sehen ist, verfügt das Spiel auch über eine Anzeige, ob der Browser gerade Zugang zum Internet hat oder nicht. Wenn der Internetzugriff möglich ist, wird eine Schaltfläche zum Aktualisieren des Spiels angezeigt (Jetzt prüfen!).

Im Spielverlauf werden fortlaufend Fragen nach Orten gestellt, die durch einen Mausklick auf der Luftbildkarte beantwortet werden können. Als Reaktion auf den Mausklick erscheint ein Fähnchen, das den Ort markiert, auf den geklickt wurde. Im gleichen Moment erscheint ein Kreissymbol an dem gesuchten Zielort. Das Fähnchen und das Kreissymbol werden in der gleichen Farbe dargestellt und transparent in der Karte eingezeichnet. Überschneiden sich die beiden Symbole, so wurde das Ziel richtig markiert und die Frage erfolgreich gelöst. Das Ziel wird zu der Liste bereits absolvierter Fragen hinzugefügt und mit einem Haken-Symbol bei einer richtigen Antwort oder einem *X*-Symbol bei einer falschen Antwort gekennzeichnet. Auch in dieser Liste werden die gleichen Farben wie in der Karte verwendet (vergleiche Abbildung 8.6).

Nachdem alle Fragen beantwortet wurden, spendet das Programm Lob oder fordert gegebenenfalls zu einer Verbesserung auf. Die Grundlage für diese Anmerkungen ist die Prozentzahl der richtig beantworteten Fragen. Abschließend kann man über das Auswahlmenü ein neues Spiel wählen oder die Seite neu landen, um das aktuelle Spiel zu wiederholen.

8.5.2   Bedienung der Anwendung für Administratoren

Wie bereits eingangs erwähnt wurde, gibt es für das Spiel einen Modus, in dem neue Ziele definiert werden können (`knappDran_creator.html`). Diese Administrationsoberfläche lädt die bekannte Kartenansicht von Google Maps und ermöglicht nach dem Einstellen von Zoom-Faktor und Kartenausschnitt die Definition von mehreren Punkten auf diesem Kartenausschnitt. Bevor mit dem Setzen der Punkte begonnen werden kann, muss der Kartenausschnitt mit der Schaltfläche Record fixiert werden. Für jeden Punkt wird eine Zeile JavaScript-Code im rechten Teil des Browsers angezeigt. Dort stehen die Koordinaten in Pixel und ein Bezeichner für den entsprechenden Punkt.

Da dieser Teil der Seite als `contenteditable` deklariert ist, können die Bezeichner direkt in der HTML-Seite geändert werden (vergleiche Abbildung 8.7, der umrahmte Bereich rechts). Nachdem alle Punkte erfasst und die Bezeichnungen dafür angepasst wurden, muss der Administrator den JavaScript-Code kopieren und in einer JavaScript-Datei speichern, die dann im HTML-Code des Spiels im `head`-Bereich referenziert wird. Genauere Informationen zu diesem Ablauf erhalten Sie auch im Einleitungstext der Administrationsseite.

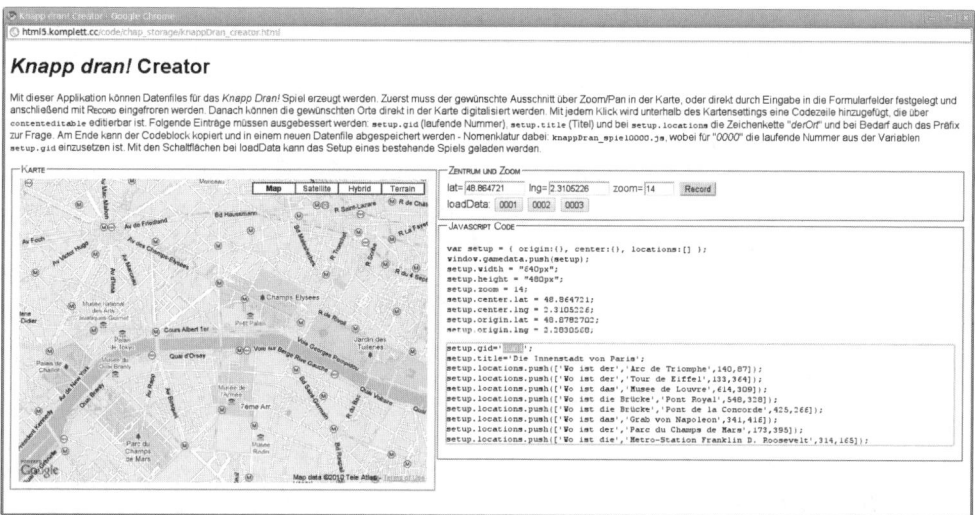

Abbildung 8.7: Die Administrationsoberfläche beim Zusammenstellen eines neuen Spiels

Der letzte Schritt, um das neue Spiel offline-fähig zu machen, besteht darin, das erzeugte JavaScript-File in die `manifest`-Datei einzutragen. Um die korrekte Adresse für das statische Google-Maps-Kartenbild herauszufinden, muss das Spiel einmal mit der `debug`-Option aufgerufen werden. Das geschieht ganz einfach, indem man an die URL der Adminstrationsseite die Zeichenkette `?debug=1` anhängt. In diesem Modus wird unter der Spielfläche die URL zu dem aktiven Bild angezeigt.

> **HINWEIS**
>
> Wenn Sie sich für das sehr interessante Zusammenspiel zwischen Google Maps API, Canvas und JavaScript in der Administrationsoberfläche interessieren, sollten Sie sich den Quellcode ansehen:
>
> *http://html5.komplett.cc/code/chap_storage/knappDran_creator.html*

8.5.3 Wichtige Codefragmente

Der HTML-Code für das Spiel

Der HTML-Code für das *Knapp dran!*-Spiel ist durchaus überschaubar. Weniger als 50 Zeilen wohlformatierter Code bieten das Gerüst für die Applikation. Freilich findet sich die Applikationslogik nicht im HTML-Code, sondern in einer knapp 300 Zeilen langen JavaScript-Datei. In HTML kodiert sind in erster Linie die Platzhalter für die zu befüllenden Elemente.

```
<!DOCTYPE html>
 <html manifest=knappDran.manifest>
  <head>
    <meta charset="utf-8">
    <title>Knapp dran!</title>
    <link rel="stylesheet" media="all"
      href="knappDran.css">
  <script src="knappDran.js"></script>
  <script src="knappDran_spiel0001.js"></script>
  <script src="knappDran_spiel0002.js"></script>
  ...
 <div id="map">
  <fieldset>
    <legend>Karte</legend>
    <canvas>Dieses Spiel benötigt leider einen
      Canvas-fähigen Browser</canvas>
  </fieldset>
  <p id=mapUrl></p>
 </div>
 <div id="controls">
  <fieldset>
    <legend>Fragen</legend>
    <p>Wählen Sie ein Spiel:
      <select id=selGame name=games></select></p>
    <ul id="gameResults"></ul>
    <h3 id="curQuestion"></h3>
  </fieldset>
  <fieldset>
    <legend>Status</legend>
    <p>Sie sind derzeit
      <span id="onlineStatus" class=online></span></p>
    <p id="localStorage"></p>
    <p id="updateButton">Auf neue Spiele:
    <input type=button
      onclick="javascript:location.reload();"
      value="Jetzt prüfen!"></p>
  </fieldset>
 </div>
```

Listing 8.1: Ausschnitt aus dem HTML-Code zum Spiel »Knapp dran!«

Das Listing beginnt mit der bekannten DOCTYPE-Definition und dem anschlie-ßenden Verweis auf die manifest-Datei, in der die zu speichernden Inhalte referenziert sind. Für jedes Spiel wird eine eigene JavaScript-Datei geladen, hier zum Beispiel mit dem Namen knappDran_spiel0001.js.

Im zweiten Teil des Listings findet sich ein canvas-Element, ein starker Hinweis darauf, dass sich hier die interaktive Spielfläche befindet. Das select-Element mit der ID selGame ist zwar noch leer, es wird aber bei Spielbeginn die Liste aller aktiven Spiele enthalten. Die weiteren HTML-Elemente mit den IDs gameResults, curQuestion, onlineStatus und localStorage sind Platzhalter, die ebenfalls später von JavaScript-Funktionen befüllt werden. Die abschließende Schaltfläche mit dem Text JETZT PRÜFEN! lädt die Webseite über location.reload neu und überprüft dabei automatisch, ob sich die Manifest-Datei geändert hat.

Die Manifest-Datei

Das Cache-Manifest enthält nach der obligatorischen ersten Zeile Verweise auf den HTML-Code, die JavaScript-Datei und das Stylesheet. Im Anschluss werden für jedes Spiel die entsprechende JavaScript-Datei und die statische Karte von Google Maps referenziert.

```
CACHE MANIFEST

# application files
knappDran.html
knappDran.js
knappDran.css

# gamedata
# Die Innenstadt von Paris
knappDran_spiel0001.js
http://maps.google.com/maps/api/staticmap?sensor=false&maptype=satellite&size=640x480&center=48.864721,2.3105226&zoom=14
```

Obwohl der Kartenaufruf der Google-Maps-Karte aus einer dynamischen URL zusammengesetzt ist, wird das resultierende Bild im Offline-Speicher abgelegt und bei einem entsprechenden Aufruf ohne Netzwerk-Zugriff korrekt geladen. Abbildung 8.8 zeigt das erfolgreiche Laden von drei Spielen in den Offline-Speicher.

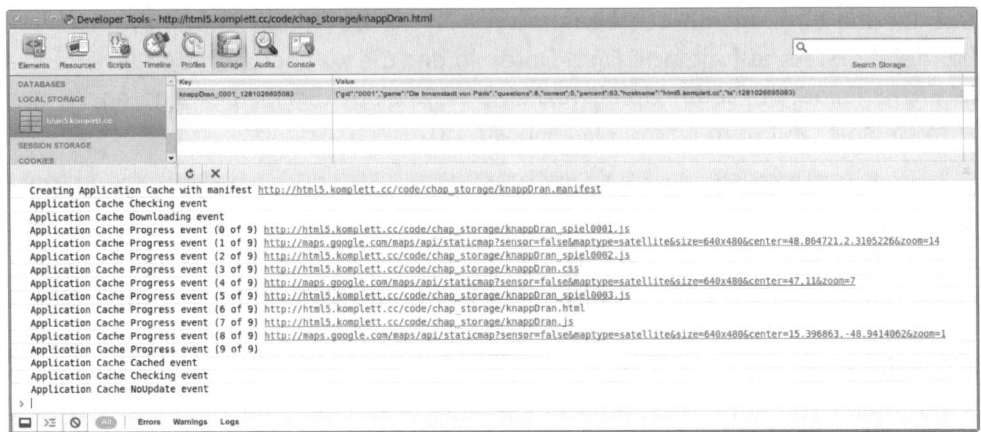

Abbildung 8.8: Die Developer Tools von Google Chrome beim Laden des Offline-Cache

JavaScript-Funktionen für das Spiel

So wenig aufregend der HTML-Teil des Beispiels war, so interessant ist der JavaScript-Anteil an dem Spiel. Die bereits öfter besprochene `window.onload`-Funktion initialisiert ein neues Objekt `game` vom Typ `KnappDran` und ruft anschließend die `init`-Funktionen dieses Objekts auf:

```
window.onload = function() {
  var game = new KnappDran();
  game.init();
};
```

Um den JavaScript-Code möglichst flexibel zu halten, wurde die ganze Spiele-Funktionalität in eine Bibliothek verpackt (`GameLib`). Diese wird mit allen Funktionen als globales Objekt zugänglich gemacht.

```
(function () {
  var GameLib = function () {
    var elem = {};
    var image, canvas, context;
  ...
  };
  // expose object
  window.KnappDran = GameLib;
}());
```

In der vorletzten Zeile des Listings wird dem window-Objekt die GameLib-Klasse mit dem neuen Namen KnappDran zugewiesen. Die init-Funktion dieser Klasse lädt die vorhandenen Spiele, initialisiert das canvas-Element und startet das erste Spiel:

```
this.init = function() {
  // build game-selection pulldown
  var o = ''
  for (var i=0; i'gamedata.length; i++) {
    o += addOpt(i,gamedata[i].title);
  }
  _get('selGame').innerHTML = o;
  _get('selGame').options.selectedIndex = 0;
  _get('selGame').onchange = function() {
    startGame(this.value);
  };

  // define empty image used for map later
  image = new Image();

  canvas = document.querySelector("CANVAS");
  context = canvas.getContext('2d');
  canvas.onclick = function(evt) {
    checkPosition(evt);
  };
...
  startGame(0);
};
```

Listing 8.2: Die init-Funktion der GameLib-Bibliothek

Die Funktionen addOpt() und _get() werden Ihnen wahrscheinlich fremd sein. Es handelt sich dabei um zwei Hilfsfunktionen. addOpt() dient dazu, die Zeichenkette für ein neues option-Element zusammenzustellen, und _get() ermöglicht einen effizienten Zugriff auf die Elemente im DOM-Baum (der Zugriff erfolgt über ihre ID). Bei dem HTML-Element mit der ID selGame handelt es sich um die Auswahlliste aller Spiele. Diese Liste wird mit selectedIndex = 0 auf das erste Element gesetzt. Wird ein anderer Eintrag aus dieser Liste ausgewählt, so kommt die startGame-Funktion mit diesem neuen Wert zum Einsatz.

Dem canvas-Element wird ein Event-Handler für das Mausklick-Event zugewiesen, der die checkPosition-Funktion aufruft. Abschließend wird das erste Spiel gestartet.

Da sich viele Funktionen der GameLib um den korrekten Spielablauf kümmern und nicht direkt in Zusammenhang mit Web Storage oder dem Offline-Cache stehen, werden sie hier auch nicht detailliert beschrieben. Neugierige können wieder einen Blick in den Quellcode der JavaScript-Bibliothek *knappDran.js* werfen. Relevant für unser Offline-Kapitel ist hingegen jener JavaScript-Code, in dem das Storage-Interface mit *localStorage* zum Einsatz kommt – wir finden ihn beim Speichern eines Spiels.

```
// store basic data in localStorage, add hostname
// and timestamp
var ts = new Date().getTime();
var id = "knappDran_"+game.store.gid+"_"+ts;
game.store.hostname = location.hostname;
game.store.ts = ts;
localStorage.setItem(id, JSON.stringify(game.store));
```

Damit die Schlüssel im *localStorage* einmalig sind, werden sie aus der Kombination einer Präfix-Zeichenkette (knappDran), der Spiele-Kennung (game.store.gid) und einem Zeitstempel (ts) zusammengesetzt. Verbunden werden die drei Teile jeweils mit einem Unterstrich (_).

Als Wert wird die game.store-Struktur mit allen Ergebnissen in Form eines JSON-Strings gespeichert. Das folgende Listing zeigt den Wert, nachdem am Ende des Spiels fünf von acht Fragen richtig beantwortet wurden. Der Schlüssel für den folgenden Eintrag lautet knappDran_0001_1281026695083 (vergleiche dazu auch Abbildung 8.8).

```
{ "gid":"0001","game":"Die Innenstadt von Paris",
  "questions":8,"correct":5,"percent":63,
  "hostname":"html5.komplett.cc", "ts":1281026695083
}
```

Der Zeitstempel ts ist eine Angabe in Millisekunden seit dem 1.1.1970. Nun, da die Werte im *localStorage* gespeichert sind, kann man dem Anwender bei einem neuerlichen Spielversuch ein entsprechendes Feedback geben.

```
// get collected data
 var games_done = [];
 var max_percent = 0;
 for (var i=0;i<localStorage.length;i++) {
  var key = localStorage.key(i);
  if (key.substring(0, 9) == "knappDran") {
    var item = JSON.parse(localStorage.getItem(key));
    if (item.gid == game.store.gid) {
```

```
      games_done.push(item);
      max_percent = Math.max(max_percent, item.percent);
    }
  }
}


// show collected data
var s = '';
if (games_done.length == 0) {
 s += 'Sie haben dieses Spiel noch nie gespielt.';
}
else {
 s += 'Sie spielen dieses Spiel zum '+
    (games_done.length+1)+'. Mal<br>';
 s += 'Ihre beste Trefferquote bisher: '+
    max_percent+"%\n";
}
_get('localStorage').innerHTML = s;
```

Die for-Schleife läuft über alle Einträge, die im localStorage gefunden werden. Für jedes Element wird der Schlüssel ermittelt und wird überprüft, ob er mit der Zeichenkette knappDran beginnt. Diese Überprüfung ist sinnvoll, damit solche Elemente im *localStorage* übersprungen werden, die von einer anderen Anwendung dieser Webseite gespeichert wurden.

Mithilfe der JSON.parse-Funktion werden anschließend gültige Elemente in JavaScript-Objekte umgewandelt. Stimmt die Spiel-ID mit der des aktuellen Spiels überein (item.gid == game.store.gid), wird das Objekt an das Array games_done angefügt, und es wird überprüft, ob seine Trefferquote größer ist als die größte bisher gefundene (Math.max). Abschließend wird eine Zeichenkette s zusammengesetzt, die Auskunft über die Anzahl der absolvierten Spieldurchgänge und die maximal erreichte Prozentzahl gibt.

Wie in Abbildung 8.5 zu sehen ist, zeigt das Spiel auch den Status an, ob der Browser online oder offline ist. Für die Anwendung ist das deshalb interessant, da der Spieler im Offline-Modus nicht nach neuen Spielen und Updates suchen kann.

```
var setOnlineStatus = function() {
  if (navigator.onLine) {
    _get('onlineStatus').innerHTML = 'Online';
    _get('onlineStatus').className = 'online';
    _get('updateButton').style.visibility = 'visible';
  }
```

```
else {
  _get('onlineStatus').innerHTML = 'Offline';
  _get('onlineStatus').className = 'offline';
  _get('updateButton').style.visibility = 'hidden';
 }
}
```

Die Prüfung der Variable `navigator.online` (vergleiche Abschnitt 8.3.2, Offline-Status und Events) entscheidet darüber, ob die Schaltfläche zum Aktualisieren der Anwendung angezeigt wird. Damit der Online-Status auch immer aktuell ist, werden sowohl beim Wechsel in den Offline-Modus als auch umgekehrt Event-Listener definiert:

```
// control online-status
window.addEventListener("online", function() {
 setOnlineStatus();
}, false);
window.addEventListener("offline", function() {
 setOnlineStatus();
}, false);
```

8.5.4   Erweiterungsmöglichkeiten

Um dem Spiel noch mehr Reiz zu verleihen, wären folgende Erweiterungen denkbar:

» Auswahl von Schwierigkeitsstufen: Der gültige Umkreis von Objekten ist in Pixeln auf dem Bild festgelegt. Der Standard-Wert von 15 Pixel bewährt sich für eine durchschnittliche Schwierigkeitsstufe. Über ein Eingabefeld, am besten das neue HTML5-Formular-Element range, könnte dieser Bereich variabel gestaltet werden. Der Schwierigkeitsgrad muss natürlich auch in der Bestenliste berücksichtigt werden.

» Da gesuchte Objekte oftmals unterschiedliche Größen aufweisen, wäre ein zusätzlicher Parameter für jedes Zielobjekt denkbar, der den Radius des zu suchenden Bereichs angibt. Wenn Ihnen ein Kreis als Zielobjekt nicht genügend Genauigkeit bietet, können Sie natürlich auch andere geometrische Formen als Ziele einbauen.

» Weiters wäre es denkbar, die Entfernung zum Ziel in die Wertung mit einzubeziehen. Je näher ein Mausklick dem gesuchten Ziel ist, desto höher wird dieses Ergebnis bewertet.

» Eine Erweiterung im Zusammenhang mit dem *offlineStorage* wäre die An-
bindung an eine Online-Bestenliste. Dazu brauchen Sie eine Applikation mit
Datenbankzugriff auf dem Webserver.

» Eine sehr weit gedachte Ausbaumöglichkeit für das Beispiel wäre die
Kombination mit der Geolocation-API. Nach der Ermittlung des aktuellen
Standorts und der damit verbundenen Genauigkeit (vergleiche dazu Kapi-
tel 7, Geolocation) wäre es möglich, einen entsprechenden Google-Maps-
Kartenausschnitt zu laden. Die Aufgabe des Spielers wäre es dann, seinen
eigenen Standort möglichst genau zu lokalisieren. In dieser Variante ist das
Spiel natürlich nicht mehr offline-fähig, aber für mobile Geräte durchaus
interessant.

Das hier vorgestellte Beispiel demonstriert eindrucksvoll die Stärken des Offline-Cache und des *localStorage*. Durch den Einsatz der beiden neuen Techniken entsteht eine Applikation, die zwar im Webbrowser läuft, aber auch ohne
Internet voll funktionsfähig ist. Die automatische Update-Funktionalität ist das
Sahnehäubchen oben drauf. Der Benutzer muss sich nicht um die Installation
kümmern, und er benötigt auch keine Administratorrechte.

9 Websockets

9.1 Einführung

Das *Hypertext Transfer Protocol* ist einfach großartig. Wie FTP, SMTP, IMAP und viele andere gehört es zu der großen Familie von textbasierten Protokollen, die in der TCP/IP-Anwendungsschicht ausgeführt werden. Client und Server kommunizieren bei diesen Protokollen über Nachrichten im Textformat. Wie einfach es ist, mit einem Webserver *HTTP zu sprechen*, zeigt folgendes Listing:

```
user@host:~> telnet www.google.de 80
Trying 209.85.135.103...
Connected to www.l.google.com.
Escape character is '^]'.
GET /search?q=html5 HTTP/1.0
```

Um eine Google-Suche nach dem Begriff *html5* auszuführen, verbinden wir uns zuerst mit www.google.de auf dem für HTTP reservierten Port 80. Die Anfrage selbst ist dreiteilig: GET legt die Methode für die Anfrage fest – in diesem Fall wollen wir Informationen vom Server beziehen. Der zweite Teil ist der URI; hier rufen wir das Script search mit dem Parameter q=html5 auf. Abschließend spezifizieren wir noch die Protokollversion 1.0.

Der Server antwortet prompt mit folgenden Informationen:

```
HTTP/1.0 200 OK
Cache-Control: private, max-age=0
Date: Tue, 24 Aug 2010 08:29:43 GMT
Expires: -1
Content-Type: text/html; charset=ISO-8859-1
...


<!doctype html><head><title>html5 - Google Search</title>
....
```

Der erste Block der Nachricht, der Header, enthält Meta-Informationen, anschließend folgen, durch eine Leerzeile getrennt, die eigentlichen Nutzdaten (interessanterweise verwendet Google bereits den neuen DOCTYPE). Damit haben wir beinahe das nötige Rüstzeug, um unseren eigenen Browser zu programmieren. Aber Spaß beiseite, die Einfachheit des Protokolls ist ein ausschlaggebender Faktor für die schnelle und weite Verbreitung von HTTP. Die Header-Zeilen können nahezu beliebig erweitert werden, was das Protokoll zukunftssicher macht.

Jede Anfrage ist nach ihrer Beantwortung ein abgeschlossener Fall. Eine HTML-Seite, die ein Stylesheet und fünf Bilder referenziert, benötigt also zum Laden sieben Verbindungen. Das bedeutet, siebenmal findet ein Verbindungsaufbau statt, werden Meta-Daten und Nutzdaten übertragen. In der Version 1.1 von HTTP wurde dieses Verhalten zwar durch die *Keep-Alive*-Funktion etwas verbessert (es müssen nicht jedes Mal neue TCP-Verbindungen aufgebaut werden), die Meta-Informationen werden aber für jedes Objekt extra übertragen. Um die Sitzung eines Benutzers zu verfolgen, muss man auf andere Hilfsmittel zurückgreifen (Sessions, Cookies), da HTTP diese Funktion nicht eingebaut hat.

Das waren einige Ansatzpunkte für die Entwicklung eines neuen Protokolls, das HTTP auf keinen Fall ablösen soll, sondern eine Ergänzung dazu darstellt. Das *Websockets-Protokoll* transportiert Daten ohne Meta-Informationen in einem konstanten Strom, und zwar gleichzeitig vom Server zum Client und umgekehrt (Vollduplex).

Vor allem Webanwendungen, die zeitnah kleine Veränderungen im Browser anzeigen, profitieren von dieser neuen Technik. Beispiele für solche Anwendungen sind ein Chat-Programm, die Anzeige von Börsenkursen oder Online-Spiele. Was bisher durch proprietäre Plug-Ins oder unschöne JavaScript-Kunstgriffe ermöglicht wurde, wird jetzt in einem standardisierten Protokoll (als Vorlage bei der IETF) und der dazugehörigen API (aktuell als Editors Draft beim W3C) festgeschrieben. Beides befand sich zu dem Zeitpunkt, als dieses Buch geschrieben wurde, noch in einem sehr frühen Stadium, aber sowohl die Webkit-Engine (und damit Google Chrome und Safari) als auch die Beta-Version von Mozilla Firefox beinhalten eine funktionierende Implementierung.

Wir wollen hier nicht in die Tiefen des Websocket-Protokolls vordringen, denn die Kommunikation auf Protokollebene übernimmt ohnehin der Browser für uns. Vielleicht nur so viel zum Verständnis: Während für einen HTTP-Request mehrere Header-Zeilen hin- und hergeschickt werden, verwendet Websockets dafür nur 2 Byte. Im ersten Byte wird der Start einer Nachricht angezeigt, und das zweite enthält die Länge der Nachricht. Das ist eine Ersparnis, die sich dramatisch auswirkt, sobald man viele User mit Zugriffen in kurzen Zeitabständen bedienen muss.

HINWEIS

Wenn Sie sich für die Details des Websocket-Protokolls interessieren, können Sie den dazugehörigen *Internet Draft* auf der Webseite der WHATWG begutachten:

http://www.whatwg.org/specs/web-socket-protocol/

Interessante Statistiken zu den Vorteilen von Websockets bei unterschiedlichen Anwendungen zeigt der Artikel *http://soa.sys-con.com/node/1315473*, in dem die Autoren Websockets gar als Quantensprung für die Skalierbarkeit im Web bezeichnen.

9.1.1 Der Websocket-Server

Die clientseitige Unterstützung für Websockets ist in modernen Browsern integriert. Jetzt fehlt uns noch eine Komponente, nämlich der Websocket-Server. Obwohl die Protokoll-Spezifikation noch nicht in Stein gemeißelt ist, gibt es dafür trotzdem schon eine erstaunliche Auswahl an Softwareprodukten. Je nachdem, ob Sie Java, PHP, Perl oder Python bevorzugen, können Sie einen Server wählen (natürlich sind alle Produkte noch im Teststadium).

Für dieses Buch haben wir uns für eine spezielle Lösung entschieden. Mit *node.js* gibt es einen JavaScript-Interpreter, der ohne Browser lauffähig ist. Im Hintergrund arbeitet dabei der von Google unter dem Namen *V8* entwickelte Code. Da wir in diesem Buch bisher ausschließlich mit JavaScript programmiert haben, war es naheliegend, auch den Server in JavaScript zu schreiben.

Von *node.js* gibt es aktuell noch keine fertigen Binärpakete, darum ist bei der Installation etwas Handarbeit notwendig. Unter Unix-artigen Betriebssystemen ist die Installation meist problemlos, für Windows muss man momentan noch auf die Unix-Emulation *cygwin* zurückgreifen.

HINWEIS

Eine ausführlichere Installationsanleitung zu *node.js* finden Sie auf der Webseite des Projekts:

http://nodejs.org/

Nun beinhaltet *node.js* noch keinen Websocket-Server, aber auch da gibt es Abhilfe im Internet. Unter *http://github.com/miksago/node-websocket-server/* finden Sie eine kleine Bibliothek, die die aktuelle Spezifikation des Websocket-Protokolls für den Server implementiert. Die drei JavaScript-Dateien des node-websocket-server werden einfach in ein Unterverzeichnis kopiert und mit folgenden Zeilen geladen:

```
var ws = require(__dirname + '/lib/ws'),
    server = ws.createServer();
```

Ab diesem Zeitpunkt enthält die Variable server eine Referenz auf das Websocket-Server-Objekt. Jetzt müssen wir noch einen Port für den Server spezifizieren:

```
server.listen(8887);
```

Um den Server zu starten, rufen wir die JavaScript-Datei mit dem *node.js*-Interpreter auf:

```
node mini_server.js
```

Unser minimaler Websocket-Server läuft jetzt und nimmt Verbindungen auf dem Port 8887 entgegen. Nur ist das auch schon alles, was unser Server momentan macht. Eine etwas sinnvollere Anwendung wird in dem folgenden Beispiel entwickelt, anhand dessen wir die einzelnen Komponenten etwas genauer unter die Lupe nehmen werden.

9.2 Beispiel: Ein Broadcast-Server

Für unser erstes kleines Beispiel wollen wir mit einem Websocket kommunizieren, der einen eingegebenen Text an alle Clients weiterleitet, die eine aktive Verbindung zu dem Socket haben. Es handelt sich nicht um eine echte Internet-Chat-Anwendung. Um die hohe Interaktivität von Websockets darzustellen, eignet es sich aber sehr gut. Abbildung 9.1 zeigt, wie vier verbundene Clients untereinander Nachrichten austauschen.

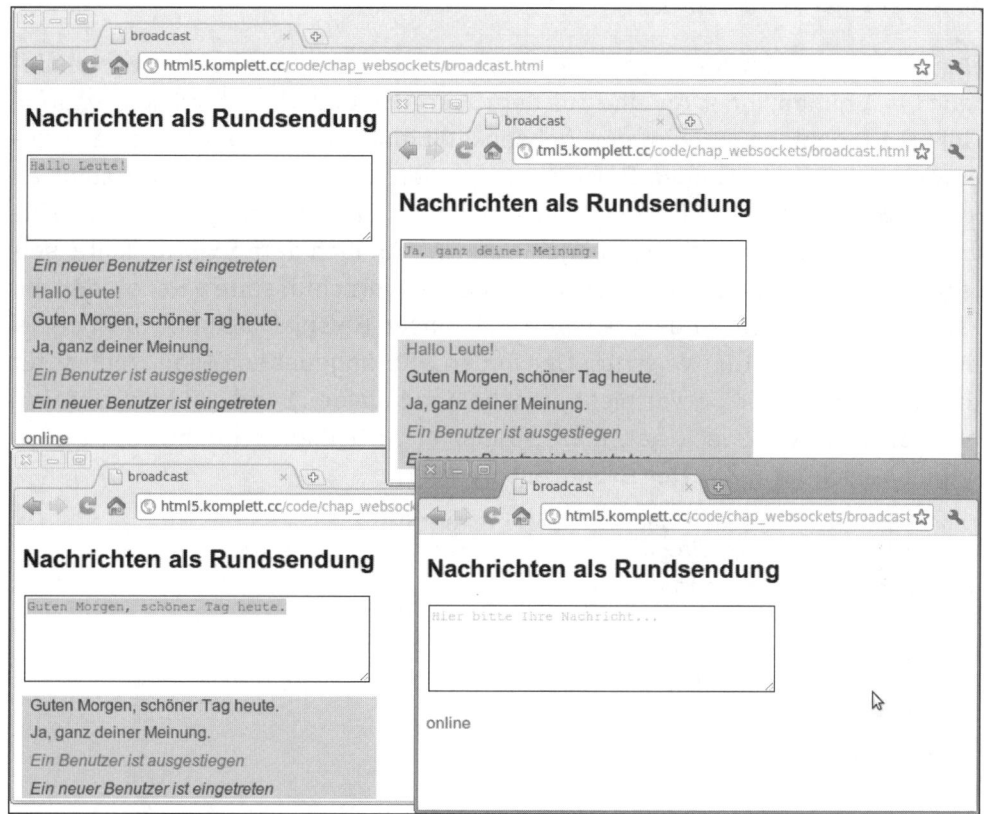

Abbildung 9.1: Vier Verbindungen zu dem Websocket-Broadcast-Server

9.2.1 Der Broadcast-Client

Im HTML-Code reicht ein Textfeld, in das die zu versendende Nachricht eingegeben werden kann. Um die Leistungsfähigkeit von Websockets zu verdeutlichen, wollen wir, dass jedes Zeichen sofort an alle angeschlossenen Teilnehmer übermittelt wird. Dazu verwenden wir das `oninput`-Event des Textfeldes und rufen für jeden Tastendruck die `sendmsg()`-Funktion auf, die wir etwas später analysieren werden.

```
<h2>Nachrichten als Rundsendung</h2>
<textarea accesskey=t oninput="sendmsg();"
  onfocus="select()" rows=5 cols=40 id=ta
  placeholder="Hier bitte Ihre Nachricht...">
</textarea>
<div id=broadcast></div>
<p id=status><p id=debug>
```

Der JavaScript-Abschnitt beginnt mit der Definition der bereits öfter verwendeten `$()`-Funktion, einer Anleihe aus der jQuery-Bibliothek. Sobald das gesamte Dokument geladen ist, wird der Websocket initialisiert und der Variable ws zugewiesen. Im vorliegenden Beispiel verwenden wir den Server *html5.komplett* *.cc* auf dem speziellen Port 8887. Die Angabe des Servers erfolgt mit einer URL, wobei das Protokoll mit `ws://` abgekürzt wird. Ähnlich dem SSL-verschlüsselten HTTPS gibt es auch für Websockets einen verschlüsselten Kanal, der mit `wss://` als Protokoll aufgerufen wird. Für unser Beispiel bleiben wir aber bei der unverschlüsselten Variante. Der in der URL angegebene Pfad (/bc) ist für unseren Websocket-Server nicht entscheidend, da der Server auf diesem Port nur den einzigen Zweck hat, dieses Beispiel zu bedienen (mehr zum Server folgt in Abschnitt 9.2.2, Der Broadcast-Server).

```
function $(a) { return document.getElementById(a); }
var ws, currentUser, ele;
window.onload = function() {
ws = new WebSocket("ws://html5.komplett.cc:8887/bc");
ws.onopen = function() {
  $("status").innerHTML = 'online';
  $("status").style.color = 'green';
  ws.onmessage = function(e) {
    var msg;
    try {
      msg = JSON.parse(e.data);
    } catch (SyntaxError) {
      $("debug").innerHTML = "Ungültige Nachricht";
      return false;
    }
```

Bei einer erfolgreichen Verbindung wird das `onopen`-Event des Websockets aktiviert. Die anonyme Funktion in unserem Beispiel schreibt die Zeichenkette *online* in grüner Farbe in eine Statuszeile am Ende des HTML-Dokuments. Für jede Nachricht, die vom Websocket empfangen wird, löst dieser das `onmessage`-Event aus. Die Variable `e`, die dieser Funktion zur Verfügung steht, enthält im `data`-Attribut die Nutzdaten, die vom Server gesendet werden. In diesem Beispiel werden die Daten mit `JSON.parse` in ein JavaScript-Objekt umgewandelt, was bedeutet, dass der Server einen *JSON*-String schicken muss (mehr dazu etwas später). Schlägt die Umwandlung fehl, wird die Funktion beendet, und es wird eine entsprechende Fehlermeldung auf der HTML-Seite angezeigt.

Eine gültige Nachricht enthält ein JavaScript-Objekt mit Benutzername (`user`), Nachrichtentext (`text`) und der Farbe, in der die Nachricht angezeigt werden soll (`color`). Wie in Abbildung 9.1 zu sehen ist, schreibt jeder User in einer eigenen Zeile und in einer eigenen Farbe. Um die Zuordnung zwischen Farben und User kümmert sich der Server, das Zuweisen einer neuen Zeile ist auf dem Client implementiert. Die folgende `if`-Abfrage überprüft, ob die letzte Nachricht vom gleichen User stammt wie die soeben erhaltene. Ist das der Fall, so wird der `innerHTML`-Wert der Variable `ele` mit dem soeben erhaltenen Text belegt. Handelt es sich um einen anderen Benutzer oder um die erste Nachricht, wird ein neuer Absatz mit dem Namen `ele` erzeugt und an das `div`-Element mit der ID `broadcast` angehängt. Abschließend wird die Variable `currentUser` auf den Wert des aktuellen Benutzers gesetzt.

```
      if (currentUser == msg.user) {
        ele.innerHTML = msg.text;
      } else {
        ele = document.createElement("p");
        $("broadcast").appendChild(ele);
        ele.style.color = msg.color;
        ele.innerHTML = msg.text;
        currentUser = msg.user;
      }
   };
};
function sendmsg() {
  ws.send($("ta").value);
}
ws.onclose = function(e){
  $("status").innerHTML = 'offline';
  $("status").style.color = 'red';
};
window.onunload = function(){
  ws.close();
};
```

Die `sendmsg()`-Funktion, die bei jedem Tastendruck innerhalb des Textfeldes ausgelöst wird, schickt den gesamten Inhalt des Textfeldes an den Websocket.

Wird die Verbindung zum Websocket aus irgendeinem Grund beendet (zum Beispiel durch eine fehlende Netzwerkverbindung oder Serverprobleme), löst das Websocket-Objekt das *close*-Event und damit die `onclose`-Funktion aus. In unserem Beispiel setzen wir die Statuszeile auf `offline` in roter Farbe. Beim Verlassen der Seite (`window.onunload`) schließen wir den Websocket explizit und melden uns damit beim Server ab.

9.2.2   Der Broadcast-Server

Um das Beispiel zu vervollständigen, fehlt uns noch die Server-Komponente. Wie eingangs erwähnt, verwenden wir für die Websocket-Beispiele in diesem Buch die *node.js*-Runtime und den node-websocket-server. Didaktisch ist das deshalb sehr günstig, weil wir dadurch nicht in eine andere Programmiersprache wechseln müssen und der Server-Code für Sie auch problemlos verständlich sein sollte.

Der Server arbeitet, ähnlich wie der Client, *event*-gesteuert. Jede eingehende Verbindung und jede eingehende Nachricht lösen ein `connection`- beziehungsweise ein `message`-Event aus, auf das wir im JavaScript-Code reagieren. Zu Beginn des Scripts laden wir die node-websocket-server-Bibliothek, die im Unterverzeichnis `lib/` liegt und den Namen `ws.js` hat. Die Variable `server` wird mit einem neuen Websocket-Objekt belegt.

```
var ws = require(__dirname + '/lib/ws'),
    server = ws.createServer();
var user_cols = {};
server.addListener("connection", function(conn) {
  var h = conn._server.manager.length*70;
  user_cols[conn.id] = "hsl("+h+",100%,30%)";
  var msg = {};
  msg.user = conn.id;
  msg.color = user_cols[conn.id];
  msg.text = "<em>Ein neuer Benutzer ist eingetreten</em>";
  conn.broadcast(JSON.stringify(msg));
```

Der erste *EventHandler* (`connection`) kümmert sich um neue Verbindungen. Wie auch im Beispiel in Kapitel 8.5, Beispiel: Knapp dran!, vergeben wir die Farbe für den Benutzer schrittweise im HSL-Farbraum, wobei wir für jeden neuen

Benutzer jeweils um 70 Grad weiterspringen (die Anzahl der Benutzer kann über das Array conn._server.manager abgefragt werden). Die Farbzuweisung wird in der Variable user_cols gespeichert, wobei als Index die ID der Verbindung (conn.id) verwendet wird. Die Variable msg wird mit der soeben erzeugten Farbe und dem Hinweis, dass ein neuer Benutzer eingetreten ist, versehen und als JSON-String mit der Methode conn.broadcast versendet. conn.broadcast ist eine Funktion des *node-websocket-server* und versendet Nachrichten an alle Clients außer an den, der das aktuelle Event ausgelöst hat – genau das, was wir im vorliegenden Fall machen wollen: Alle Benutzer werden darauf aufmerksam gemacht, dass ein neuer Benutzer dem Chat beigetreten ist.

```
conn.addListener("message", function(message) {
  var msg = {};
  message = message.replace(/</g, "&lt;");
  message = message.replace(/>/g, "&gt;");
  msg.text = message;
  msg.user = conn.id;
  msg.color = user_cols[conn.id];
  conn.write(JSON.stringify(msg));
  conn.broadcast(JSON.stringify(msg));
});
});
```

Die zweite Funktion, die auf das message-Event reagiert, ersetzt in der übergebenen Zeichenkette (message) die Start- und Endzeichen für HTML-Tags, damit kein Script-Code oder andere Tricks eingeschleust werden können. Eine seriöse Anwendung muss die Eingabe noch genauer prüfen, um mögliche Angriffsversuche abzuwehren. Immerhin wird die Nachricht an alle Clients versendet und in deren Browser angezeigt, was ein geradezu ideales Angriffsszenario darstellt. Wie schon beim connection-Event wird eine lokale Variable msg mit den gewünschten Inhalten befüllt und als JSON-String versendet. Hier geschieht das allerdings zweimal: zuerst mit der write()-Methode an den User selbst und anschließend mit der broadcast()-Methode an alle anderen Benutzer.

Damit ist der Websocket-Server beinahe fertig. Was noch fehlt, ist ein *Event-Handler* für geschlossene Verbindungen und der eigentliche Start des Servers.

```
server.addListener("close", function(conn) {
  var msg = {};
  msg.user = conn.id;
  msg.color = user_cols[conn.id];
```

```
  msg.text = "<em>Ein Benutzer ist ausgestiegen</em>";
  conn.broadcast(JSON.stringify(msg));
});
server.listen(8887);
```

Wie bei dem `connection`-Event bekommen auch beim `close`-Event alle Benutzer eine Nachricht. In diesem Fall werden sie darüber informiert, dass ein Teilnehmer aus der Konferenz ausgestiegen ist. Abschließend wird der Server an den Port 8887 gebunden und nimmt ab diesem Zeitpunkt Anfragen entgegen.

So viel zu diesem ersten, sehr kurzen Beispiel. Im folgenden Abschnitt entwickeln wir ein Spiel, das die Vorteile von Websockets noch weiter ausnutzt.

9.3   Beispiel: Schiffe versenken!

Ein etwas ausführlicheres `websocket`-Beispiel widmet sich einem beliebten Strategie-Spiel, für das sonst nur Papier und Bleistift benötigt werden – Schiffe versenken!. Die Spielregeln sind schnell erklärt: Jeder Spieler, jede Spielerin platziert auf einem 10x10 Felder großen Spielfeld 10 Schiffe unterschiedlicher Größe. Die Schiffe dürfen sich nicht berühren, müssen horizontal oder vertikal angeordnet sein und sind zwei bis fünf Felder groß. Die Verteilung folgt nach der Regel: 1x5, 2x4, 3x3 und 4x2 Felder pro Schiff. Wer zuerst seine Schiffe angeordnet hat, darf das Spiel beginnen und ein Feld des Gegners auswählen. Befindet sich an dieser Stelle Wasser, ist der Gegner am Zug; befindet sich dort der Teil eines Schiffes, darf weitergeraten werden. Das Prozedere wiederholt sich so lange, bis alle Teile aller Schiffe getroffen und damit versenkt sind.

Zur Umsetzung von *Schiffe versenken!* in HTML5 benötigen wir auf der Clientseite eine HTML-Datei mit JavaScript-Bibliothek und CSS-Stylesheet und auf der Serverseite den bereits in Abschnitt 9.1.1, Der Websocket-Server, vorgestellten *node-websocket-server*. Alle für die Applikation relevanten Dateien finden Sie unter folgenden Links:

» *http://html5.komplett.cc/code/chap_websockets/game.html*

» *http://html5.komplett.cc/code/chap_websockets/game.js*

» *http://html5.komplett.cc/code/chap_websockets/game.css*

» *http://html5.komplett.cc/code/chap_websockets/ws/game_server.js*

Abbildung 9.2: Das Spiel »Schiffe versenken!« in Aktion

Im HTML-Code sind Bedienelemente und Dialoge des Spiels jeweils als form-Elemente definiert, die je nach Spielphase ein- oder ausgeblendet werden. Vier davon sind Nachrichten-Fenster, die zentriert mit position:fixed als Einladung zum Spielen, Ablehnung der Einladung sowie zum Gratulieren beziehungsweise Trösten am Spielende eingeblendet werden. Die restlichen Formulare beinhalten die Login-Maske, zwei Spielflächen für eigene und gegnerische Schiffe, eine Digitalisierungskomponente zum Setzen von Schiffen in der entsprechenden Ausrichtung sowie die Liste der aktuell angemeldeten Benutzer mit deren Status.

Abbildung 9.3: Die Startseite des Spiels »Schiffe versenken!«

Beim Laden der Seite wird die Login-Maske angezeigt, in der Sie einen *Nickname* angegeben müssen (vergleiche Abbildung 9.3). Zum Testen der Applikation stehen zwei spezielle Benutzer zur Verfügung, *test1* und *test2*, bei denen Schiffe automatisch vorpositioniert werden und immer der Spieler *test1* mit dem Spiel beginnen darf. Eine gute Möglichkeit, das Spiel aus beiden Blickwinkeln zu betrachten, ist die Hilfsseite *test_game.html*. Mithilfe von eingebetteten `iframe`-Elementen können Sie sich hier unter zwei verschiedenen Benutzernamen anmelden und quasi gegen sich selbst spielen. Der Vorteil dabei ist: Man gewinnt immer und kann die Spiellogik der Applikation besser verfolgen (vergleiche Abbildung 9.5). Zu finden ist diese Seite unter:

» *http://html5.komplett.cc/code/chap_websockets/game_test.html*

Klickt man beim Login auf O<small>K</small>, wird die Verbindung zum Websocket-Server hergestellt, dessen Aufgaben sich auf das Austauschen von Nachrichten zwischen den Spielern und das Aktuellhalten der Benutzerliste beschränken. In der Benutzerliste wird jeder Benutzer mit Verbindungs-ID, *Nickname* und dem aktuellen Spielstatus angezeigt.

Alle Nachrichten werden als JSON-Strings verschickt und teilen sich grob in zwei Gruppen: Die erste Gruppe umfasst Meldungen, die an alle Benutzer gehen und Änderungen des Spielstatus der einzelnen Spieler betreffen. Die zweite umfasst private Nachrichten, die nur zwischen gerade miteinander spielenden Benutzern ausgetauscht werden. Zu diesem Zweck musste zu der Connection-Bibliothek des *node-websocket-servers* die zusätzliche Methode `writeclient()` hinzugefügt werden, die Nachrichten nur an den gewünschten Benutzer weiterleitet.

Gleich nach dem Login erscheint das eigene Spielfeld. Es besteht, wie später auch das gegnerische Spielfeld, aus zehn mal zehn `button`-Elementen, deren `value`-Attribute die Grid-Position widerspiegeln und Werte von 1,1 links oben bis 10,10 rechts unten aufweisen. Jeder Button besitzt ein `class`-Attribut, das im Laufe des Spiels mehrmals geändert werden kann. Im CSS-Stylesheet sind folgende, für den Spielablauf relevante Klassen ausgewiesen:

Klasse	CSS-Formatierung
.empty	*background-color: #EEE*
.ship	*background-color: slategray*
.water	*background-color: lightblue*
.hit	*background-color: salmon; pointer-events: none*
.destroyed	*background-color: darkseagreen; pointer-events: none*

Tabelle 9.1: Spielrelevante CSS-Klassen des Spielfelds

Bevor es mit dem Digitalisieren der Schiffe losgehen kann, muss ein Spielpartner gefunden werden. Dazu wird in der Liste angemeldeter Spieler ein Spieler ausgewählt und durch Anklicken der Schaltfläche SPIELERIN EINLADEN eine entsprechende Einladung verschickt. Die Callback-Funktion dieser Schaltfläche ermittelt die Spieler-ID und schickt eine Einladungsnachricht zum Websocket-Server:

```
this.invitePlayer = function() {
  var opts = document.forms.loggedin.users.options;
  if (opts.selectedIndex != -1) {
    wsMessage({
      task : 'private',
      request : 'invite',
      client : opts[opts.selectedIndex].value
    });
  }
};
```

Die aufgerufene Funktion wsMessage() leitet die Nachricht im JSON-Format an den Server weiter. In ihr könnten auch noch zusätzliche Schritte, wie das Überprüfen der Gültigkeit der Nachricht oder Ähnliches, eingebaut werden:

```
var wsMessage = function(msg) {
  game.websocket.send(JSON.stringify(msg));
};
```

Die Variable game in diesem Code-Listing repräsentiert übrigens das zentrale Spiel-Objekt und enthält alle für das Spiel relevanten Variablen. Beim Server wird die Einladung als private Nachricht identifiziert, mit den Daten des Absenders versehen und dann dem ausgewählten Spieler zugestellt:

Beim Server in `game_server.js` sähe das so aus:

```
else if (msg.task == 'private') {
  msg.from = USERS[conn.id];
  conn.writeclient(JSON.stringify(msg),msg.client);
}
```

Dieser Benutzer bekommt anschließend ein kleines Fenster präsentiert, in dem er gefragt wird, ob er ein Spielchen mit Ihnen wagen will (vergleiche Abbildung 9.4). Bei Ablehnung kommt *Nein danke, ich mag jetzt nicht* zurück, bei Zustimmung wird die Benutzerliste ausgeblendet, und die Digitalisierkomponente zum Setzen der Schiffe eingeblendet. Zuvor wollen wir uns aber noch den Code für die Aufforderung zum Spielen ansehen. Beim Client finden wir ihn als Teil der `onmessage`-Callback-Funktion für alle Nachrichten des Servers:

```
game.websocket.onmessage = function(e) {
  var msg = JSON.parse(e.data);
  if (msg.request == 'invite') {
    var frm = document.forms.inviteConfirm;
    var txt = 'Spieler <strong>'+msg.from.nick+'</strong>';
    txt += 'will ein Spielchen mit Ihnen wagen.';
    txt += 'Wollen Sie auch?';
    frm.sender.previousSibling.innerHTML = txt;
    frm.sender.value = msg.from.id;
    frm.sendernick.value = msg.from.nick;
    frm.style.display = 'inline';
  }
};
```

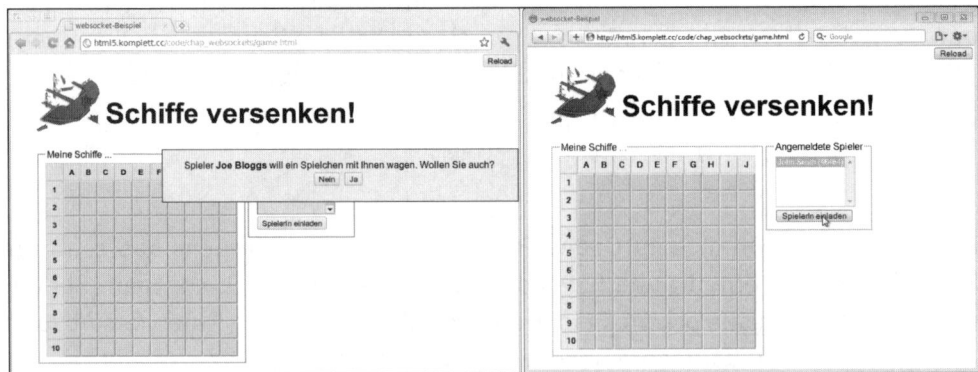

Abbildung 9.4: Das Dialogfenster mit der Einladung zu einem neuen Spiel

Damit sind ID und *Nickname* des Einladenden im Formular `inviteConfirm` vermerkt, und das Nachrichtenfenster kann angezeigt werden. Beim Klicken auf JA oder NEIN wird die jeweilige Entscheidung über den Server zum Absender geschickt und landet dort wieder im `onmessage`-Callback:

```
else if (msg.request == 'confirm') {
  if (msg.choice == true) {
    wsMessage({
      task : 'setPlaying',
      client : msg.from.id
    });
    prepareGame(msg.from.id,msg.from.nick);
    document.forms.loggedin.style.display = 'none';
  }
  else {
    show('nothanks');
    window.setTimeout(function() {
      hide('nothanks');
      document.forms.users.style.display = 'inline';
    }, 2000);
  }
}
```

Wenn die Aufforderung zum Spiel mit JA beantwortet wurde, wird dem Server mitgeteilt, dass die beiden Spieler jetzt miteinander spielen, das Spiel wird vorbereitet, und die Auswahlliste angemeldeter Spieler wird ausgeblendet. Lautet die Antwort NEIN, wird lediglich die Nachricht *Nein danke, ich mag jetzt nicht* für zwei Sekunden angezeigt.

Als direkte Folge der Meldung *Wir spielen jetzt miteinander* an den Server erfolgen noch weitere Schritte, wie das Aktualisieren des Spielerstatus-Objekts auf dem Server, der gleich danach alle Benutzer davon in Kenntnis setzt, dass die beiden Spieler zurzeit nicht für andere Spiele zur Verfügung stehen:

Beim Server in `game_server.js` sähe das so aus:

```
var setBusy = function(id) {
  USERS[id].busy = true;
  var msg = {task:'isPlaying',user:USERS[id]};
  conn.broadcast(JSON.stringify(msg));
  conn.write(JSON.stringify(msg));
};
else if (msg.task == 'setPlaying') {
```

```
    setBusy(conn.id);
    setBusy(msg.client);
  }
```

Zurück beim Client wird diese Nachricht im onmessage-Callback aufgefangen und die lokal gehaltene Liste angemeldeter Spieler aktualisiert. Das Resultat dieser Aktualisierung ist, dass beide Spieler nicht mehr anwählbar sind, da ihre option-Elemente mit einem disabled-Attribut deaktiviert wurden.

```
  else if (msg.task == 'isPlaying') {
    var opts = document.forms.loggedin.users.options;
    for (var i=0; i<opts.length; i++) {
      if (opts[i].value == msg.user.id) {
        opts[i].disabled = 'disabled';
      }
    }
  }
}
```

Sind sich beide Spieler darüber einig, miteinander spielen zu wollen, kann mit dem Platzieren der Schiffe begonnen werden. Sind Sie als Benutzer *test1* oder *test2* eingeloggt, sind ihre Schiffe schon bereit; wenn nicht, ermöglichen Ihnen ein jetzt sichtbares Pulldown-Menü und fünf Buttons das Digitalisieren Ihrer Flotte. Wählen Sie zuerst die Ausrichtung *horizontal* oder *vertikal*, klicken Sie dann auf den gewünschten Schiffstyp, und fügen Sie durch einen weiteren Klick auf das Spielfeld das Schiff an der gewünschten Position hinzu.

Die betroffenen Felder werden mittels CSS-Klasse ship als Schiff formatiert und in drei JavaScript-Variablen festgehalten. Die Variable game.ships.is Ship merkt sich die belegten Positionen, und die Variable game.ships.parts verzeichnet als Array von Arrays die Zugehörigkeit der Felder zum jeweiligen Schiff. Eine Kopie dieses Arrays in der Variablen game.ships.partsTodo wird im Laufe des Spiels sukzessive abgearbeitet und enthält am Ende beim Verlierer nur noch zehn leere Arrays, da bei jedem Treffer die betroffene Position gelöscht wird.

Mit jedem neu gesetzten Schiff aktualisiert sich auch der Label des dazugehörigen Buttons. Er zeigt an, wie viele Schiffe von diesem Typ noch zur Verfügung stehen, und er verschwindet, sobald alle Schiffe dieses Typs platziert sind. Wenn alle Schiffe gesetzt sind, verschwindet das ganze Formular, und eine Nachricht wird zum Gegner gesendet – das Spiel kann beginnen!

```
if (game.ships.parts.length == 10) {
  document.forms.digitize.style.display = 'none';
  game.me.grid['1-1'].parentNode.style.pointerEvents =
    'none';
  wsMessage({
    task : 'private',
    request : 'ready',
    client : game.you.id
  });
  game.me.ready = true;
}
```

Wer zuerst kommt, mahlt zuerst lautet die Devise, und deshalb beginnt jener Spieler, der seine Schiffe am schnellsten aufgestellt hat. Passend zum Sprichwort *Den letzten beißen die Hunde*, muss im Gegenzug der langsamere Spieler die erste Attacke auf seine Flotte hinnehmen. Ermöglicht wird das Attackieren gegnerischer Schiffe durch ein zweites Spielfeld, das eingeblendet wird, sobald beide Spieler ihre Schiffe aufgestellt haben.

Die Spiellogik für das Angreifen und Versenken von Schiffen ist vollständig im Client umgesetzt. Der Server verteilt dabei nur die Spielzüge als private Nachrichten an die beiden beteiligten Spieler. Bei jedem Klick auf ein aktives Spielfeld wird die reveal-Funktion aufgerufen:

```
this.reveal = function(evt) {
  wsMessage({
    task : 'private',
    request : 'challenge',
    field : evt.target.value,
    client : game.you.id
  });
};
```

Der Server leitet die Nachricht zum gegnerischen Spieler, wobei dort überprüft wird, ob das angeklickte Feld (field) ein Schiffsteil enthält oder nicht:

```
else if (msg.request == 'challenge') {
  var destroyed = 0;
  if (game.ships.isShip[msg.field]) {
    game.me.grid[msg.field].setAttribute("class","hit");
```

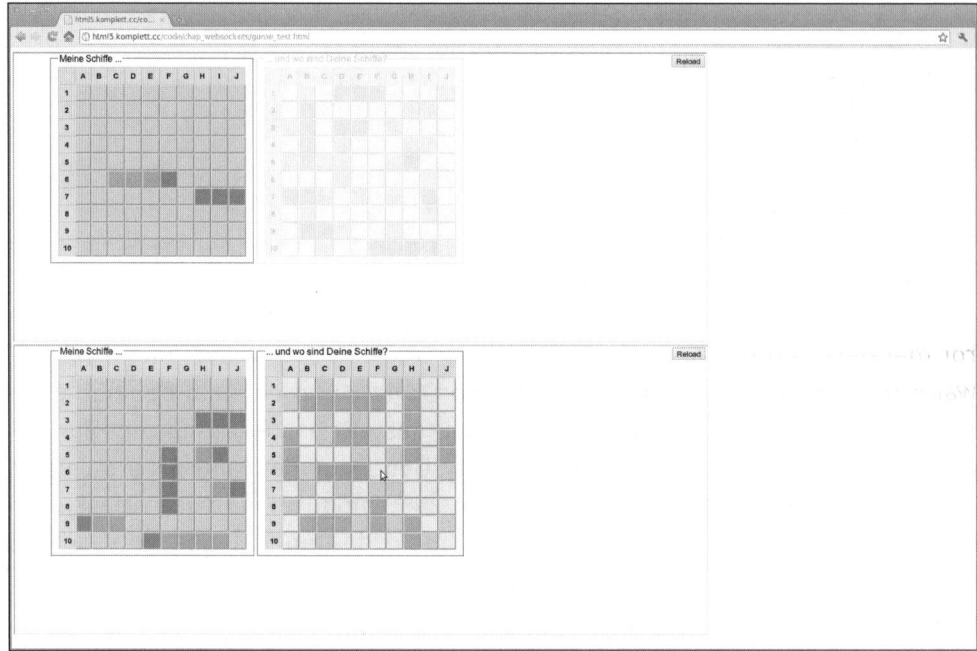

Abbildung 9.5: »Schiffe versenken!« im Demonstrationsmodus

Bei einem Treffer (isShip ist *true*) wird der entsprechende Button auf dem eigenen Spielfeld mit der Klasse hit belegt, worauf dieser laut Stylesheet-Anwei-
sung rot eingefärbt wird. Wurde ein Schiff getroffen, aber noch nicht komplett
zerstört, so erhält der gegnerische Spieler eine entsprechende Nachricht.

```
wsMessage({
  task : 'private',
  request : 'thisFieldIs',
  result : 'hit',
  field : msg.field,
  client : game.you.id
});
```

Ist der request-Teil der Nachricht thisFieldIs, so wird das Feld beim Gegner
entsprechend behandelt:

```
else if (msg.request == 'thisFieldIs') {
  if (msg.result == 'water') {
    game.you.grid[msg.field].setAttribute("class",
        msg.result);
    deactivateField();
  }
```

```
else if (msg.result == 'hit') {
  game.you.grid[msg.field].setAttribute("class",
      msg.result);
}
...
```

Aus Sicht des Angreifers bedeutet die Antwort *hit*, dass das angeklickte Feld rot markiert wird. Ist die Antwort *destroyed*, werden alle Felder dieses Schiffes als Treffer von Rot in Grün umgewandelt. Zur gleichen Zeit wird am anderen Ende der Leitung im Spielfeld des Angegriffenen bei *hit* dessen getroffene Position rot markiert und bei *destroyed* alle bis dahin in Rot markierten Schiffsteile in *water* umgewandelt – je mehr Blau also auf dem eigenen Spielfeld erscheint, desto schlechter ist die Lage, und je mehr Grün im gegnerischen Spielfeld zu finden ist, desto größer ist die Chance, einen Sieg davonzutragen.

Lautet die Antwort allerdings *water*, ist der angegriffene Spieler an der Reihe und kann seinerseits angreifen (die deactivateField()-Funktion verhindert weitere Eingaben). Auf diese Weise wechselt das Spiel so lange hin und her, bis einer der Spieler alle Schiffe des Gegners versenkt hat und zum Sieger erklärt wird. Das Markieren des Status eigener und feindlicher Schiffe erfolgt, wie bereits erwähnt wurde, über CSS-Formate für die jeweiligen button-Elemente. Der Wechsel zwischen den Spielern wird dadurch ermöglicht, dass das gegnerische Spielfeld beim jeweils inaktiven Spieler mit pointer-events:none und opacity:0.2 deaktiviert wird.

Nach Beendigung des Spieles werden beide Kontrahenten wieder getrennt; ihr Status wird auf *Frei zum Spielen* gesetzt, und die nächste Einladung kann erfolgen. In der derzeitigen Version von *Schiffe versenken!* ist noch nicht vorgesehen, dass mehrere Spiele hintereinander mit dem gleichen Spieler gespielt werden können – vielleicht versuchen Sie ja, dieses neue Feature zu implementieren? Auch ein Logout-Button könnte nicht schaden, und wer ganz mutig ist, kann sich auch an einen *Multiplayer-Modus* wagen. Möglichkeiten, diese Applikation weiterzuentwickeln, gibt es viele – Ihrer Fantasie sind keine Grenzen gesetzt!

Das Beispiel demonstriert eindrucksvoll, welche neuen Möglichkeiten das Websocket-Protokoll für die Entwicklung von interaktiven Applikationen bietet. In den hier vorgestellten Beispielen ging es immer um die Interaktion zwischen Benutzern. Sehr einfach zu implementieren wäre es auch, dass der Websocket-Server Informationen aus dem Internet bezieht, diese aufbereitet und dann an die angeschlossenen Benutzer verteilt. Die schon eingangs erwähnte Applikation mit der Verteilung von aktuellen Börsenkursen wäre ein gutes

Beispiel, oder auch die Anzeige der auf Twitter neu eintreffenden Nachrichten. Die Vorteile liegen auf der Hand: Der Client wird durch das `message`-Event über Neuigkeiten benachrichtigt, und der Datenstrom zwischen Client und Server ist sehr schlank und schont damit die Netzwerkbandbreite.

10 Web Workers

Wenn Sie schon ein wenig mit JavaScript experimentiert haben, dann kennen Sie vielleicht eine Browser-Meldung in der Art: *A script on this page may be busy, or it may have stopped responding*. Dabei kann es sich um einen Programmierfehler, vielleicht eine Endlos-Schleife, handeln. Aber was tun Sie, wenn Ihr JavaScript keinen Fehler hat und die Berechnung nun einmal etwas länger dauert? Hier kommen Web Workers ins Spiel.

10.1 Einführung

Damit länger andauernde Berechnungen auf dem Client den Browser nicht blockieren, kann ein *Worker* im Hintergrund arbeiten und das aufrufende Script über den Status seiner Berechnungen mithilfe von Nachrichten informieren. Worker haben keinen Zugriff auf DOM-APIs, das `window`-Objekt und das `document`-Objekt. Was im ersten Moment wie eine große Einschränkung aussieht, erweist sich bei genauerer Betrachtung als sehr sinnvoll. Wenn parallel laufende Scripts auf die gleichen Ressourcen zugreifen und diese verändern, können sehr komplexe Situationen entstehen. Durch die strenge Isolation der Worker und ihre Kommunikation über Nachrichten wird der JavaScript-Code »sicherer«.

Der Start eines neuen Workers ist für das Betriebssystem relativ aufwendig, und jeder Worker verbraucht mehr Speicherplatz als das Ausführen der gleichen Funktionen ohne Worker. Die Vorteile liegen aber trotzdem auf der Hand: Der Browser bleibt reaktionsfähig, und komplizierte Berechnungen können parallel ablaufen, was auf moderner Hardware für einen Geschwindigkeitsgewinn sorgen kann.

Jedem Worker wird bei der Erzeugung das Script übergeben, das den Code für den Worker enthält.

```
var w = new Worker("calc.js");
```

Das Script, in diesem Fall `calc.js`, enthält beliebigen JavaScript-Code, der beim Aufruf des Workers ausgeführt wird. Optional enthält der Worker einen Event-Handler für das `message`-Event, der auf Anfragen von dem aufrufenden Script reagiert. In der Praxis wird der Worker auf diese Weise mit Daten zur Berechnung versorgt und der Rechenvorgang angestoßen.

```
addEventListener('message', function(evt) {
  // evt.data enthält die übergebenen Daten
```

Die Übergabe der Daten sowohl vom aufrufenden Script zum Worker als auch umgekehrt erfolgt mithilfe der `postMessage()`-Funktion. Um den Worker w mit Daten zu versorgen, eignet sich folgender Aufruf:

```
w.postMessage(imgData);
```

Dem `postMessage()`-Aufruf können dabei JavaScript-Objekte übergeben werden, die der Browser intern in JSON-Strings konvertiert. Wichtig ist, dass diese Daten bei jedem Aufruf kopiert werden, was bei großen Datenmengen zu einer erheblichen Geschwindigkeitseinbuße führen kann.

Wie bereits erwähnt wurde, haben Workers keinen Zugriff auf das `window`-Objekt. Eine Ausnahme stellen aber die Funktionen des WindowTimers-Interface dar: `setTimeout()`/`clearTimeout()` und `setInterval()`/`clearInterval()` können auch innerhalb eines Workers verwendet werden. Außerdem können Workers externe Scripts laden, wozu die `importScripts()`-Funktion eingeführt wurde. Ihr können ein oder mehrere JavaScript-Dateien (durch Kommas getrennt) übergeben werden, die der Worker lädt und dann zur Verfügung hat.

Lesender Zugriff besteht auf das `location`-Objekt, in dem vor allem das `href`-Attribut von Interesse ist. Mithilfe des XMLHttpRequest können Workers mit Webservices kommunizieren.

Die Spezifikation unterscheidet bei Web Workers zwischen Dedicated Workers und Shared Workers, wobei sich Zweitere dadurch abheben, dass sie von unterschiedlichen Scripts mit Nachrichten versorgt werden können und ihre eigenen Nachrichten an unterschiedliche Scripts senden können. Wir wollen in diesem Kapitel nur auf die erste Variante, die *Dedicated Workers,* eingehen und verweisen Sie für Informationen zu *Shared Workers* auf die entsprechenden Abschnitte in der Spezifikation *http://dev.w3.org/html5/workers/#shared-workers-introduction*.

Da diese Spezifikation zu Web Workers noch in einem frühen Stadium ist und die vorhandenen Implementierungen in Webkit und Firefox noch nicht vollständig sind, wollen wir auf eine ausführliche Beschreibung der API verzichten und Sie lieber mit den folgenden zwei Beispielen in die Funktionsweise von Web Workers einführen.

10.2 Suche nach Schaltjahren

Da sowohl die Primzahlen als auch die Fibonacci-Folge bereits ausreichend mit Web Workers berechnet wurden (Sie finden die entsprechenden Beispiele sehr leicht mit Google), wollen wir uns einer anderen, ähnlich spannenden Aufgabe widmen. Im ersten Beispiel werden wir nach Schaltjahren seit dem 1.1.1970 suchen. Da diese Aufgabe auf moderner Hardware nichts ist, was länger als ein paar Sekundenbruchteile dauert, und damit der Demonstrationseffekt von Web Workers nicht gegeben ist, wollen wir es unserem Programm richtig schwer machen. Es soll für sehr kurze Zeitabschnitte (Sekunden oder Minuten) überprüfen, ob es sich um den 29. Februar, und damit den Schalttag, handelt. Eine Auswahl für die Schrittweite des Zeitabstandes ist notwendig, da unterschiedliche Hardware das Programm unterschiedlich schnell ausführt. Abbildung 10.1 zeigt die Ausgabe auf einer schwachen CPU nach einigen Sekunden.

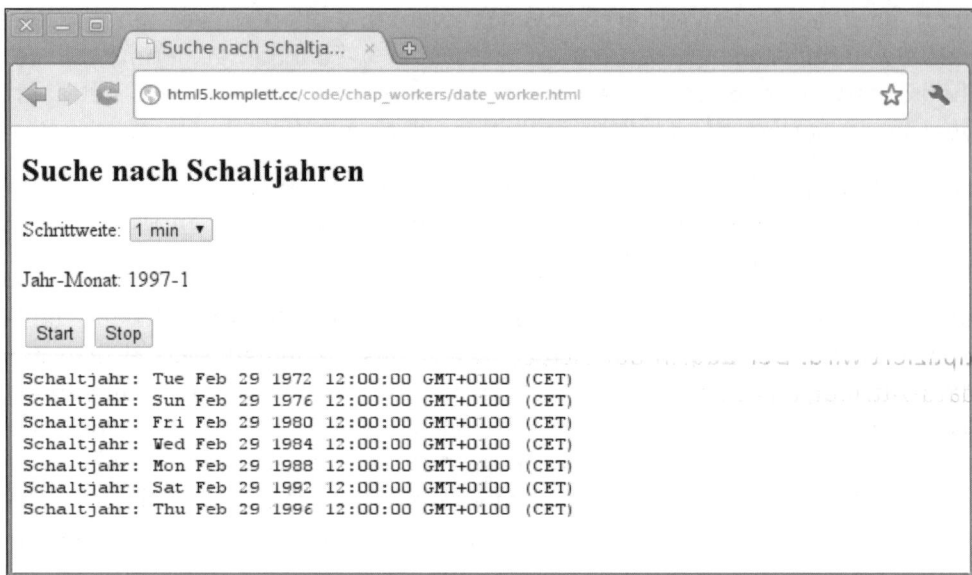

Abbildung 10.1: Web Worker auf der Suche nach Schaltjahren

Beim Klick auf die Schaltfläche START wird die startCalc()-Funktion ausgeführt. In dieser wird die eingestellte Schrittweite aus dem option-Feld gelesen, und anschließend wird der Web Worker worker mit dem Script date_worker.js initialisiert.

```
var opts = document.forms.stepForm.step.options;
startCalc = function() {
  var step = opts[opts.selectedIndex].value;
  var w = new Worker('date_worker.js');
  w.postMessage(step);
```

Der Aufruf der postMessage()-Funktion, dem die gewählte Schrittweite übergeben wird, kommuniziert mit dem Event-Listener für das message-Event in dem Script date_worker.js. Der Worker beginnt jetzt mit seiner Arbeit.

```
addEventListener('message', function(evt) {
  var today = new Date();
  var oldMonth = -1;
  for (var i=0; i<today; i+=Number(evt.data)*1000) {
    var d = new Date(i);
    if (d.getDate() == 29 && d.getMonth() == 1
      && d.getHours() == 12 && d.getMinutes() == 0) {
      postMessage(d.toLocaleString());
    }
    if (d.getMonth() != oldMonth) {
```

```
    postMessage("y "+d.getFullYear()+"-"
      +(d.getMonth()+1));
    oldMonth = d.getMonth();
  }
 }
}, false);
```

Eine for-Schleife im Worker läuft von der Sekunde 0 bis zum aktuellen Datum (today), wobei für die Schrittweite der von postMessage() übergebene Wert mit der Number()-Funktion in eine Zahl konvertiert und anschließend mit 1000 multipliziert wird. Der Zugriff auf die postMessage()-Daten erfolgt dabei über das data-Attribut, das Sie bereits aus dem vorangegangenen Kapitel zu Websockets kennen. Die Multiplikation mit 1000 ist notwendig, da die Variable today den aktuellen Wert in Millisekunden und nicht in Sekunden enthält. Wird ein Datum in der Schleife als der 29. Februar erkannt, so schickt der Worker eine Nachricht an das aufrufende Script und übergibt den Tag als formatierte Zeichenkette.

Um den aktuellen Fortschritt der Berechnung anzuzeigen, sendet das Programm eine weitere Nachricht, sobald die Schleife in einem neuen Monat ankommt. Diese Nachricht beginnt mit der Zeichenkette "y " und enthält anschließend das Jahr und den Monat. Wie das aufrufende Script diese Nachricht von einer Schaltjahr-Benachrichtigung unterscheidet, zeigt das folgende Listing:

```
w.onmessage = function(evt) {
  if (evt.data.substr(0,2) == "y ") {
    $("y").innerHTML = evt.data.substr(2);
  } else {
    $("cnt").innerHTML += "Schaltjahr: "+evt.data+"\n";
  }
}
```

Mit der substr()-Funktion werden die ersten zwei Zeichen der Variable evt .data extrahiert und mit dem Wert "y " verglichen. Bei einer Übereinstimmung wird das Feld für die Anzeige des Datums aktualisiert, andernfalls wird das Datum als neue Zeile an das Feld mit der ID cnt angehängt. Wie schon in vielen anderen Beispielen verwenden wir die $()-Funktion als Abkürzung für den document.getElementById()-Aufruf.

Läuft der Worker zu lange (zum Beispiel, weil Ihr Computer nicht schnell genug rechnet), können Sie das Ende des Prozesses mit der STOP-Schaltfläche erzwingen. Dazu wird der Worker mit der terminate()-Funktion beendet, und anschließend wird der während der Berechnung inaktive START-Button wieder aktiviert.

```
stopCalc = function() {
  w.terminate();
  $("start").removeAttribute("disabled");
}
```

Im folgenden, etwas ausführlicheren Beispiel zeigen wir, wie mehrere Workers parallel arbeiten und dabei eine noch sinnvollere Berechnung durchführen als die eben vorgestellte.

10.3 Höhenprofile berechnen mit Canvas

Zu den Einsatzgebieten, für die sich Web Workers besonders gut eignen, gehört zweifellos die clientseitige Analyse von Audio-, Video- und Bilddateien. In diesem Beispiel verwenden wir eine PNG-Datei, die den Großraum von Tirol darstellt und eine Besonderheit aufzuweisen hat: Im Alpha-Kanal des Bildes ist die Höheninformation des Geländes gespeichert. Sie finden dieses Bild online unter:

http://html5.komplett.cc/code/chap_workers/images/topo_elevation_alpha.png

Da wir mithilfe von canvas nicht nur die Farbwerte, sondern auch die Alpha-Kanal-Werte auslesen können (vergleiche Kapitel 5, Canvas), ist es uns möglich, Berechnungen mit dem Gelände anzustellen. Eine einfache solche Berechnung ist ein Höhenprofil, wobei für jeden Punkt entlang einer Linie der Höhenwert extrahiert wird.

Die Profile in unserem Beispiel bestehen aus mehreren Teilstrecken, wobei wir sowohl die Anzahl der Teilstrecken als auch die Anzahl der Profile durch Textfelder auf der Webseite einstellen können. Das ist notwendig, um die Berechnung an unterschiedlich schnelle Computer anpassen zu können. Die einzelnen Teilstrecken des Profils ergeben sich aus zufällig gewählten Punkten innerhalb des Bildes. Das Programm soll während der Berechnung einen Fortschrittsbalken anzeigen und die gefundene minimale und maximale Höhe entlang des Profils ausgeben. Sind alle Teilstrecken errechnet, gibt das Programm die Anzahl der gefundenen Punkte zurück. Auf der Webseite erscheint neben der Anzahl der Punkte noch die Zeit, wie lange die Berechnung des Profils gedauert hat. Eigentlich wäre es sinnvoll, das gesamte Höhenprofil als Ergebnis zum aufrufenden Programm zurückzuschicken, aber bei der Verwendung von vielen Teilstrecken belegt das Profil sehr viel Speicherplatz und verzögert den Programmablauf deutlich. Der gewünschte Demonstrationseffekt kann damit nicht erreicht werden. Abbildung 10.2 zeigt die parallele Berechnung von zwei Profilen mit Web Workers.

Abbildung 10.2: Web Workers berechnen zwei Höhenprofile parallel

Sobald wir mehr als ein Profil erzeugen, können wir die Berechnung mit Web Workers parallel ausführen, während die Analyse ohne Web Workers immer sequenziell abgearbeitet wird. Auf moderner Hardware, die dem Betriebssystem mehrere Rechenkerne auf der CPU zur Verfügung stellt, führt das dazu, dass der Browser die Rechenlast auf die unterschiedlichen Kerne aufteilen kann. Abbildung 10.3 zeigt dieses Verhalten auf einem System mit vier CPU-Kernen. Während der Aufruf mit Web Workers zwei Kerne zu 100 Prozent auslastet (bei circa 30 Sekunden), sehen wir im zweiten Fall, ohne Web Workers, nur einen CPU-Kern voll ausgelastet (bei 15 Sekunden). Das Ergebnis ist eine geringfügig schnellere Berechnung mit Web Workers, wobei der Browser auch während der Berechnung auf Eingaben reagiert und den Fortschrittsbalken kontinuierlich aktualisiert.

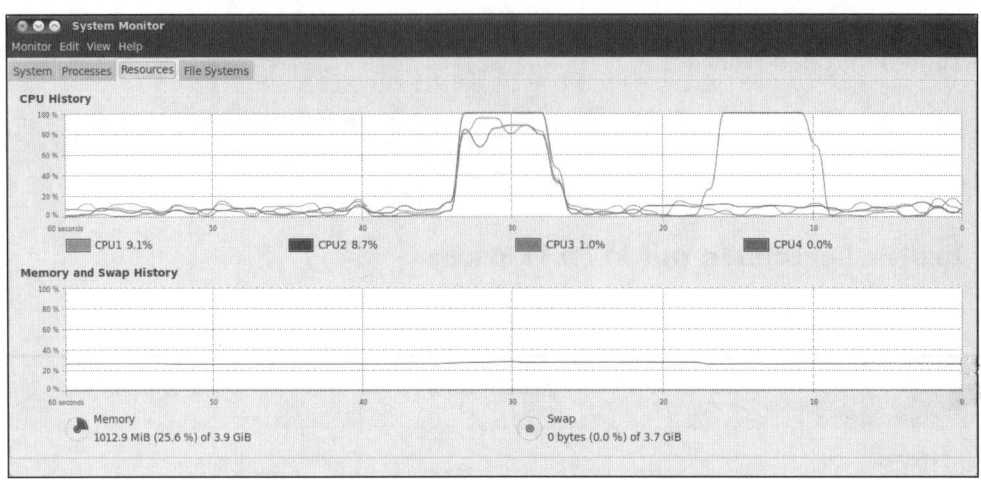

Abbildung 10.3: Auslastung der CPUs bei der Berechnung mit und ohne Web Workers

10.3.1 Wichtige Code-Fragmente

Um einen Vergleich zu bekommen, wie sich das Script mit und ohne Web Workers verhält, können Sie das Programm auf beide Arten aufrufen. Dazu müssen Sie die externe JavaScript-Datei, die den Code für den Worker enthält (canvas_profile.js), im Kopf der aufrufenden Webseite einbinden. Ab diesem Zeitpunkt steht die onmessage-Funktion global zur Verfügung; doch mehr zu dem Worker-Code etwas später. Beginnen wir mit dem HTML-Code für das Programm:

```
<script src="canvas_profile.js"></script>
...
<h1>Profile berechnen mit Web Worker</h1>
<p>Anzahl der Profile <input type=number id=profiles
  size=2 oninput="updateProgressBars();" value=2>
Anzahl der Teilstrecken am Profil
<input type=number id=parts value=500 size=4
  oninput="updateProgressBars();">
</p>
<h3>Starten
<input type=button onclick="calcProfiles(true)"
    value="mit"> oder
<input type=button onclick="calcProfiles(false)"
    value="ohne"> WebWorker
</h3>
```

Die beiden Eingabefelder vom Typ number bewirken bei jeder Veränderung ihres Inhalts, dass die Funktion updateProgressBars() aufgerufen wird. In ihr werden die Fortschrittsbalken und die Platzhalter für die Ausgabe der Ergebnisse erzeugt. Die beiden Schaltflächen MIT beziehungsweise OHNE starten die Berechnung der Höhenprofile.

Im JavaScript-Code extrahieren wir als ersten Schritt die Höhenwerte aus dem PNG-Bild. Dazu laden wir dieses in ein neues canvas-Element:

```
var canvas = document.createElement("CANVAS");
canvas.width = 300;
canvas.height = 300;
var context = canvas.getContext('2d');
var image = document.querySelector("IMG");
context.drawImage(image,0,0);
// document.querySelector("BODY").appendChild(canvas);
var elev =
context.getImageData(0,0,canvas.width,canvas.height).data;
var alpha = [];
for (var i=0; i<elev.length; i+=4) {
  alpha.push(elev[i+3]);
}
```

In der Variable image wird das einzige img-Element auf der Webseite geladen und anschließend auf das neu erzeugte canvas-Element gezeichnet. Auf der Webseite ist weder das Bild noch das Canvas sichtbar, da das img-Element mit display:none gekennzeichnet ist und das Canvas nie an den DOM-Baum angehängt wird. Wenn Sie die oben auskommentierte Zeile aktivieren, sehen Sie das Canvas am Ende der Seite. Wie Sie aus dem Kapitel 5, Canvas, wissen, liefert die getImageData()-Funktion ein Array mit den Farb- und Alpha-Kanal-Werten des Canvas (jeweils vier Einträge pro Pixel). Da für dieses Beispiel nur die Alpha-Kanal-Werte interessant sind, extrahieren wir diese mit der for-Schleife aus dem Array. Diese Datenreduktion ist deshalb sinnvoll, weil jeder Worker eine Kopie des Arrays erhält. Wenn wir also viele Worker parallel starten, so wächst der Speicherverbrauch linear mit jedem Worker an.

Die calcProfiles()-Funktion startet schließlich die Berechnung mit oder ohne Worker, je nachdem, ob *true* oder *false* an die Funktion übergeben wird:

```
calcProfiles = function(useWorker) {
  USE_WORKER = useWorker;
  startTime = new Date();
  for (var i=0; i<PROFILES; i++) {
    var imgData = {
```

```
      id : i,
      alpha: alpha,
      parts : PARTS,
      height : canvas.height,
      width : canvas.width
   }
```

Die Variable PROFILES enthält den Wert des entsprechenden Eingabefeldes und steuert, wie oft die zentrale for-Schleife ausgeführt wird. Die imgData-Variable wird mit den Höhenwerten des Bildes (alpha), der Anzahl der Teilstrecken (PARTS), der Canvas-Höhe (height) und -Breite (width) und einer ID (id) erzeugt, wobei wir Letztere als Referenz für die Profile benötigen. Anschließend teilt sich die Programmlogik in den Teil, der mit Web Workers arbeitet, und den, der ohne abläuft.

```
if (USE_WORKER) {
  imgData.useWorker = true;
  var worker = new Worker('canvas_profile.js');
  worker.postMessage(imgData);
  worker.onmessage = function(evt){
    if (evt.data.task == 'update') {
      progress.item(evt.data.id).value = evt.data.status*i;
    } else if (evt.data.task == 'newMin') {
      $('progDivMin'+evt.data.id).innerHTML = evt.data.min;
    } else if (evt.data.task == 'newMax') {
      $('progDivMax'+evt.data.id).innerHTML = evt.data.max;
    } else {
      showResults(evt);
    }
  };
}
else {
  imgData.useWorker = false;
  showResults(
    onmessage({data:imgData})
  );
  progress.item(i).value = PARTS;
}
```

Im ersten Fall wird ein neuer Worker erzeugt und mit postMessage() aktiviert. Ihm wird die gesamte Datenstruktur der imgData-Variable übergeben. Anschließend wird ein Event-Listener definiert, der vier verschiedene Nachrichten-Typen entgegennimmt. Nachrichten vom Typ update aktualisieren den

Fortschrittsbalken, und `newMin` und `newMax` setzen die entsprechenden Höhen-werte auf der Webseite ein. Alle anderen Nachrichten führen zum Aufruf der `showResult()`-Funktion, die die Dauer der Berechnung ermittelt und diese mit der Anzahl der Punkte auf dem Höhenprofil ausgibt.

Soll der Aufruf ohne Worker gestartet werden, wird die `onmessage()`-Funktion der externen JavaScript-Datei gestartet, wobei die `imgData`-Variable im `data`-Attribut eines JavaScript-Objekts verpackt wird. Das ist insofern praktisch, als der `postMessage()`-Aufruf beim Worker die Daten ebenfalls in einer solchen Struktur verpackt und wir den ausgelagerten Code nicht weiter anpassen müssen.

Die externe JavaScript-Datei `canvas_profile.js` beginnt mit der `onmessage()`-Funktion. In der hier gezeigten Schreibweise hat diese Funktion einen doppelten Nutzen: einerseits als Event-Handler für das `message`-Event des Workers und andererseits als globale Funktion, die wir ohne Worker aufrufen können. In ihr werden die zufälligen Punkte für die einzelnen Teilstrecken erzeugt.

```
onmessage = function(evt) {
...
  var p1 = [Math.round(Math.random()*(evt.data.width-1)),
            Math.round(Math.random()*(evt.data.height-1))];
  for (var i=1; i<evt.data.parts; i++) {
    var p2 = [Math.round(Math.random()*(evt.data.width-1)),
              Math.round(Math.random()*(evt.data.height-1))];
    var len = Math.sqrt((Math.pow(p2[0]-p1[0],2)
      +Math.pow(p2[1]-p1[1],2)));
    var profile = [];
    for (var j=0; j<len-1; j++) {
...
      var h = getHeight([x,y]);
```

Die Länge der Strecke in Pixel (`len`) zwischen den zwei zufälligen Punkten (`p1` und `p2`) errechnet sich mithilfe des *Satzes des Pythagoras*, wobei wir hier die JavaScript-Funktionen `Math.sqrt()` (zum Wurzelziehen) und `Math.pow()` (zum Quadrieren) verwenden. Anschließend läuft eine zweite Schleife über alle Pixel entlang dieser Strecke und extrahiert den Höhenwert aus dem Array.

```
var getHeight = function(p) {
  var pos = ((parseInt(p[1])*evt.data.width) +
             parseInt(p[0]));
  return evt.data.alpha[pos] * equidistance;
};
```

Um die gesuchte Position innerhalb des eindimensionalen Arrays der Alpha-Kanal-Werte zu bestimmen, müssen wir den y-Wert mit der Breite des Canvas multiplizieren und anschließend den x-Wert addieren. Dem aufmerksamen Leser wird noch ein Detail aufgefallen sein: Bevor wir den ermittelten Wert zurückgeben, wird dieser mit der Variable equidistance multipliziert. Die Ursache dafür ist, dass wir in einer 8-Bit-Bilddatei nur 256 verschiedene Werte pro Kanal speichern können. Nun weist der Großraum um Innsbruck aber eine größere Höhendifferenz als 256 Meter auf, weshalb die Höhenangabe in diesem PNG-Bild in Schritten von 20 Metern angegeben ist.

Sollte ein neuer Minimum-Wert entlang einer Profil-Linie gefunden werden, so wird das dem aufrufenden Script mitgeteilt:

```
if (h < min) {
  min = h;
  if (evt.data.useWorker) {
    postMessage({task:'newMin',min:min,id: evt.data.id});
  }
}
```

Gleiches gilt natürlich für neue Maximum-Werte. Am Ende jeder Schleife über alle Teilstrecken wird der Fortschrittsbalken aktualisiert, und sobald alle Teilstrecken errechnet sind, wird das Ergebnis, verpackt in der Variable d, an das Haupt-Script zurückgeschickt. Wird das Script als Worker ausgeführt, so werden die Daten mit postMessage() versendet, und ohne Worker wird das Ergebnis mit return an die aufrufende Funktion zurückgeben.

```
if (evt.data.useWorker) {
  postMessage({task:'update', status:i, id:evt.data.id});
}
...
if (evt.data.useWorker) {
  postMessage(d);
}
else {
  return {data:d};
}
```

Die clientseitige Analyse von Bilddaten spart Rechenkapazität auf dem Server und außerdem Netzwerk-Bandbreite. Eine ausreichende Hardware-Ausstattung auf dem Client vorausgesetzt, könnte man so Benutzern die Möglichkeit geben, Höhenprofile auf einem Bild mit Alpha-Kanal zu digitalisieren und diese dann in Echtzeit grafisch darzustellen.

Wenn Sie jetzt Lust auf Web Workers bekommen haben, dann vergessen Sie nicht, dass deren Einsatz mehr Ressourcen verbraucht als Scripts, die ohne Worker arbeiten. Vor allem der Datenaustausch mit Nachrichten zwischen dem Worker und dem aufrufenden Script ist langsamer als bei einem Script, das direkt Zugriff auf die Ressourcen hat.

Web Workers sind vor allem für große Web-Applikationen interessant, bei denen Prozesse im Hintergrund ablaufen, die die Benutzereingabe nicht blockieren sollen. Denken Sie zum Beispiel an das automatische Speichern, während Sie an einem Dokument arbeiten, oder an das Einfärben von Quelltext, während Sie diesen erstellen, wie das der Mozilla-Web-Editor *Skywriter* demonstriert.

11 Microdata

11.1 Ein ganz normaler Text ...

Dienstag, 23. Februar 2010, kurz vor halb neun Uhr abends. Pat Metheny betritt die Bühne des ausverkauften Deutschen Theaters in Fröttmaning bei München, auf der sich neben einem Perserteppich und schweren roten Vorhängen im Hintergrund noch ein Klavier, zwei Vibraphone, diverse Kleininstrument und eigenartige, an Orgelpfeifen, Apothekergläser oder Raketenwerfer erinnernde Gerätschaften befinden.

Die Szenerie mutet seltsam an, vermisst man doch die langjährigen Weggefährten des grenzgenialen Gitarristen: kein Antonio Sanchez am Schlagzeug, kein Steve Rodby am Bass und auch kein Lyle Mays am Piano. Statt der Pat Metheny Group aus Fleisch und Blut sieht man ein Heer an Mechaniken, Hämmerchen und Leuchtdioden, die dem je-weiligen Menschenersatz Leben einhauchen sollten. Spätestens nach dem obligaten

Solo-Set auf der 42-seitigen Gitarre, in dem Moment, als sich der rote Vorhang lüftet, wird die ganze Dimension des Unternehmens Orchestrion sichtbar: Ein faszinierender Abend des Staunens nimmt seinen Anfang.

So ähnlich könnte der Beginn einer fiktiven Konzertkritik in einem ebenso fiktiven Blog lauten: zwei Absätze voll an Informationen, die der Leser bzw. die Leserin während des Lesens automatisch filtert und miteinander in Beziehung setzt. So wird die Veranstaltung zeitlich und örtlich eingeordnet, Gegenstände, Instrumente und Ereignisse auf der Bühne werden erkannt und erwähnte Personen wie selbstverständlich als Musiker mit ihren jeweiligen Instrumenten identifiziert. Das menschliche Gehirn ist auf effizientes Filtern von Informationen trainiert, Computer sind es nicht und benötigen dazu Hilfe. Diese Hilfe läuft im Wesentlichen darauf hinaus, Relevantes zu markieren und miteinander in Beziehungen zu setzen.

Welche Informationen dabei von Bedeutung sind, hängt ganz davon ab, was wir aus dem Text herausfiltern wollen. Für einen Terminkalender sind der Name der Veranstaltung, deren Zeit und Ort relevant, für ein Adressbuch die Kontaktdaten der Musiker, und für die Suche nach neuen CDs zur Erweiterung der eigenen Musiksammlung brauchen Sie die Namen der Künstler und Bands. Eine Option, um die Quintessenz eines Textes im jeweiligen Kontext maschinenlesbar anzubieten, ist *Microdata* – eine sehr junges und durchaus emotional diskutiertes Feature von HTML5.

In den Augen vieler Kritiker steht Microdata in direkter Konkurrenz zu RDFa, dem Ressource Description Framework, einer weiteren Option zum Einbetten von Metadaten. Vor allem dessen enge Bindung an XHTML passt aber nur schwer in das Konzept von HTML5, in dem es wie bekannt nicht einmal *Namensräume* gibt, von denen RDFa allerdings massiv Gebrauch macht. Das Resultat des Tauziehens um die beiden Ansätze sind wenig überraschend zwei Spezifikationen, von denen Microdata sowohl als integrierte WHATWG-Version als auch als *Standalone*-Variante beim W3C vorliegt, wohingegen RDFa nur beim W3C beheimatet ist. Die Links zu den Spezifikationen lauten:

» *http://www.w3.org/TR/microdata/*

» *http://www.whatwg.org/specs/web-apps/current-work/multipage/links.html#microdata*

» *http://www.w3.org/TR/rdfa-in-html/*

Das *a* in RDFa steht für *attributes*, womit wir auch die große Gemeinsamkeit der beiden Techniken gefunden haben. Sowohl RDFa als auch Microdata bedienen sich eines Sets an Attributen, um Metadaten zu definieren. Im Fall von RDFa liegen diese Metadaten als Tripel aus Subjekt (*Pat Metheny*), Prädikat (*Musiker*) und Objekt (*Orchestrion*) vor; bei Microdata landen die Informationen in Schlüssel-Werte-Paaren wie *Pat Metheny : Musiker* oder *Pat Metheny : Orchestrion*. Welcher der beiden Ansätze sich durchsetzen wird, ist noch nicht abzusehen. Beide Techniken haben ihre Vor- und Nachteile und könnten eigentlich auch nebeneinander existieren. Da Microdata sich allerdings jetzt schon nahtlos in HTML5 einfügt, werden wir uns in diesem Abschnitt auch auf Microdata konzentrieren.

11.2 Die Syntax von Microdata

Wenn wir den eingangs vorgestellten Text nehmen und ein paar Links, ein Bild und die Signatur des Blog-Verfassers hinzufügen, dann erhalten wir den fertigen, fiktiven Blog-Eintrag, wie er in Abbildung 11.1 gezeigt ist. Er wird uns in der Folge bei der Erklärung der Syntax von Microdata begleiten.

Abbildung 11.1: Screenshot des fiktiven Blog-Eintrags zu Pat Methenys Orchestrion Tour

11.2.1 Die Attribute »itemscope« und »itemprop«

Zuerst muss jener Bereich abgesteckt werden, der für Mikrodaten überhaupt in Frage kommt. Üblicherweise bieten sich dafür Struktur gebende Elemente, aber auch Container-Elemente wir div oder p an – in unserem Beispiel fällt die Wahl auf ein article-Element, das den ganzen Blog-Eintrag umschließt. Das nötige Attribut, um den Gültigkeitsbereich einzugrenzen, beginnt wie alle anderen vier Microdata-Attribute mit *item*, ist vom Typ *boolean* und heißt item-scope.

```
<article itemscope>
...
</article>
```

Ganz im Sinne des Schlüssel-Werte-Paare-Konzepts definiert das itemscope-Attribut einen neuen Schlüssel, in der Spezifikation auch *item* genannt. Die dazugehörigen Werte liefern itemprop-Attribute, wobei *prop* für *properties* steht. Wollen wir alle Musiker im Fließtext als solche kennzeichnen, benötigen wir deshalb vier itemprop-Attribute, die wir an geeigneter Stelle anbringen. Sind dafür von Haus aus keine geeigneten Elemente verfügbar, müssen wir sie als span- oder div-Element zuerst erstellen. Aus »Pat Metheny« wird damit im HTML-Code »Pat Metheny«, eine Ergänzung, die das Text-Layout nicht beeinflusst und es nun erlaubt, beim span-Element auch ein itemprop-Attribut anzugeben. Im Gegensatz zu itemscope ist itemprop nicht vom Typ *boolean*, sondern definiert den Namen der jeweiligen Eigenschaft über seinen Attributwert.

```
<article itemscope>
... <span itemprop=Musiker>Pat Metheny</span> betritt ...
... <span itemprop=Musiker>Antonio Sanchez</span> am ...
... <span itemprop=Musiker>Steve Rodby</span> am ...
... <span itemprop=Musiker>Lyle Mays</span> am ...
</article>
```

Damit ist unser erstes Microdata-Beispiel komplett, und es stellt sich die Frage, wie diese Metadaten aus der Sicht des Spiders einer Suchmaschine, der den Blog-Eintrag indiziert, interpretiert werden könnten. Bei der Visualisierung der Datenstruktur hilft uns Philip Jägenstedts Live Microdata-Viewer, der ab jetzt kurz *Microdata-Viewer* genannt wird. Es handelt sich dabei um eine Online-Applikation, bei der wir Code-Fragmente mit Microdata-Inhalten in ein Text-Feld kopieren und anschließend verborgene Mikrodaten in JSON-Notation sichtbar machen können. Den folgenden Link sollten Sie sich am besten gleich als Lesezeichen speichern – wir werden ihn bei allen Code-Beispielen zum Testen benötigen:

» *http://foolip.org/microdatajs/live/*

Um lästiges Abtippen der Beispieltexte zu vermeiden, sind alle HTML-Code-Fragmente dieses Kapitels in einer Plain-Text-Datei online verfügbar und können so bequem in den Microdata-Viewer kopiert werden. Die einzelnen Fragmente sind dabei chronologisch nach ihrem Erscheinen im Kapitel angeführt. Der Link zur Datei lautet:

http://html5.komplett.cc/code/chap_microdata/fragments.txt

Kopieren wir das zweite HTML-Fragment aus der besagten Datei fragments. txt in Philip Jägenstedts Microdata-Viewer, so zeigt die JSON-Notation folgende Struktur:

```
{
  "items":[{
      "properties":{
        "Musiker":["Pat Metheny",
          "Antonio Sanchez",
          "Steve Rodby",
          "Lyle Mays"
        ]
      }
    }
  ]
}
```

Auf den ersten Blick mögen die vielen geschwungenen und eckigen Klammern Verwirrung stiften, sie verraten aber bei eingehender Betrachtung in anschaulicher Weise die Struktur der Metadaten. Jeder Eintrag (*»items«*) besteht somit aus einem Array an Eigenschaften (*»properties«*), die sich ihrerseits wiederum aus Schlüssel-Werte-Paaren mit dem Namen der Eigenschaft als Schlüssel (*»Musiker«*) und den dazugehörigen Werten (*»Pat Metheny«*, *»Antonio Sanchez«*, *»Steve Rodby«*, *»Lyle Mays«*) als Array zusammensetzen.

Einige HTML-Elemente definieren, sobald ihnen ein itemprop-Attribut zugewiesen ist, automatisch den Wert des angegebenen Schlüssels. Nehmen wir zum Testen beim Microdata-Viewer das Schmuckbild des Blog-Eintrags, und geben wir ihm ein itemprop-Attribut *Bild*:

```
<article itemscope>
  <img itemprop=Bild src=icons/orchestrion.jpg alt=...>
</article>
```

Damit erhalten wir automatisch den Wert des src-Attributs als Wert für den Schlüssel *Bild*. Zusätzlich zum img-Element gibt es eine Reihe weiterer Elemente, auf die dieses Verhalten zutrifft. Welche das genau sind, das zeigt Tabelle 11.1.

Attribut	Element(e)
src	audio, embed, iframe, img, source, video
href	a, area, link
datetime	time
content	meta
data	object

Tabelle 11.1: Elemente mit speziellen »itemprop«-Werten

Wenden wir uns wieder dem Spider zu, der gerade unser mit Mikrodaten gefülltes Blog indiziert. Viel wird er mit den Einträgen *Musiker* und *Bild* nicht anfangen können. Das liegt daran, dass wir hier ein eigenes Microdata-Vokabular definiert haben, das eben nur wir kennen. Um Microdata sinnvoll einsetzen zu können, bedarf es aber standardisierter Dialekte, die von unserem Spider ebenso erfasst werden können wie von einem intelligenten Mail-Programm, das automatisch als Microdata kodierte E-Mail-Adressen extrahiert, wenn Sie eine URL in sein Adressbuch ziehen, oder von einem Terminkalender, der auf dieselbe Weise Termine erkennt.

11.2.2 Das »itemtype«-Attribut

Auf der Suche nach standardisierten Dialekten müssen wir nicht weit gehen. Die Microdata-Spezifikation bei der WHATWG enthält schon drei davon: *vCard* für Kontaktinformationen, *vEvents* für Termine von Ereignissen und einen dritten zur Angabe von Lizenzen eines Werkes. Eine Vielzahl weiterer Dialekte finden Sie bei der Microformats-*Community* unter *http://microformats.org/*, dort allerdings nicht im Microdata-, sondern im Microformats-Schema, das regen Gebrauch von class- und rel-Attributen zur Bestimmung der Metadaten-Struktur macht.

Mit dem Attribut itemtype legen Sie fest, dass vorliegende Mikrodaten einem standardisierten Vokabular folgen. Als Attributwert erwartet itemtype eine URL zum entsprechenden Standard. Bei vCard und vEvent zeigt sich die enge Beziehung zwischen Microdata und Microformats, verweisen doch beide Profile direkt dorthin:

» *http://microformats.org/profile/hcard*

» *http://microformats.org/profile/hcalendar#vevent*

Versuchen wir nun, ein vEvent für das Konzert in unserem Blog-Eintrag zu kodieren. Dazu müssen wir den richtigen itemtype hinzufügen und dann gemäß der Vorgabe der hcalender-Spezifikation die itemprop-Attribute befüllen:

```
<article itemscope
 itemtype=http://microformats.org/profile/hcalendar#vevent>
 <time itemprop=dtstart
  datetime="2010-02-23T20:30:00+01:00">
  Dienstag, 23. Februar 2010, kurz vor halb neun Uhr abends
 </time> ...
 <span itemprop=location>Deutschen Theaters</span> in
 <span itemprop=location>Fröttmaning bei München</span>...
 <span itemprop=summary>Orchestrion</span> ...
</article>
```

Kopieren wir dieses Microdata-Fragment in den Microdata-Viewer, sehen wir neben der JSON-Notation auch eine weitere Ausgabeoption, diesmal im *iCal*-Format, das sich nahtlos in den eigenen Kalender importieren ließe.

```
BEGIN:VCALENDAR
PRODID:jQuery Microdata
VERSION:2.0
BEGIN:VEVENT
DTSTAMP;VALUE=DATE-TIME:2010825T10497Z
DTSTART;VALUE=DATE-TIME:20100223T203000+0100
LOCATION:Deutschen Theaters
LOCATION:Fröttmaning bei München
SUMMARY:Orchestrion
END:VEVENT
END:VCALENDAR
```

Als Basis für die Konvertierung von Microdata in das iCal-Format dient Philip Jägenstedts JavaScript-Bibliothek microdatajs, die zugleich auch Herzstück des Microdata-Viewers ist. Online steht sie unter folgendem Link zum Herunterladen bereit:

» *http://gitorious.org/microdatajs*

301

Bei dieser Gelegenheit können wir auch gleich noch die Lizenz für diese Bibliothek als Microdata-Struktur schreiben. Die Regeln für das Vokabular stehen in der WHATWG-Version der Microdata-Spezifikation im Abschnitt *Licensing works* und verlangen als `itemtype` die URL *http://n.whatwg.org/work* sowie die Keywords `work`, `title`, `author` und `license` als *itemprop*-Attribute.

```
<div itemscope itemtype=http://n.whatwg.org/work>
<a itemprop=work
 href="http://gitorious.org/microdatajs">
 <span itemprop=title>microdatajs</span></a> von
<span itemprop=author>Philip Jägenstedt</span>
<a itemprop=license
 href=http://creativecommons.org/licenses/publicdomain/>
 (<span>Public Domain</span>)</a>
</div>
```

Das nächste Beispiel zeigt, wie Microdata-Dialekte kombiniert eingesetzt werden können. Im Rahmen einer Konzertkritik im hReview-Dialekt ist es sinnvoll, die Veranstaltung als `vEvent` und den Verfasser der Kritik als `vCard` zu kodieren. Die Technik beim Verschachteln von Dialekten ist dabei denkbar einfach. Möchten wir zum Beispiel das `itemProp`-Attribut `reviewer` im hReview-Dialekt als `vCard` definieren, müssen wir nur ein `itemScope`-Attribut mit dem `itemType` des `vCard`-Dialekts beim selben Element anbringen und dann die gewünschten Einträge der `vCard` hinzufügen. Gleiches gilt beim Einbetten von `vEvent` in `hReview` und kann mit folgendem Code-Fragment im Microdata-Viewer getestet werden:

```
<article itemscope
 itemtype=http://microformats.org/wiki/hreview>
 <div
  itemprop=item itemscope
  itemtype=http://microformats.org/profile/hcalendar#vevent>
  <span itemprop=summary>Orchestrion</span>,
  <time itemprop=dtstart
   datetime="2010-02-23T20:30:00+01:00">23. Februar 2010
  </time>:
 </div>
 <span itemprop="summary">Ein faszinierender Abend</span>
 mit <span itemprop="rating">5</span> von 5 Sternen.
 <div itemprop=reviewer itemscope
  itemtype=http://microformats.org/profile/hcard>
  <span itemprop=fn>Nicos Thassofilakas</span>,
  <a href=http://openweb.cc itemprop=url>openWeb.cc</a>
 </div>
</article>
```

11.2.3 Das »itemid«-Attribut

Sobald eine Microdata-Struktur über ein itemtype-Attribut verfügt, dürfen Einträge im verwendeten Dialekt mithilfe des itemid-Attributs mit eindeutigen Kennungen versehen werden. Beispiele für solche Kennungen sind die ISBN (*International Standard Book Number*) bei Büchern, die EAN (*European Article Number*) zur Produktkennzeichnung oder die ASIN (*Amazon Standard-Identifikationsnummern*) im Rahmen von Bestellungen bei Amazon.

Gültige Werte für das itemid-Attribut sind URLs, zu denen auch Uniform Resource Names (URN) mit dem Präfix urn: zählen. Unter Verwendung eines fiktiven Vokabulars zur Beschreibung von Büchern könnte die Tabulatur zu Pat Methenys Solo-Album *One Quiet Night* auf diese Weise über ihre ISBN-Nummer eindeutig identifiziert werden:

```
<div itemscope
    itemtype=http://vocab.example.net/book
    itemid="urn:isbn:978-0634066634">
<span itemprop=album>One Quiet Night</span> von
<span itemprop=artist>Pat Metheny</span>
(<time itemprop=pubdate datetime=2005-04-01>2005</time>,
<span itemprop=pages>88</span> Seiten)
</div>
```

11.2.4 Das »itemref«-Attribut

Oft ist es nicht möglich, alle gewünschten Microdata-Informationen in einem einzigen Container-Element unterzubringen. Bei unserem Blog-Eintrag liegt das itemscope-Attribut beim umgebenden article-Element, und alle dazugehörigen itemProp-Attribute befinden sich innerhalb des Artikels. Wenn Sie itemProp-Attribute außerhalb des article-Elements mit einbeziehen wollen, können Sie itemref-Attribute verwenden. Sie beinhalten eine kommagetrennte Liste mit IDs von Elementen, in denen zusätzlich nach Microdata-Inhalten gesucht werden soll. Die Bindung des itemscope-Attributs an ein Container-Element kann damit gänzlich aufgelöst werden.

```
<article>
 <div id=location>
  <span itemprop=Mitglied>Pat Metheny</span>
 </div>
 <div id=intro>
  <span itemprop=Mitglied>Antonio Sanchez</span>
```

```
  <span itemprop=Mitglied>Steve Rodby</span>
  <span itemprop=Mitglied>Lyle Mays</span>
  <span itemprop=Band>Pat Metheny Group</span>
 </div>
</article>
<div itemscope itemref="location intro"></div>
```

In diesem Beispiel sind die beiden Absätze des Blog-Eintrags in zwei div-Elemente mit den IDs *location* und *intro* aufgeteilt. Innerhalb dieser div-Elemente werden über itemProp-Attribute die einzelnen Musiker als Mitglieder der Band *Pat Metheny Group* ausgewiesen. Das itemScope-Attribute selbst liegt aber außerhalb des Artikels und verweist mithilfe des itemref-Attributs auf die IDs jener Bereiche, in denen sich die eigentliche Information befindet. Bei komplizierten Microdata-Strukturen kann diese Option äußerst hilfreich sein.

11.3 Die Microdata DOM-API

Wie nicht anders zu erwarten, kann die Microdata-Struktur eines Dokuments auch über JavaScript mithilfe der *Microdata DOM-API* erkundet werden.

Der Zugriff auf alle *Top-level*-Microdata-Items (das sind jene Items, die ein itemScope-Attribut besitzen und nicht selbst Teil eines anderen Items sind) erfolgt über die Methode document.getItems(). Sie liefert als Resultat eine *DOM-NodeList* der gefundenen Elemente in der Reihenfolge ihres Erscheinens im DOM-Baum zurück. Sind wir nur an Items eines bestimmten Typs interessiert, könnten wir beim getItems-Aufruf auch eine kommagetrennte Liste gewünschter itemType-Attribute übergeben:

```
var allNodes = document.getItems();
var vCards = document.getItems(
  'http://microformats.org/profile/hcard'
);
```

Jedes Element der resultierenden *NodeList* ermöglicht den Zugriff auf die beim jeweiligen Element vorhandenen zusätzlichen Microdata-Attribute. Tabelle 11.2 listet die Attribut-Namen sowie deren Inhalt auf.

Attribut	Inhalt
itemScope	Wert des itemScope-Attributs
itemType	Wert des itemType-Attributs, sofern es vorhanden ist
itemId	Wert des itemId-Attributs, sofern es vorhanden ist
itemRef	Wert des itemRef-Attributs, sofern es vorhanden ist

Tabelle 11.2: Attribute eines Top-level-Microdata-Items

Ausgehend vom jeweiligen *Top-level*-Item, können wir uns dann zu den mit item-Prop definierten Eigenschaften vorarbeiten. Wir finden sie in item.properties, der sogenannten HTMLPropertiesCollection, die über weitere Interfaces den Zugang zu den Schlüssel-Werte-Paaren jeder Eigenschaft erlaubt. Die Sortierung der Elemente bestimmt wiederum die Position im DOM-Baum. Tabelle 11.3 zeigt die dazu nötigen Attribute und Methoden sowie deren Inhalt.

Attribut/Methode	Inhalt
length	Die Anzahl der Elemente einer Kollektion
item(index)	Das Element der Kollektion an der Stelle *index*
namedItem(name)	Eine Kollektion, bestehend aus jenen Elementen, deren itemProp-Attribut den Wert *name* besitzt
namedItem(name). values	Ein Array mit den Inhalten aller itemProp-Attribute, deren Wert *name* lautet
names	Eine DOMStringList aller in der Kollektion vorkommenden itemProp-Attribut-Werte
names.length	Die Anzahl der itemProp-Attribut-Werte
names.item(index)	Der Name des itemProp-Attribut-Wertes an der Stelle *index*
names.contains(name)	Ein *Boolean*-Attribut zum Testen, ob die Zeichenkette *name* als itemProp-Attribut-Wert vorhanden ist

Tabelle 11.3: Attribute und Methoden der »HTMLPropertiesCollection«

Das letzte Attribut der Microdata DOM-API ist itemValue. Es ermöglicht den Zugang zum Inhalt von Elementen, die ein itemProp-Attribut besitzen. Handelt es sich beim betroffenen Element in einer Variablen elem um einen Container, wie zum Beispiel article, div oder span, dann repräsentiert elem.itemValue den jeweiligen Textinhalt, der auch verändert werden kann.

Vorsicht ist geboten, wenn verschachtelte Items ins Spiel kommen, denn dann besitzt das betroffene Element auch ein `itemScope`-Attribut, und der Inhalt des Elements muss eigenständig, quasi als *Top-level*-Item interpretiert werden. Die Spezifikation trägt dem Rechnung und verlangt, dass in diesem Fall `elem.item-Value` ein neues Item-Objekt zur Verfügung stellt.

Ein zweiter und letzter Sonderfall betrifft HTML-Elemente, die Sie im Abschnitt über `itemProp`-Attribute schon als Elemente mit Sonderstatus kennengelernt haben. `a`, `src`, `time`, `meta` oder `object` fallen in diese Kategorie und belegen `elem.itemValue` im Gegensatz zur üblichen Praxis mit ihrem `href-`, `src-`, `datetime-`, `content-` oder `data-`Attribut. Die Liste aller Vertreter dieser Kategorie finden Sie in Tabelle 11.1.

Leider unterstützte zu dem Zeitpunkt, als dieses Buch geschrieben wurde, noch kein Browser die Microdata DOM-API – ein Manko, das Philip Jägenstedts JavaScript- Bibliothek `microdatajs` einigermaßen wettmachen kann, erlaubt diese doch schon jetzt, sich dem Thema Microdata auch von der Scripting-Seite her zu nähern. Es bleibt abzuwarten, ob Microdata sich endgültig etablieren kann.

12

Einige globale Attribute zum Schluss

Im letzten Kapitel werden wir uns mit einigen auf den ersten Blick unscheinbar anmutenden globalen Attributen des `HTMLElement`-Interfaces beschäftigen. Als roten Faden verwenden wir die Entwicklung eines einfachen Spiels, das ähnlich wie die Auswahlaufgaben der bekannten *Millionenshow* das Einordnen von Begriffen nach vorgegebenen Kriterien verlangt. *1-2-3-4!* soll es heißen, und es soll die Hauptstädte der 27 EU-Mitgliedsstaaten zum Thema haben. Können Sie die Hauptstädte nach Einwohnerzahl ordnen? Wissen Sie, welche Stadt weiter nördlich, südlich, westlich oder östlich liegt? Wenn nicht, sind Sie am Ende dieses Kapitels bestimmt in der Lage dazu.

HINWEIS

Das Spiel wird aus einem HTML-, Script- und CSS-Teil bestehen. Alle drei Komponenten stehen natürlich auch online zum Ausprobieren und Nachsehen unter folgenden Links zur Verfügung:

HINWEIS

» *http://html5.komplett.cc/code/chap_global/1234.html*

» *http://html5.komplett.cc/code/chap_global/1234.js*

» *http://html5.komplett.cc/code/chap_global/1234.css*

12.1 Neuigkeiten beim »class«-Attribut

Als Erstes widmen wir uns einer neuen DOM-Methode des HTMLElement-In-
terfaces, die uns das bequeme Zugreifen auf Elemente nach dem Inhalt ihres
jeweiligen class-Attributs ermöglicht: document.getElementsByClassName(). Die
Verwendung ist denkbar einfach und sieht so aus:

```
var questions = doucment.getElementsByClassName('q');
```

Damit erhalten wir eine nach Position im DOM-Baum geordnete Liste mit allen
Elementen, deren class-Attribut den Wert q beinhaltet. Besteht diese Liste zufällig aus li-Elementen mit den Namen der Hauptstädte, ist der erste Schritt
zur Implementierung unseres Spiels getan: Eine Live-Referenz auf die Spielob-
jekte ist in der Variable questions gesetzt. Sie spiegelt jederzeit den aktuellen
Status der einzelnen li-Elemente wider.

```
<li id=de class=q>Berlin</li>
<li id=at class=q>Wien</li>
<!-- und 25 weitere -->
```

Der Zugriff auf die einzelnen li-Elemente kann auf zwei Arten erfolgen: zum
einen über den Offset in der Liste und zum anderen über einen Namen, wobei
damit nicht der Inhalt des Knotens, sondern der Wert eines vorhandenen id-
oder name-Attributs gemeint ist.

```
questions.item(1).innerHTML          => Wien
questions.namedItem('de').innerHTML  => Berlin
```

Die Länge der Liste findet sich in questions.length, womit der Offset für
item(i) Werte von 0 bis questions.length-1 einnehmen darf. Anstelle eines id-
Attributs kann bei Elementen mit name-Attributen, wie zum Beispiel form, über
namedItem(str) auch nach Werten in diesem Attribut gesucht werden.

Wenn Sie nach mehreren Klassen suchen wollen, müssen Sie nur die gewünschten Werte durch Leerzeichen getrennt beim Methodenaufruf übergeben. Am fiktiven Beispiel eines Obstladens könnte die Suche nach Früchten, die

als *Schmeckt mir!*-Kriterium *rot* oder *Apfel* definieren, mit folgender Anweisung erfolgreich sein:

```
var mmm = document.getElementsByClassName('rot Apfel');
```

Damit finden wir alle roten Früchte, alle Äpfel und natürlich auch einen roten Apfel.

12.2 Beliebige »private« Attribute mit »data-*«

War es bisher in HTML nicht möglich, im Rahmen seiner Applikation Attribute frei zu definieren, bietet die HTML5-Spezifikation jetzt einen Mechanismus, um genau dies zu tun – das `data-*`-Attribut. Die Verwendung ist denkbar einfach und verlangt lediglich, dass das gewünschte Attribut mit dem Präfix `data-` versehen wird. Die Einschränkungen bei der Namensgebung sind gering: So muss der Attributwert mindestens 1 Zeichen lang sein, und es dürfen keine Großbuchstaben vorkommen. Am Beispiel des Dateneintrags für eine der 27 Hauptstädte unseres Spiels könnten `data`-Attribute für Einwohnerzahl, geografische Lage und dazugehöriges Land so aussehen:

```
<li id=at class=q
    data-bev=1705080
    data-geo-lat=48.20833
    data-geo-lng=16.373064
    data-country='Österreich'>Wien</li>
```

Wie können Sie jetzt auf Ihre privaten Attribute zugreifen? Eine Möglichkeit wäre die klassische `getAttribute()`- und `setAttribute()`-Methode, doch die Spezifikation hat Besseres zu bieten – die `dataset`-Eigenschaft. Sie erlaubt es, alle `data`-Attribute eines Elements über `element.dataset` abzufragen und zu setzen:

```
var el  = q.namedItem('at');
var bev = el.dataset.bev;     // 1705080
var lat = el.dataset.geoLat;  // 48.208
var lng = el.dataset.geoLng;  // 16.373
var ctr = el.dataset.country; // Österreich
// und zwei Jahre später vielleicht ...
el.dataset.bev = 1717034;
```

Spätestens in der dritten Zeile, bei `el.dataset.geoLat`, wird klar, dass Bindestriche bei `data`-Attributen eine besondere Bedeutung haben, denn nur so ist zu erklären, warum aus `data-geo-lat` plötzlich `dataset.geoLat` wird. Bindestriche werden nämlich durch den in Großbuchstaben umgewandelten nächstfolgenden Buchstaben ersetzt – der Fachausdruck für diese Art der Großschreibung ist *CamelCase*. Damit ist auch klar, warum in `data`-Attributen keine Großbuchstaben erlaubt sind: Sie könnten beim Ersetzen der Bindestriche zu unerwarteten Problemen führen.

Leider ist es um die Unterstützung von `element.dataset` noch nicht sehr gut bestellt. Zu dem Zeitpunkt, als dieses Buch geschrieben wurde, implementierte nur WebKit in seinen *Nightly builds* die `dataset`-DOM-Eigenschaft. Als Workaround für dieses Manko verwendet das Spiel Remy Sharps *html5-data.js*, einen JavaScript-*Shim,* der zumindest das Lesen von `data`-Attributen ermöglicht. Zum Setzen muss die gute alte `setAttribute()`-Methode herhalten.

12.3 Das »hidden«-Attribut

Bei der *HTML Working Group* wirbelte das `hidden`-Attribut viel Staub auf: Es brachte es immerhin bis zum *ISSUE*-Status mit einem anschließenden *Straw Poll for Objections* und wurde erst durch einen Entscheid der Vorsitzenden der HTML Working Group endgültig abgesegnet. Der Grundtenor der Kritiker lautet: `hidden` ist überflüssig. Für uns wird sich allerdings gleich zeigen, dass das `hidden`-Attribut durchaus gut einsetzbar ist, denn die Auswahl der Spielfragen wird über `hidden` gelöst werden. Der Algorithmus dabei ist schnell erklärt: Zuerst verstecken wir alle Einträge mit `hidden` und zeigen dann vier zufällig ausgewählte Einträge wieder an. Der dazu passende JavaScript-Code sieht so aus:

```
var showRandomNItems = function(q,n) {
  var show = [];
  for (var i=0; i<q.length; i++) {
    q.item(i).hidden = true;
    show.push(i);
  }
  show.sort(function() {return 0.5 - Math.random()});
  for (var i=0; i<n; i++) {
    q.item(show[i]).hidden = false;
  }
};
```

Als Argumente übergeben wir der Funktion `showRandomNItems()` die Liste mit `li`-Elementen in der Variablen `q` sowie die gewünschte Anzahl an Elementen, die gezeigt werden soll, in `n`. Dann verstecken wir alle Einträge mit `hidden=true` und füllen gleichzeitig ein neues Array mit den Indizes von 0 – q.length. Dieses Array sortieren wir dann zufällig und decken die gewünschte Anzahl n an Hauptstädten wieder auf – dem Zusatzfeature *Anzahl der Städte wählen!* steht damit nichts mehr im Wege.

12.4 Das »classList«-Interface

Mit `getElementsByClassName()` haben wir bereits eine erste Möglichkeit kennengelernt, mit dem globalen `class`-Attribut zu arbeiten, und das `classList`-Interface ist eine zweite. Damit können alle Werte eines `class`-Attributs in einer sogenannten `DOMTokenList` über die Methoden `item()`, `contains()`, `add()`, `remove()` und `toggle()` verwaltet werden. Nehmen wir als Beispiel wieder das `class`-Attribut eines Produkts in unserem fiktiven Obstladen:

```
<li class="rot Apfel">
```

Über `li.classList` sind damit folgende Eigenschaften bekannt:

```
li.classList.length           => 2
li.classList.item(0)          => rot
li.classList.item(1)          => Apfel
li.classList.contains('rot')  => true
li.classList.contains('Apfel') => true
li.classList.contains('bio')  => false
```

Haben wir beim Auspreisen das Bio-Schild vergessen, können wir unserem roten Bio-Apfel dieses nachträglich zuweisen:

```
li.classlist.add('bio')
li.classList.item(2) => bio
```

Die weit gereiste Banane aus Ecuador im Nebenregal wurde fälschlicherweise als biologisch eingestuft – die Behebung dieses Fehlers ist einfach:

```
banana.classList.remove('bio')
```

Für Brot, das am Morgen frisch und am Abend nicht mehr ganz so frisch ist, könnten wir `toggle()` einsetzen, um den jeweiligen Zustand anzuzeigen:

```
// am Morgen frisch vom Bäcker
brot.classlist.add('frisch')
// am späten Nachmittag
brot.classList.toggle('frisch')
brot.classList.contains('frisch')    => false
```

```
// und am nächsten Morgen nach der neuen Lieferung
brot.classList.toggle('frisch')
brot.classList.contains('frisch')   => true
```

Im *1-2-3-4!*-Spiel werden wir `classList` zur Anzeige von *richtig* oder *falsch* bei der Reihung verwenden. Bevor wir uns mit dem Kernstück des Spiels, der Drag&Drop-Funktionalität beschäftigen, wollen wir noch kurz das Layout des Spiels etwas anpassen und links von der Städteliste vier Bereiche hinzufügen, in denen die tatsächliche Reihung stattfinden wird. Alle vier `li`-Elemente erhalten analog zu `q` für *question* bei der Auswahl nun die Klasse `a` für *answer* sowie Unicode-Zeichen zur Nummerierung im Bereich von `&#2776;` bis `&#2779;` – sogenannte *DINGBAT NEGATIVE CIRCLED DIGITS:*

```
<ol>
<li class=a>&#x2776;</li>
<li class=a>&#x2777;</li>
<li class=a>&#x2778;</li>
<li class=a>&#x2779;</li>
</ol>
```

Mit einigen wenigen zusätzlichen CSS-Formaten finalisieren wir die statische Grundversion des Spiels. Abbildung 12.1 zeigt das Basis-Layout. Die Online-Version finden Sie unter:

http://html5.komplett.cc/code/chap_global/1234_static.html

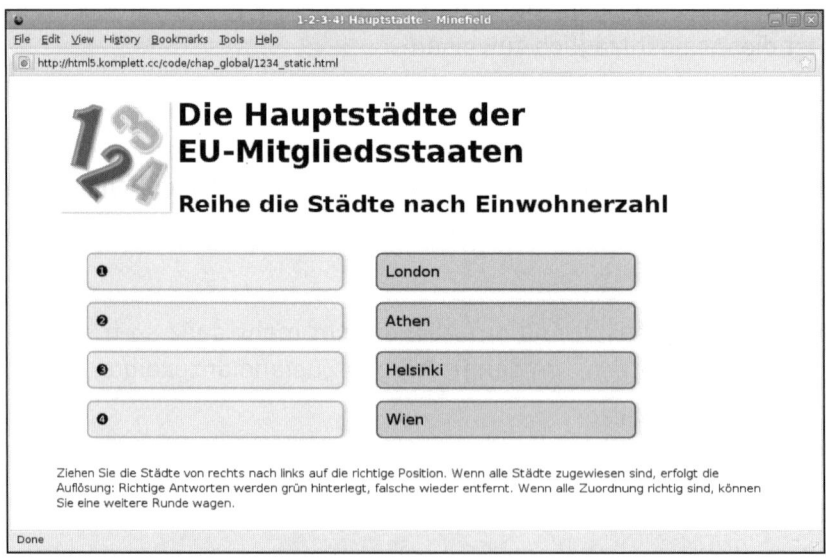

Abbildung 12.1: Statisches Basis-Layout des 1-2-3-4!-Spiels

Wie der Ausdruck *Minefield* in der Titelleiste von Abbildung 12.1 andeutet, wurde der Screenshot mit einem *Nightly build* von Firefox 4 erzeugt, denn nur ab dieser Browser-Version sind die Voraussetzungen für das Spiel gegeben. Mit Ausnahme von `data-*`, für das wir wie bereits erwähnt Remy Sharps JavaScript-*Shim* verwenden, sind alle nötigen Attribute und Methoden in Firefox 4 implementiert.

12.5 Drag&Drop mit dem »draggable«-Attribut

Drag&Drop im Browser ist eigentlich nichts Neues, denn bereits 1999 verfügte der Internet Explorer, damals in Version 5.0, über diese Funktionalität. Auf Basis der IE-Implementierung wurde Drag&Drop dann Mitte 2005 in die Spezifikation aufgenommen und ist heute mit Ausnahme von Opera in allen gängigen Browsern verfügbar.

Die Checkliste für die Implementierung einer klassischen Drag&Drop-Operation, wie wir sie im Spiel zum Reihen der Städte nach Einwohnerzahl vornehmen werden, umfasst folgende Aufgaben:

» Auswählen der Elemente, die gezogen werden dürfen

» Bestimmen der Daten, die im Hintergrund mitgezogen werden sollen, sobald der Drag&Drop-Vorgang eingeleitet ist

» Festlegen, an welchen Stellen das gezogene Element abgelegt werden darf

» Extrahieren der Daten, sobald der Benutzer den Drag&Drop-Vorgang bei einem gültigen Zielobjekt beendet

Zur Erfüllung der ersten Aufgabe steht das globale `draggable`-Attribut zur Verfügung. Es weist über `draggable=true` das jeweilige Element als Kandidat für das Ziehen an eine andere Position aus. Zwei HTML-Elemente sind von Haus aus schon als `draggable` definiert: das `img`-Element und das `a`-Element, sofern es ein `href`-Attribut besitzt. Damit war es auch bisher schon möglich, Links oder Bilder auf den Desktop zu ziehen und damit bequem zu speichern. Wollen wir Drag&Drop bei diesen Elementen verhindern, können wir `draggable=false` verwenden.

Um einen Eintrag der Städteliste des Spiels für Drag&Drop vorzubereiten, müssen wir zuerst das `draggable`-Attribut hinzufügen und auf *true* stellen.

```
<li id=be draggable=true>Brüssel</li>
```

Drag&Drop-Operation sind kein Selbstzweck, sondern verfolgen auch ein Ziel: Bestimmte Informationen sollen von einem Ort zum anderen transferiert werden. Welche Informationen das sind, muss beim Start der jeweiligen *Drag*-Operation festgelegt werden, weshalb wir jedem Listeneintrag unserer Städteliste einen dragstart-Event-Handler hinzufügen. Er ruft die Callback-Funktion startDrag() auf und übergibt ihr im Argument event das sogenannte DragEvent gleich mit:

```
<li id=be draggable=true
    ondragstart="startDrag(event)">Brüssel</li>
```

Dieses DragEvent spielt eine zentrale Rolle bei Drag&Drop, erschließt es doch über sein *readonly*-Attribut dataTransfer das DataTransfer-Interface der Drag&Drop-API, in dem alle nötigen Methoden und Attribute für Drag&Drop verfügbar sind. Eine Methode davon ist setData(format, data). Sie legt fest, welche Daten beim Ziehen von A nach B im Hintergrund quasi mitgezogen werden sollen. In unserem Fall ist es die ID im Format *text*. Über sie werden wir später auf die Ausgangsdaten zugreifen können.

```
var dragStart = function(evt) {
  evt.dataTransfer.setData('text',evt.target.id);
};
```

Ab diesem Zeitpunkt kann der Listeneintrag gezogen werden – offen bleibt allerdings, wo wir ihn ablegen werden. Es wäre hilfreich, wenn analog zum draggable-Attribut auch ein droppable-Attribut verfügbar wäre – leider ist dem aber nicht so, weshalb wir zum erfolgreichen Ablegen nicht weniger als drei Events benötigen: dragenter, dragover und drop. Zwei davon müssen seltsamerweise abgebrochen werden, damit das dritte und wichtigste Event auch tatsächlich ausgelöst wird. Der HTML-Code für einen der Listeneinträge im linken Bereich des Spiels, in dem die Städte gereiht werden, verrät, welche es sind:

```
<li ondragenter="return false;"
    ondragover="return false;"
    ondrop="drop(event)">&#x2776;</li>
```

Die beiden Events dragenter und dragover existieren also hauptsächlich dazu, um Folgendes zu signalisieren: *An dieser Stelle darf abgelegt werden!* In unserem Fall erfolgt der Abbruch mit return false sofort. Würden wir zwei Callback-Funktionen verwenden, könnten wir noch zusätzliches User-Feedback geben, wie zum Beispiel: *Hier können Sie ablegen!* bei dragenter oder *Sind Sie sich sicher, dass das stimmt?* bei dragover. Zum Abbrechen des Events in der

Callback-Funktion verwenden wir dann aber nicht return false, sondern evt .preventDefault() – die Wirkung ist die gleiche, das drop-Event wird ausgelöst.

Damit sind wir bei der letzten Aufgabe der Checkliste angelangt, dem Extrahieren der Daten und Umsetzen der Spiellogik beim ondrop-Event. Der Callback-Funktion drop() übergeben wir wieder das DragEvent im Argument event und greifen dann mit getData() auf die bei dragstart gespeicherte ID zu.

```
var drop = function(evt) {
  var id = evt.dataTransfer.getData('text');
  var elemQ = questions.namedItem(id);
  var elemA = evt.target;
  elemA.setAttribute("data-id",id);
  elemA.setAttribute("data-bev",elemQ.dataset.bev);
  elemA.innerHTML = elemQ.innerHTML;
  // weiter in der Spiellogik
};
```

Mithilfe der ID können wir über questions.namedItem(id) direkt auf das Quellobjekt zugreifen, dessen Einwohnerzahl als data-Attribut im Zielobjekt zwischenspeichern und seinen Städtenamen als Beschriftung verwenden. Die beiden Variablen elemQ und elemA sind *Shortcuts* für die beiden beteiligten li-Elemente. Wir erinnern uns, dass Remy Sharps JavaScript-*shim* für data-Attribute leider nur lesend funktioniert, weshalb wir anstelle des eleganteren elemA.dataset.id=id das bestens bekannte elemA.setAttribute("data-id",id) zum Speichern der Werte verwenden.

Als Teil der Spiellogik werden an dieser Stelle auch die beiden betroffenen Schaltflächen deaktiviert, und es wird visuelles Feedback gegeben – beides über CSS-Klassen, die mit classList.add() bequem hinzugefügt werden können. Die zusätzlichen Einträge in der Funktion drop() sind:

```
elemQ.classList.add('qInactive');
elemA.classList.add('aInactive');
```

Die entsprechenden Formate im CSS-Stylesheet lauten:

```
.qInactive {
  pointer-events: none;
  color: #AAA;
  background-color: #EEE;
  border-color: #AAA;
}
.aInactive {
```

```
  pointer-events: none;
  background-color: hsl(60,100%,85%);
  border-color: hsl(60,100%,40%);
}
```

An dieser Stelle des Spiels wird überprüft, ob alle Städte in der Reihenfolge ihrer Einwohnerzahl zugewiesen sind. Korrekte Antworten werden grün markiert. Falsche Antworten werden zurückgesetzt und stehen dann für einen weiteren Zuweisungsversuch zur Verfügung. Für die Farbänderung bei richtigen Antworten kommt wieder `classList.add()` zum Einsatz; das entsprechende CSS-Format sieht so aus:

```
.aCorrect {
  background-color: hsl(75,100%,85%);
  border-color: hsl(75,100%,40%);
}
```

Sobald alle Antworten richtig sind, wird der Spielerin bzw. dem Spieler gratuliert, und beim Klick auf die Neu Starten-Schaltfläche werden vier weitere, zufällig ausgewählte Städte zum Spielen angeboten. Wem Einwohnerzahlen zu langweilig sind, der kann aus dem Pulldown-Menü zwei weitere Spielmodi wählen: das Ordnen der Städte nach geografischer Lage von *Norden nach Süden* beziehungsweise von *Osten nach Westen*. Die Details zur JavaScript- und CSS-Implementierung entnehmen Sie bitte den folgenden Links:

» *http://html5.komplett.cc/code/chap_global/1234.js*

» *http://html5.komplett.cc/code/chap_global/1234.css*

Das fertige Spiel in Aktion zeigt Abbildung 12.2. Wenn Sie es weiter ausbauen wollen, sollten Sie sich gleich an die Arbeit machen und die bereits angesprochene Erweiterung *Anzahl der Städte wählen!* implementieren. Die statische Liste auf der linken Seite müsste dann natürlich dynamisch generiert werden. *Viel Spaß!*

Wir wollen uns wieder unserem eigentlichen Thema, Drag&Drop, zuwenden, denn nach diesem einfachen, praktischen Beispiel sind noch einige Details offen – so zum Beispiel drei weitere Events, die bei Drag&Drop-Operationen zur Verfügung stehen: `drag`, `dragend` und `dragleave`. So wird während des Ziehens im Abstand von 350 ms (±200 ms) ein `drag`-Event und nach dem Ablegen ein `dragend`-Event erzeugt. Das dritte Event, `dragleave`, betrifft das Zielobjekt und tritt beim Verlassen eines potenziellen Ablagebereichs auf.

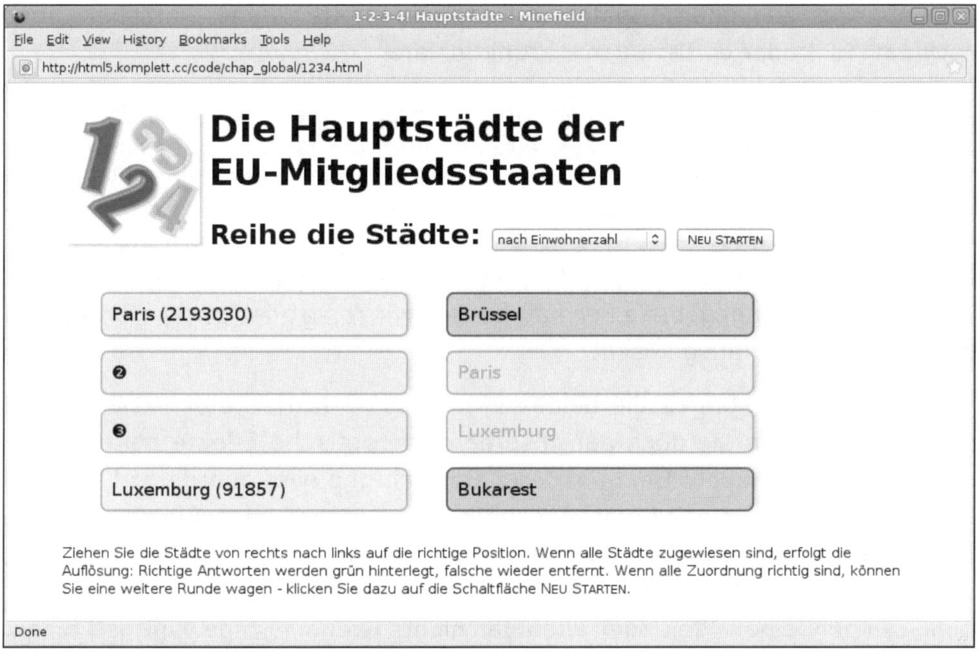

Abbildung 12.2: Das Spiel »1-2-3-4!« in Aktion

Auch das `DataTransfer`-Objekt birgt noch interessante Methoden und Attribute: so zum Beispiel die Methode `setDragImage(element, x, y)`, mit deren Hilfe wir ein eigenes Bild während des Ziehens als Feedback anzeigen können. Ähnliches lässt sich mit `addElement(element)` realisieren, wobei diesmal nicht nur ein Bild, sondern ganze Teile einer Seite als Feedback-Anzeige mitgezogen werden können.

Über `dataTransfer.types` können alle durch `setData()` beim `startdrag`-Event zugewiesenen Formate mit ihren Werten als `DOMStringList` ausgelesen werden. In unserem Spiel war diese Liste kurz und bestand nur aus einem einzigen Eintrag mit der ID im Format *text*, das automatisch als `text/plain` vom Browser interpretiert wurde. Die Bindung an MIME-Typen beim Format ist allerdings nicht ganz so eng zu sehen, erlaubt doch die Spezifikation auch Formate, die keinem MIME-Typ entsprechen. Wir hätten also alle `data`-Attribute mit *sprechenden* Namen als Format übernehmen können. Am Beispiel der ID und der Einwohnerzahl würde das so aussehen:

```
evt.dataTransfer.setData('id',evt.target.id);
evt.dataTransfer.setData('bev',evt.target.dataset.bev);
```

Die Abfrage zu einem späteren Zeitpunkt hätte dann einfacher über `getData('id')` oder `getData('bev')` funktioniert.

TIPP Beim Ziehen von Elementen mit *MicroData*-Attributen werden übrigens automatisch alle Werte als *JSON*-Zeichenkette mitgeführt. Zugriff darauf erhalten Sie bequem über `getData('application/microdata+json')`.

Wollen wir während des Drag&Drop-Vorgangs bestimmte Formate aus der Liste entfernen, können wir die Methode `clearData(format)` verwenden. Damit löschen wir das angegebene Format. Lassen wir `format` ganz weg, werden alle bestehenden Formate gelöscht.

Vielversprechend klingen die beiden `DataTransfer`-Attribute `effectAllow` und `dropEffect`, lassen sie doch auf ansprechende optische Effekte beim Ziehen und Ablegen schließen. Bei genauerer Betrachtung wird allerdings bald klar, dass sie nur dazu dienen, das Aussehen des Cursors beim Eintreten in die Drop-Zone zu kontrollieren. Erlaubte Keywords für `dropEffect` sind `copy`, `link`, `move` und `none`. Sie fügen dem Cursor beim `dragenter`-Event ein Plus-Zeichen, Link-Zeichen, einen Pfeil oder eben gar nichts (wenn `none` gewählt ist) hinzu. Mit einer kleinen Applikation (siehe den Screenshot in Abbildung 12.3) können Sie das Verhalten Ihres Browsers auch online testen:

http://html5.komplett.cc/code/chap_global/dropEffect.html

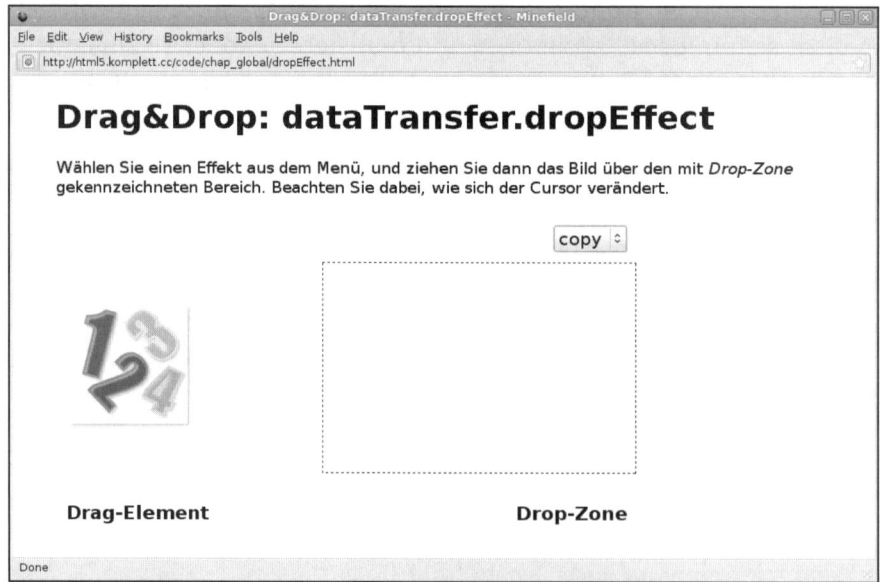

Abbildung 12.3: Test-Applikation für »dataTransfer.dropEffect«

Der Wert des `dropEffect`-Attributs darf in jeder Phase der Drag&Drop-Aktion geändert werden, muss dabei aber immer dem zuvor in `effectAllow` festgelegten Wert entsprechen. Zusätzlich zu `copy`, `link`, `move` und `none` sind bei `effectAllow` auch Kombinationen wie `copyLink`, `copyMove` oder `linkMove` erlaubt, die dann jeweils beide Komponenten als gültig ausweisen. Über das Keyword `all` können auch alle Effekte zugelassen werden.

Abschließend noch ein paar kurze Gedanken zu Sicherheitsaspekten bei Drag&Drop: Daten im `DataTransfer`-Objekt dürfen erst beim `drop`-Event wieder dem Script zur Verfügung gestellt werden. Damit wird verhindert, dass beim Ziehen von Dokument A zu B über ein *feindliches* Dokument C Daten abgefangen werden können. Aus demselben Grund muss das `drop`-Event explizit vom Benutzer durch Loslassen des Objekts und nicht etwa automatisch vom Script ausgelöst werden. Auch das scriptgesteuerte Bewegen des Fensters unterhalb der Mausposition darf kein `dragStart`-Event auslösen, da sonst gegen den Willen des Benutzers wiederum sensitive Daten in feindliche Drittdokumente gezogen werden könnten.

Drag&Drop im Browser eröffnet ganz neue Möglichkeiten. Wenn Sie nach einem eindrucksvollen Beispiel für die Kombination von Drag&Drop mit *Canvas*, *localStorage*, *Offline-Speicher* und weiteren Techniken im HTML5-Umfeld wie `XMLHttpRequest` oder der `FileAPI` suchen, dürfen Sie Paul Rougets Blog-Post, *an HTML5 offline image editor and uploader application*, mit seinem vierminütigen Video nicht versäumen. Auch wenn es nur als *Showcase* für Features in Firefox 3.6 gedacht ist, zeigt es doch eindrucksvoll, was jetzt schon möglich ist:

» *http://hacks.mozilla.org/2010/02/an-html5-offline-image-editor-and-uploader-application/*

Mit einem Aspekt dieses Demos wollen wir uns noch etwas näher beschäftigen, und dabei werden Sie sowohl Drag&Drop vom Desktop in ein Dokument als auch das Extrahieren von Daten aus der gezogenen Datei mithilfe der `File-API` kennenlernen.

12.5.1 Drag&Drop in Kombination mit der »FileAPI«

Abbildung 12.4 zeigt einen Screenshot jener Applikation, die wir in diesem Abschnitt auf Basis von Drag&Drop und der `FileAPI` entwickeln werden. Sie erlaubt uns, lokal abgespeicherte Bilder einer Digitalkamera oder eines mobilen Endgeräts direkt in den Browser zu ziehen und dann Teile ihrer EXIF-Informationen sichtbar zu machen. Die dazu nötigten Files stehen wieder online zur Verfügung:

- » *http://html5.komplett.cc/code/chap_global/extract_exif.html*

- » *http://html5.komplett.cc/code/chap_global/extract_exif.js*

- » *http://html5.komplett.cc/code/chap_global/extract_exif.css*

- » *http://html5.komplett.cc/code/chap_global/lib/exif.js*

- » *http://html5.komplett.cc/code/chap_global/images/senderstal.jpg*

Abbildung 12.4: Drag&Drop in Kombination mit der »FileAPI«

Beginnen wir mit dem Vorbereiten der Drop-Zone. Sie ist im Screenshot von Abbildung 12.4 im rechten Bereich erkennbar und besteht aus dem Unicode-Zeichen *PREVIOUS PAGE* (⎗), einigen CSS-Format-Anweisungen sowie den Event-Listener-Attributen, die für Drag&Drop nötig sind.

```
<div ondragenter="return false;"
     ondragover="return false;"
     ondrop="drop(event)">&#x2397;</div>
```

Sobald ein Bild vom Desktop in diesen Bereich gezogen wird, kann in der Callback-Funktion drop() über das dataTransfer-Objekt auf das abgelegte Bild zugegriffen werden.

```
var drop = function(evt) {
  var file = evt.dataTransfer.files[0];
};
```

Ab jetzt befinden wir uns in der `FileAPI`, denn das Attribut `files` repräsentiert ein sogenanntes `FileList`-Objekt, das ist ein Array aller `File`-Objekte, die an der aktuellen Drag&Drop-Operation beteiligt waren. Auch wenn das Demo von Paul Rouget beim Laden mehrere Bilder gleichzeitig erlaubt, so darf bei uns nur ein Bild in der Drop-Zone abgelegt werden – die Referenz zu dieser Datei findet sich damit immer in `files[0]`.

Für die verkleinerte Vorschau des Bildes verwenden wir, wie auch schon im entsprechenden Abschnitt des Canvas-Kapitels (vergleiche Abschnitt 5.12, Base64-Kodieren mit »canvas.toDataURL()«), eine `data:` URI als `src`-Attribut, die wir über die `FileAPI` erzeugen. Zuerst definieren wir ein neues `FileReader`-Objekt, dann laden wir über `readAsDataURL()` das Bild *asynchron* in den Arbeitsspeicher und weisen am Ende des Ladevorgangs dem Bild die resultierende `data:` URI als `src`-Attribut zu. Der JavaScript-Code dafür ist recht kurz und übersichtlich:

```
var dataURLReader = new FileReader();
dataURLReader.onloadend = function() {
  imgElem.src = dataURLReader.result;
  imgInfo.innerHTML = file.name+' ('+_inKb(file.size)+')';
}
dataURLReader.readAsDataURL(file);
```

Die Breite des Vorschaubilds wird im CSS-Stylesheet mit `width: 250px` festgelegt, die Höhe wird vom Browser in der Folge automatisch angepasst. Die Beschriftung unterhalb des Bilds spiegelt die `FileAPI`-Attribute `file.name` und `file.size` wider, wobei zur Umrechnung der Dateigröße in Kilobytes die Byte-Angaben in `file.size` durch *1024* dividiert werden müssen – die Hilfsfunktion `_inKb()` erledigt das für uns und fügt gleichzeitig die Zeichenkette *KB* am Ende des berechneten Wertes hinzu.

Zum Auslesen der EXIF-Informationen benötigen wir die Datei in binärer Form. Analog zu `readAsDataURL()` verwenden wir jetzt `readAsBinaryString()` und erhalten im `onload`-Callback unser gewünschtes Resultat. Damit können wir allerdings noch nicht auf die EXIF-Daten zugreifen, denn diese verstecken sich irgendwo im binären Code und müssen erst extrahiert werden. An dieser Stelle sei Jacob Seidelin gedankt, denn erst seine JavaScript-Implementierung zum Auslesen der EXIF-Daten macht dieses Beispiel möglich.

Die in dieser Applikation verwendete Version von exif.js entspricht nicht der Original-Version von Jacob Seidelin, sondern einer leicht angepassten Version von Paul Rouget. Im Netz sind beide Versionen bei den jeweiligen Demos unter folgenden URLs zu finden:

» *http://www.nihilogic.dk/labs/exif/*

» *http://demos.hacks.mozilla.org/openweb/FileAPI/*

Eine einzige Zeile genügt nun, um die vorhandenen EXIF-Informationen als Schlüssel-Werte-Paare über die Funktion findEXIFinJPEG() zu finden. In einer for-Schleife wird diese Liste dann abgearbeitet, mit der Hilfsfunktion _asRow() in Tabellenzeilen umgewandelt, und das Ergebnis wird an die Resultat-Tabelle in der Variablen exifInfo angehängt.

```
var binaryReader = new FileReader();
binaryReader.onload = function() {
  var exif = findEXIFinJPEG(binaryReader.result);
  for (var key in exif) {
    exifInfo.innerHTML += _asRow(key,exif[key]);
  }
};
binaryReader.readAsBinaryString(file);
```

Wie der Screenshot in Abbildung 12.4 zeigt, sind in unserem Beispiel nur aus-gewählte EXIF-Informationen aufgelistet. Neben Angaben zu Kamera-Typ, Aufnahmezeitpunkt, Belichtungszeit, Empfindlichkeit, Verwendung des Blitzes oder Bild-Dimensionen sind sogar GPS-Koordinaten vorhanden, die von der Kamera bei der Aufnahme mit aufgezeichnet wurden. Ein Blick auf die Koordinaten und vor allem auf den Bildnamen verrät den Aufnahmestandort: Es ist das *Senderstal* im Bereich der *Kalkkögel* in den *Stubaier Alpen* (Tirol). Der mar-kante Gipfel in der Bildmitte heißt *Schwarzhorn*.

TIPP

Wenn Sie beim Testen der Applikation in Abbildung 12.4 gerne alle EXIF-Infor-mationen Ihrer eigenen Bilder anzeigen wollen, müssen Sie nur im File ext-ract_exif.js beim Eintrag //showTags = '*' die Kommentar-Zeichen entfernen!

Die FileAPI-Spezifikation ist zwar recht kurz, hat aber noch einige interessante Features zu bieten. Neben den beiden bereits bekannten Methoden zum Lesen von Dateien im binären Modus oder als data: URI besteht die Möglichkeit, über readAsText() auch Text-Dateien zu lesen. Das onprogress-Event dient beim Implementieren einer Fortschrittsanzeige während des Ladens als Benutzer-Feedback, und wenn der Ladevorgang zu lange dauert, kann er mit abort()

auch abgebrochen werden. Zusätzlich kann die `FileAPI` auch bei Formularen über `<input type=file>` verwendet werden.

Ähnlich wie bei Drag&Drop gilt hier wieder: Wenn Sie komplexere Applikationen implementieren wollen, werden Sie um das Studium der Details in der Spezifikation nicht herumkommen. Die relevanten Inhalte für die `FileAPI` und Drag&Drop finden Sie unter folgenden Links:

» *http://www.w3.org/TR/FileAPI/*

» *http://www.w3.org/TR/html5/dnd.html*

Nach diesem Ausflug in die Welt der `FileAPI` bleiben noch zwei interessante globale Attribute übrig, die wir in diesem Kapitel noch behandeln wollen. Ähnlich wie Drag&Drop erschließen sie eine neue und unbekannte Welt, die wir bisher nur aus Programmen zur Textverarbeitung kennen. Wer hätte vor einigen Jahren schon daran gedacht, den Inhalt einer HTML-Seite direkt im Browser zu editieren und dabei gleich noch auf Rechtschreibung zu prüfen?

12.6 Die Attribute »contenteditable« und »spellcheck«

Über das `contenteditable`-Attribut können HTML-Seiten editierbar gemacht werden, wobei Änderungen natürlich nur im Arbeitsspeicher stattfinden. Für das Ausfüllen eines Online-Formulars vor dem Ausdrucken kann das schon nützlich sein, und auch im Intranet gibt es sicher Einsatzmöglichkeiten, vor allem dann, wenn geänderte Inhalte über Scripts auch wieder zurückgeschrieben werden. So weit möchten wir in diesem Abschnitt aber nicht gehen, sondern wir werden lediglich zeigen, wie `contenteditable` aktiviert werden kann. Die Syntax im HTML-Code ist einfach:

```
<p contenteditable=true>
  Text, der geändert werden soll ...
</p>
```

Durch einen Klick auf den Absatz wird der editierbare Bereich markiert und ein blinkender Cursor im Text positioniert. Ab jetzt kann, wie bei einem Texteditor, in gewohnter Weise über Hot-Keys oder das Kontextmenü Inhalt ausgeschnitten, eingefügt, kopiert oder gelöscht werden, und alle Aktionen können auch schrittweise rückgängig gemacht werden. Wollen wir zusätzlich die Rechtschreibprüfung aktivieren, müssen wir das Attribut `spellcheck` hinzufügen und auf *true* setzen:

```
<p contenteditable=true spellcheck=true>
  Text, der geändert werden soll ...
</p>
```

Wie die Rechtschreibprüfung im Detail zu erfolgen hat, wird in der Spezifikation nicht festgelegt, sondern dem jeweiligen Browser überlassen. Abbildung 12.5 zeigt am Beispiel von Firefox 3.6.8, wie so eine Implementierung aussehen könnte. Das Beispiel ist natürlich auch online unter folgendem Link zum Testen verfügbar:

http://html5.komplett.cc/code/chap_global/edit_page.html

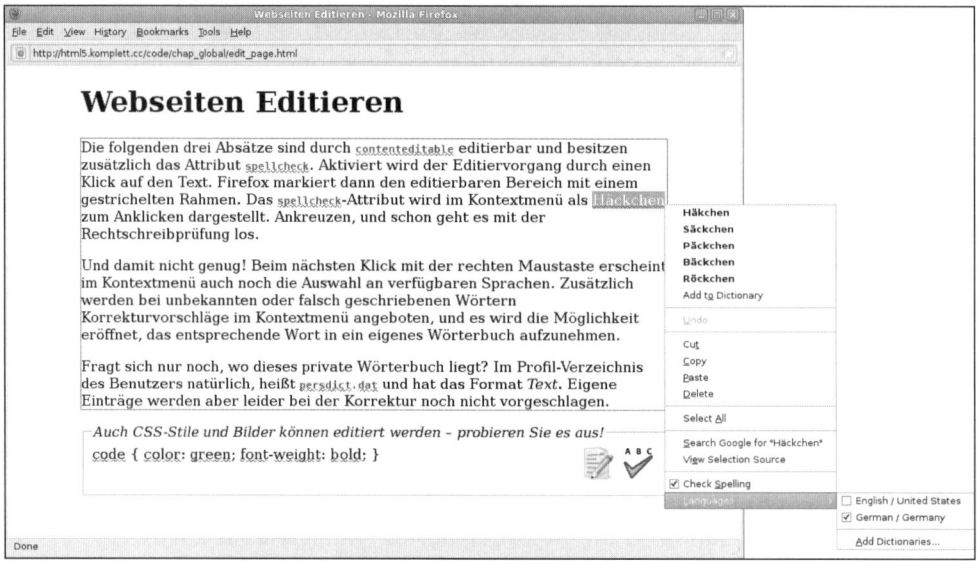

Abbildung 12.5: Editieren einer Seite mit Rechtschreibprüfung in Firefox 3.6.8

Auf dem Screenshot in Abbildung 12.5 erkennen Sie, durch rote Wellenlinien markiert, nicht nur falsch geschriebene, sondern auch unbekannte Wörter. Das Kontextmenü ermöglicht das Umschalten in andere Sprachen, das Installieren von neuen Wörterbüchern und sogar das Ausbessern von Fehlern mithilfe von Vorschlägen. Zusätzlich können unbekannte Wörter auch in ein privates Wörterbuch eingetragen werden.

Bei Firefox finden sich private Wörterbücher im Profil-Verzeichnis des jeweiligen Benutzers und heißen `persdict.dat`. Auch wenn die Datei-Endung anderes vermuten lässt, handelt es sich bei diesen Dateien um reine Text-Dokumente mit einem Wort pro Zeile. Leider werden Einträge aus privaten Wörterbüchern, zumindest bei Firefox 3.6.8, noch nicht bei der Korrektur angeboten.

Zu dem Zeitpunkt, als dieses Buch geschrieben wurde, implementierte leider kein Browser das spellcheck-Attribut fehlerfrei. Vielmehr scheint es so zu sein, dass Browser von Haus aus alle Textbereiche einer Seite als Kandidaten für eine Rechtschreibprüfung ansehen und ohne Rücksicht auf das spellcheck-Attribut die Überprüfung immer im Kontextmenü ermöglichen. Der Versuch, über spellcheck=false den CSS-Code von der Rechtschreibprüfung auszuschließen, führte in keinem der getesteten Browser zum Erfolg.

Dass neben Textkomponenten auch CSS-Stile und sogar Bilder editierbar gemacht werden können, zeigt Abbildung 12.6.

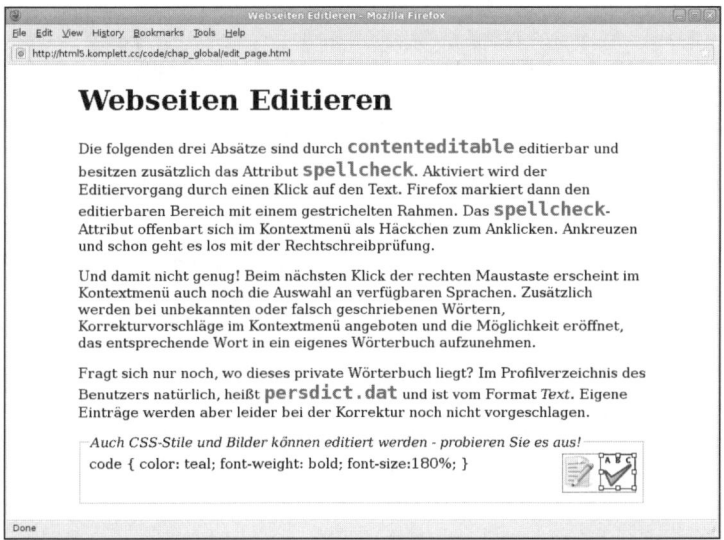

Abbildung 12.6: Stile »live« verändern und Bildgrößen editieren

Wenig spektakulär sind die Editiermöglichkeiten derzeit noch bei Bildern. So erlaubt Firefox zumindest das Verändern der Bildgröße durch Ziehen an acht Ankerpunkten. Die Idee, Stile innerhalb eines style-Elements *live* zu verändern, ist da schon spannender. Sie stammt von Anne van Kesteren, der mithilfe eines einfachen Tricks diesen Effekt erstmals demonstrierte (siehe den verkürzten Weblink *http://bit.ly/dtnyIJ*). Analog zum Beispiel von Anne van Kesteren wird auch bei unserer Applikation das style-Element über display:block zuerst sichtbar und dann mit contenteditable=true editierbar gemacht. Das Ergebnis ist verblüffend. Änderungen wirken sich unmittelbar aus. In unserem Fall erscheinen nach dem Ändern der CSS-Anweisung für das code-Element die entsprechenden Objekte in der benannten Farbe *teal* mit font-size 180 %. Probieren Sie es selbst aus!

Ausblick

Die Entwicklung von HTML5 schreitet rasch voran. Tagtäglich wird an der Spezifikation gefeilt, werden Ecken und Kanten abgerundet, überflüssige Bestandteile entfernt und, wenn nötig, auch neue Features hinzugefügt. Die treibende Kraft hinter diesem Prozess ist eine aktive Community. Sie besteht aus Vertretern der WHATWG, des W3C, der Browser-Hersteller, interessierten Einzelpersonen und nicht zuletzt aus Ian Hickson, dem streitbaren Editor der Spezifikation, dessen Entscheidungen nicht selten zu heftigen Diskussionen führen.

Geht es nach ihm, wird der HTML-Standard der Zukunft kontinuierlich und ohne Versionsnummer entwickelt. An die Stelle von Bezeichnungen wie *HTML5*, *HTML6* oder *HTML-Next* tritt dann schlicht und einfach nur noch der Begriff *HTML*. Die Implementierung der Spezifikation soll dabei parallel zu ihrer Entwicklung erfolgen – ein Wunsch, der bereits in der Praxis erfüllt ist, denn obwohl die Spezifikation noch nicht endgültig fixiert ist, sind viele ihrer Komponenten schon jetzt in den wichtigsten Browsern implementiert.

Geht es nach den Vorgaben der *HTML Working Group* beim W3C, wird HTML5 voraussichtlich im Mai 2011 den Status *Last Call* erreichen, jenen Zeitpunkt, zu dem definitiv feststehen soll, welches Feature Teil des endgültigen Web-Standards wird und welches nicht. Bis dahin ist alles möglich. So könnten experimentelle Features der WHATWG-Spezifikation ihren Weg in die endgültige Version des Standards finden – allen voran das track-Element für Untertitel bei Video oder Audio mit WebSRT (Web Subtitle Resource Tracks) als Format zur Angabe derselben. Auch das device-Element, das Webseiten Zugang zu Eingabe-Geräten wie Mikrofon oder Videokamera verschafft, ist ein potenzieller Kandidat für die Aufnahme in die Spezifikation vor der Deadline *Last Call*.

Dringend einer Lösung bedarf die offene Frage nach Barrierefreiheit bei Canvas, Audio oder Video, und es muss eine Entscheidung darüber fallen, ob Microdata, RDFa oder gar beide in der Endversion der Spezifikation ihren Platz finden werden. Auch eine Harmonisierung der unterschiedlichen Versionen der Spezifikation beim W3C und bei der WHATWG ist längst überfällig.

HTML – ob nun mit oder ohne 5 am Ende – ist definitiv *work in progress* und kommt seinem Ziel, der *De-facto*-Standard für das Web der Zukunft zu werden, mit jedem Tag einen Schritt näher. Sollten Sie bei Ihrer Reise durch diese wundersame neue Welt in einzelnen Abschnitten des Buches auf Ungereimtheiten oder gar Fehler gestoßen sein, dann lassen Sie es uns wissen. Dem *Mitmach*-Gedanken der HTML-Spezifikation folgend, bietet auch die Webseite zum Buch genügend Platz für Anmerkungen, Anregungen und Kommentare. Wir freuen uns auf Ihren Besuch!

http://html5.komplett.cc/feedback

Index

THE SIGN OF EXCELLENCE

Dieses Buch will praxisnah und leicht verständlich aufzeigen, wie gut funktionierender, leicht testbarer und sinnvoll wartbarer Code geschrieben und schlechter Code überarbeitet werden kann. Dabei werden typische Fehler und häufig auftretende Fallstricke aufgezeigt und es wird erklärt, wie man Projekte sinnvoll strukturieren kann. Umfangreiche Best- und Worst-Practices zeigen dabei auf, was man richtig und was man eben leider auch leicht falsch machen kann.

Karsten Samaschke
ISBN 978-3-8273-3008-6
29.80 EUR [D]

www.addison-wesley.de

[The Sign of Excellence]
ADDISON-WESLEY